Berlin - Kapstadt
Tagebuch einer Reise
1975/76

<u>Für Axel, der nicht einmal 50 Jahre alt geworden ist</u>

1

Vorbemerkung

1975 / 76 in diesen Jahren reiste ich mit meinem Freund Axel Schwarz durch den afrikanischen Kontinent. Von Tanger bis Kapstadt.
Anfangs mit einem VW-Bus durch die Sahara, Spanisch Sahara, Mauretanien, wenn schon, dann die harte Tour. Na gut, Visa für Algerien hatten wir nicht bekommen.
Später ab Kamerun, wo wir den Wagen verkaufen mussten, weiter mit allem, was sich bewegte.
Per Flugzeug nach Kinshasa (Zaire), mit dem Flussdampfer den Kongo hoch bis Kisangani (Zaire), Gorilla-Pirsch, illegal über die Grenze nach Ruanda, Kilimanjaro, Safari, Serengeti etc.
Von Mombasa mit dem Seelenverkäufer Sambirano (MS Lippe, einst aus dem Duisburger Hafen) nach Madagaskar.
Flugzeug, Trampen, Eisenbahn, Buschtaxi und so weiter- Kapstadt.
Mit einem Linienschiff zurück nach Edinburgh, Europa.
Wilde Zeiten damals, auch politisch.
Einige Länder heißen heute anders, andere gibt es nicht mehr.
Jetzt, rund 40 Jahre später, sehe ich manches anders, trotzdem möchte ich keinen Tag dieser Reise missen.
Wenn in dem Tagebuch von Bimbos geschrieben wird, übrigens „farbneutral", so steht es halt so da.
Und so lasse ich das Tagebuch, wie es ist, nämlich authentisch.
Jeder mag sich seine eigenen Gedanken und Interpretationen machen oder noch besser, selbst hinfahren und eigene Erfahrungen machen.
Das gleiche Afrika ist es nicht mehr.

Irgendwie durch Afrika
1975/76

© 2017
Herstellung und Verlag: BoD – Books on Demand,
Norderstedt.
ISBN: 978-3-7460-3399-0

Vorbereitung.

1.April 1975. Der Aprilscherz wird Wirklichkeit.
Mein Schulkamerad und Freund Axel Schwarz und ich fahren mit einem VW-Bus los, Richtung Süden erst einmal, das Ziel letztlich soll aber Kapstadt am südlichsten Ende Afrikas sein.

Die letzten Dinge wurden erledigt, der Rest gepackt und dann starten wir den Motor, nicht ohne uns noch vorher von Allen zu verabschieden.
Ein paar Tränchen rollen bei unseren Lieben, wir haben es ja einfacher, wir fahren dem großen Abenteuer entgegen.

Die Vorbereitungen liefen schon seit fast einem Jahr, nachdem wir uns dazu entschlossen hatten und unsere Freunde alles für einen Aprilscherz hielten oder für Folgen des Deliriums.
Aber wir meinten es wirklich so.
Buskauf am 28.Mai 1974.
Es dauerte einige Zeit, bis sie merkten, dass wir es ernst nahmen und unser älterer VW-Bus merklich sein Äußeres und Inneres änderte.
Ich bastelte mit Freunden am Auto und Axel verschwand in Bergen von Afrikabüchern, Reisebeschreibungen und Karten.
Die Routenplanung ist seine Sache und macht ihm Spaß.
Wir haben zusammen nur grob die Orte festgelegt, von denen wir glauben, dass man sie unbedingt gesehen haben muss.

Unser Freund Georg Damm, ein Schweißkünstler, tatsächlich ein Künstler, der Schweißplastiken macht, war dann auch viel beschäftigt. Wir erhöhten das Dach des Busses in der Mitte auf Stehhöhe, verstärkten die Stoßstangen und konstruierten Schutzbleche für die Unterseite, die den von VW angebotenen sicher nicht nachstanden.
Aber darüber und andere Arbeiten will ich etwas mehr berichten.
Nach vielen Überlegungen schnitten wir das Busdach in der Mitte auf und klappten das Blech nach oben und ergänzten die Lücken, fertig war der Hochbau.
Klingt einfach genial, ist aber mühsam.
Als Deckel bekam die „Kiste" ein Blechdach, das man auch noch aufstellen konnte. Dies allerdings klapperte und trommelte später unsere Ankunft in den Dschungel voraus, bis wir Tücher dazwischen klemmten.
Vor und hinter dem Aufbau schweißten wir je einen sehr stabilen großen Dachgepäckträger.
Vor den Bus setzten wir eine Reifenhalterung und einen Stoßfänger. Dieser blieb allerdings genau so lange dran, bis uns der erste Polizist nach zehn Minuten auf der Straße in Berlin stoppte. Derartige Anbauten müssten vom TÜV eingetragen werden.

Auf den TÜV legten wir nun aber gar keinen Wert mehr und bauten den Stoßfänger wieder so lange ab, bis wir unser Zollkennzeichen hatten. Die Motorklappe sicherten wir für Afrika mit einem stabilen Vorhängeschloss. Wir wollten ja kein Selbstbedienungs-Ersatzteillager werden. Während ich mit Schorch schweißte und konstruierte, beschäftigte sich Axel zwischendurch mit dem Bau der Innenausrüstung, wenn er es nicht wieder schaffte, gerade dann arbeiten zu müssen und in der Redaktion unentbehrlich zu sein. Außerdem kauften wir bei VW einige Ersatzteile, die ich für nötig hielt, oder die in den Reisebeschreibungen anderer häufig kaputt gingen. Den Rest besorgten wir uns auf dem Schrottplatz, hielten uns aber zurück, um nicht vor lauter Vorsicht mit noch einem zweiten Bus in Form von Ersatzteilen, loszufahren. Aber wir beschlossen, den Motor noch einmal auszubauen und gemeinsam wieder zusammenzusetzen. Besser wir üben das hier, als dass wir unterwegs den Motor zusammen-bauen und erstaunlicherweise immer wieder Teile übrig behalten. Also verabredeten wir uns mit unserem Freund Udo, einem begnadeten Autobastler, der uns anleiten wollte. Aber wer kam nicht? Axel hatte Dienstverpflichtungen. So bauten Udo und ich den Motor aus, zerlegten ihn, überholten ihn und dann kam Axel doch noch. Er hatte wohl gehofft, wir seien schon fertig. Leider flog Udo dann beim Bohren ein Metallsplitter ins Auge und so konnte Axel ihn ins Krankenhaus fahren. Aber nach drei Stunden waren sie wieder zurück, Udo hatte Glück gehabt, und wir bauten weiter. Endlich war unser neues Zuhause fertig.

Gleichzeitig machten Axel und ich einen Erste Hilfe Kurs, man kann ja nie wissen und stellten mit Hilfe des Tropeninstituts und meiner Hausärztin einen guten Medizinkasten zusammen.

Woher hat Hartmut nur diesen so entsetzlichen Tintentripper und schreibt Seiten um Seiten im Tagebuch voll?
Aber vielleicht liegt seine Schreibwut daran, dass er außer dem bisschen Autobasteln eigentlich nichts zu tun hat, während ich in der sonstigen Vorbereitungsarbeit ersticke.
Da waren ersten Mal die Visa: 15 Botschaften und Konsulate wurden angeschrieben und um Antragsformulare gebeten.
Bis auf Mali und Algerien haben alle die Unterlagen geschickt. Nachdem ich in der Algerischen Botschaft anrief, erfuhr ich, dass die zwar gerne Anträge zuschickt, aber keine Anträge genehmigt.
Deutsche zurzeit unerwünscht.

Das bedeutet für uns, statt der ursprünglich geplanten, einfachen Route durch Algerien müssen wir nun die schwere, unbekannte Strecke durch Marokko, Spanisch Sahara und Mauretanien nehmen.
Positiv denken: Wir kommen so auch nach Westafrika.
Einige Visa haben wir nun schon, einige werden wir uns wegen der kurzen Gültigkeit unterwegs besorgen müssen.
Nigeria will noch eine Bescheinigung des Arbeitgebers, können wir türken, denn als Journalist werde ich nicht reisen.
Aber auf Papier der Uni haben wir uns zu Studenten gemacht.
Den ersten Eindruck von „Afrika“ habe ich schon erhalten, und zwar beim Spanischen Generalkonsulat wegen der Visa für Spanisch Sahara. Beim ersten Mal prügelten sich neben mir ein paar Spanier, während ich weiterbedient wurde.
Dann sechs Wochen Pause.
Die Anträge würden in Spanien bearbeitet und die Post gehe nur mittwochs.
Als dann die Anträge zurück waren und ich mit unseren Pässen hinging, musste ich am nächsten Tag wieder zum Konsulat, da es einen Tag dauert, die Stempel in die Pässe zu machen.

Schorch haben wir heute als Dank eine Urkunde überreicht, in der er zum Ehrenhäuptling des ersten Negerstamms ernannt wird, den wir in Afrika zeugen werden:
„ Schorsch hat beim Bau von Hubdach, Gepäckträger und Stoßfänger afrikanischen Ideenreichtum, Geduld und Trinkfestigkeit bewiesen. Wenn das Kunstwerk längst von Elefanten zertreten im Tümpel liegt, wird sein Stern in ganz Afrika noch den Stern des Südens überstrahlen. Danke Schorsch! Berlin den 24.2.1975.“

Wir hatten inzwischen noch einig Großeinkäufe getätigt: Wasserkanister, 5 dicke Goldimitatprotzuhren, 20 Feuerzeuge als Geschenke, Fackeln, Töpfe usw. sowie 5 Polaroid-, 20 s/w - und 30 Farbfilme.
Das ging alles ganz schön ins Geld.
Dann schlossen wir noch einige Versicherungen ab und begannen mit den Impfungen.
Zwölf Benzinkanister holten wir uns von einem Händler in Carlsberg.
Bei einem Gebrauchtteilehändler holte ich uns eine Lichtmaschine.
Als ich sie bei Bosch prüfen lassen wollte, erfuhr ich, dass sie nicht in unseren Bus passt. Zurück zum Händler tauschte er sie mir um.
Also wieder zu Bosch. Diesmal zeigte sich, dass die Lichtmaschine kaputt war.
Mit Blutdruck 300 fuhr ich wieder zum Händler, um ihn mit der Maschine zu erschlagen.
Er musste es mir angesehen haben, denn ich bekam sofort das Geld zurück.

Nach unserer großen Abschiedsfete, Axels Wohnung war genauso voll wie später wir - es musste die größte Ansammlung von Pressevertretern seit anno soundso-, gemessen am Alkoholverbrauch, gewesen sein - wollte ich am nächsten Tag mit dem Bus wegfahren.

Er sprang nicht an.

Jetzt schon Probleme.

Ich fand ein loses Kabel und schloss es an einen freien Stecker.

Jetzt konnten wir fahren, wenn das Standlicht brannte. Aber nur dann.

Na ja, am nächsten Tag sollte der Wagen sowieso zu einer letzten Inspektion in die Werkstatt.

Zollkennzeichen, was eine Rennerei.

Erst Kraftverkehrsamt, dann Versicherung, dann wieder KVA, dann zum Zoll die ovalen Kennzeichen abholen.

Die Carnets vom ADAC hatten wir dann auch.

Es kam keine Langeweile mehr auf.

Lebensmittel einkaufen, Schläuche in alle Reifen, Reisekonto bei der Sparkasse eröffnen und Vollmachten für unsere Eltern eintragen lassen usw.

Toll, so ein Zollkennzeichen.

Beim Falschparken gab es keine Zahlkarte sondern ein Zettel mit der Bitte, sich doch zukünftig an die deutschen Verkehrsregeln zu halten. Leider mussten wir Deutschland mit dem Kennzeichen bald verlassen.

Der Bus wurde gepackt.

Eine Kiste nach der anderen verschwand unter der Liegefläche und auf dem Dach.

Es passte alles rein und rauf.

Nach einer Zwischenrechnung ergab sich, dass wir ohne Autokauf schon fast 7000.-DM ausgegeben hatten.

Afrika, wir kommen.

Die erste Grenze kennen wir leider schon zu gut, wir müssen durch die DDR.
Es ist der 1.4. 1975.

Für die Durchfahrt erhalten wir ein neues Nummernschild statt dem
Zollkennzeichen.
Wir scheinen schon echt auszusehen, denn der Ostgrenzer fragt uns als erstes, ob
wir deutsch sprechen.
Am Abend sind wir in Bayreuth bei einer Freundin von Axel. Unsere letzte
Nacht für lange Zeit in einem richtigen Bett.
Am Morgen bemerken wir die ersten Dinge, die wir vergessen haben und kaufen
noch eine Lampe zum Einstellen der Zündung und zwei Gummispinnen, um die
Dachladung besser zu sichern.
Die nächste Nacht sind wir in München bei einer anderen Freundin.
Leider hat sie nicht einmal Bier im Haus und so telefoniere ich rum, bis ich einen
alten Bekannten erreiche, mit dem wir noch einmal um die Dörfer ziehen und
deutsches Bier auf Vorrat trinken.

*Wir verbringen eine für eine Afrikareise typische Nacht in Frankreich, wir
schneien ein.*
Trotzdem ist es ein gemütlicher Abend.
*Wir leeren eine Flasche Sechsämtertropfen, das Abschiedsgeschenk aus
Bayreuth und hören, nachdem Hartmut den Kassettenrecorder erst reparieren
muss, die Kassette eine Freundin, die sie für uns mit Musik und dummen
Sprüchen bespielt hatte.*
*Am nächsten Tag essen wir billig und reichlich in einem der vielen Le Routier-
Fernfahrerlokale kurz vor Nimes.*
Am Nachmittag beginnt der Bus auseinander zu fallen.
Eine der Schrauben an unserem Hubdach fällt einfach ab!
Darf doch nicht wahr sein, Schorsch du Laie.
*Wenn die Schweißstellen schon auf Asphalt abfallen, was bleibt dann auf
Wellblechpiste übrig?*
Das Wetter bleibt lausig und an diesem Tag hat uns der Winter wieder eingeholt.
*Die Bergstraße nach Andorra ist zwar geräumt, aber daneben liegt der Schnee
meterhoch.*
*Wir kommen gerade noch nach Andorra rein, dann müssen wir wieder
kehrtmachen. Ohne Schneeketten kein Weiterfahren.*
Warum haben wir für eine Afrikareise keine Schneeketten dabei?
Immerhin kaufen wir zu Andorra-Billigpreisen Weinbrand und Zigaretten.
*Dann fahren wir den gleichen Weg zurück und bei Bourg-Madame über die
Grenze nach Spanien.*

Etwas 35 km hinter der Grenze übernachten wir auf einem Parkplatz. Vor uns liegt eine lausig kalte Nacht, Schneetreiben schon seit Stunden. Aber der Brandy wird uns retten.
Es ist dann zwar nicht weniger kalt, aber uns egal.

Ansonsten ist die verschneite und bereifte Berglandschaft wunderschön, die Strukturen gehen durch die tief hängenden Wolken ineinander über.

Inzwischen gibt die Kupplung ein fürchterliches Geräusch von sich und ich stelle sie neu ein. Ich glaube, der Andrückring klappert.
Zuerst habe ich die Kupplung nachgezogen, aber bald wird es noch schlimmer.
Also versuche ich es andersherum.
Jetzt ist es o.k.
Axel wollte gar nichts reparieren, sondern sich lieber an das Geräusch gewöhnen.

Vor Sagunto, auf einem Nachtplatz abseits allen Trubels, nimmt Axel Witterung auf.
Wir finden in einer alten Garage eine Kneipe.
Und so weiter bis zum bitteren Ende.

Heute haben wir den ersten (von wie vielen??) Reifenwechseln dieser Reise.
Beim Hochkurbeln des Busses bricht prompt die Kurbel, mit der wir auch den Motor bei Startschwierigkeiten in Gang bringen wollen.
Wir haben uns auf die Schwungscheibe einen entsprechenden Aufsatz aufge- schweißt.
Ein netter „Taller mecanico" im nächsten Dorf repariert sie wieder - umsonst.
Hartmut hat sich einen Spiegel gekauft und beim ersten Blick in diesen hat er nichts Besseres zu tun, als sich beim nächstbesten Barbier rasieren zu lassen.
Jetzt stinkt es im Bus wie in einem Puff.

Es ist der 9. April und wir sind in Afrika.
Wir haben die Mittags-Fähre von Algeciras nach Tanger genommen.
Grenzabfertigung in Marokko.
Na ja, was haben wir erwartet.
Da wir ein Zollkennzeichen haben, müssen wir einen Antrag auf die vorübergehende Einführung eines Kfz stellen.
Ein riesiges Formular, in dreifacher Ausführung.
Während Axel sich die Finger fusselig schreibt, helfe ich einem Zöllner, in unserem Bus nach Waffen zu suchen.
Natürlich findet er keine, denn wir haben keine.
Aber dafür übersieht er dank meiner Hilfe unseren Schnaps.

Als guter Geist erweist sich ein sprachkundiger „Führer", der uns auch zu einer Kfz-Versicherung führt (angeblich Pflicht) und uns bei der Besorgung von Benzingutscheinen und beim Geldwechsel hilft.
Wir hatten schon mit einem solchen Helfer gerechnet und er ist auch nützlich.
Etwas länger dauert dann die Verhandlung über seine Bezahlung.
Er fängt natürlich hoch an. Aber da er ja schon alles gemacht hat und damit auf unsere Fairness angewiesen ist, handeln wir ihn auf ein akzeptables Bakschisch zurück.

Wir fahren weiter in Richtung Rabat und nehmen auf dem Weg ein erfrischendes Bad im Atlantik bei einem schönen grünen Wald.
Wir sind ganz überrascht, wie anders die Gegend jetzt aussieht, bevor die Hitze im Sommer alles verdorrt.

Bei dem was Axel zusammensäuft, würden ihm die Kalorien einer Salzstange an fester Nahrung für den Tagesbedarf genügen.
Gleich am Vormittag lassen wir in einer leistungsstarken Spezialwerkstatt unseren vor zwei Tagen gewechselten Reifen flicken.
Dabei lassen die Reparateure einiges Unverständnis durchblicken, dass wir sie überhaupt mit so einem prächtigen Reifen, der lediglich ein markstückgroßes Loch hat, belästigen.
Sonst pflegen sie wohl bloß Reifen zu flicken, die auf der gesamten Lauffläche durchsichtig sind.

Aber jetzt treibt es uns doch mächtig in Richtung Marrakesch, wo uns ein wunderschöner Biergarten erwartet, den wir dort vor 1 ½ Jahren zufällig entdeckt hatten.
Unterwegs am Straßenrand die ersten Kinder, die uns den marokkanischen Nationalgruß „Zigarett" zurufen.
Wahrscheinlich lernen sie dieses Wort noch vor „Mama".
Nachmittags erreichen wir Marrakesch.
Clever wie wir sind, finden wir auf Anhieb unseren alten Campingplatz und den Biergarten - aber der ist geschlossen.
Fassungslos nehmen wir die Recherchen auf, was aus ihm geworden ist, bis uns erklärt wird, der Biergarten sei „antik", also Vergangenheit.
Scheiß Marrakesch.
Trotzdem, in dieser Stadt ist noch immer schwer was los.
Wir laufen über den Platz der Geköpften (Place Djemma el Fua), wo wieder die Tänzer, Schlangenbeschwörer, Schreiber und sonstige Betrüger aller Schattierungen voll zu Gange sind, und weiter durch die dahinterliegenden Basarstraßen und sind wieder halbwegs mit Marrakesch versöhnt. Halbwegs.

Im Übrigen studiert Hartmut wieder das schlaue Reparaturbuch, weil die Kupplung wieder klappert - wen wundert's?

12

Aber wahrscheinlich wird Hartmut dieses Problem noch in Kapstadt bewegen.

Vormittag in Marrakesch: Wir versuchen Sandleitern für die Wüstenfahrt zu kaufen, nachdem wir den dafür vorgesehenen Maschendraht- zu dem wir ohnehin kein Vertrauen hatten - in Berlin vergessen haben.
Der Maschendraht war so eine komische Idee aus einem „Fachbuch" für Afrikafahrer. Da sind die richtigen Sandleitern oder –bleche schon was anderes.
Immerhin werden diese schweren Eisen-Lochbleche ja auch zum Bau von provisorischen Landebahnen benutzt.
Zu unserer eigenen Verblüffung gelingt es mir, der französisch sprechenden Umgebung unseren Wunsch klar zu machen, indes: Wir finden kein Geschäft, das Sandleitern führt.
Schließlich nehmen wir uns einen Führer, der uns in einer 3-Stunden-Tour über sämtliche Schrottplätze von Marrakesch führt.
Auf einem finden wir tatsächlich Sandbleche, aber die Verbrecher fordern für ihre rostigen Dinger sagenhafte 350 Dirham ,also rund 200.-DM und lassen sich nur auf die Hälfte runterhandeln, so dass wir beschließen, unser Glück in Agadir zu versuchen.
Unser Führer, der auf eine schattige Medina-Tour gehofft hatte, ist schließlich froh, die beiden irren Blechkäufer los zu werden - nicht einmal einen Tee will er noch mit uns trinken.
Wir entlohnen ihn mit 10 Dirhams.
Der Tag war nicht sein Tag.

Anschließend sind wir erfolgreicher.
Ich erstehe mir für lumpige 3 Dirhams einen wunderschönen Sonnenhut aus Stroh, der viel schicker aussieht, als Hartmuts lächerlicher Sheriffs-Stutzen.
Ich weiß gar nicht, was Axel an seinem Strohhut schön findet.
Solche Hüte tragen hier sonst nur die Droschkenpferde oder Neckermänner.

Wir fahren weiter.
Zwischen Essaouira und Agadir sehen wir oben Ziegen auf den Arkadien-Bäumen, die dort fressen.
Als ich eine fotografiere beginnt ein großes Lamento der mindesten zehn Ziegenhüter, die höchstens zehn Jahre alt sind.
Wir geben ihnen Zigaretten, da sind sie zufrieden.
Sicher bekommen die hier ihre erste Fluppe von der Hebamme.

In Agadir lassen wir einen Ölwechsel machen und neues 40/50er Öl wegen der zu erwartenden Hitze einfüllen.
Und nun zu den Sandblechen.
Wir finden sogar einen Laden, der sie hat. Aber der macht erst Montag wieder auf.
Auch nicht schlecht, machen wir zwei faule Badetage in Agadir.

Heute Abend haben wir unser Hubdach eingeweiht und essen nun Abendbrot beim Schein unserer guten Coleman- Benzinlampe, der Wind streicht durchs Moskitonetz.

Wir haben über unseren Köpfen im Hubdach eine Afrikakarte angeklebt und tragen unsere gefahrene Strecke ein.

So sehen wir jeden Morgen beim Aufwachen, was uns noch bevorsteht. Masochismus?

Um Mitternacht bekommt Axel, der seinen Rausch ausschläft, gar nicht mit, wie ich versuche, einen Hund zu ermorden, der auch diese Nacht wieder durchgehend um das Auto heult.

Leider ohne Erfolg, das Vieh ist zu schnell und gerissen.

Ich hoffe, er hat wenigstens Flöhe.

Nach dem Frühstück fahren wir frohgemut nach Agadir hinein, um endlich die Sandleitern zu kaufen.

Große Pleite: Der Laden, der sie angeblich haben soll, hat nur ganz gewöhnliche Lochbleche, nichts für die Sahara.

Daher große Stadtrundfahrt a la Marrakesch: Von „Magazin" zu „Magazin", von Schrottplatz zu Schrottplatz.

Auf einem finden wir endlich zwei passende Bleche, aber der Boss will sie nicht verkaufen, da er sie selber braucht.

Wir suchen weiter, ohne Erfolg.

Wir fahren zum Schrottplatz zurück, vielleicht können wir den Boss doch beschwatzen.

Pech, der hat Mittagspause.

Wir auch.

Anschließend wieder dorthin zurück.

Chef hat immer noch Mittagspause.

Aber dann kommt er doch und erklärt uns, in Inezgane, zehn Kilometer hinter Agadir, gebe es Sandbleche wie Sand am Meer.

In unserer Verzweiflung glauben wir ihm und fahren hin.

Und siehe da: Auf einem Schrottplatz am Ende des Nestes stehen sie haufenweise rum.

Der Rest ist Verhandlungssache.

Sie fordern 150 Dirhams, wir handeln sie runter auf 90, incl. dem Zurecht-schneiden auf die passende Länge, sie müssen nämlich zwischen die Achsen passen, da wir ja Hinterradantrieb haben.

Am frühen Nachmittag kommen wir weiter und fahren nach Goulimime, wo es einen interessanten Kamelmarkt geben soll.

Das ist schon richtig, aber er findet nur am Samstag statt, heute ist Montag.

So lange wollen wir in diesem traurigen, verstaubten Nest nicht bleiben und fahren weiter.

Am Abend veranstalten wir einen schönen Suff mit andorranischem Brandy und Schultheiss-Bier aus Berlin - jawohl: Unsere Vorräte sind noch lange nicht erschöpft.

Der späte Vormittag sieht uns in TanTan, der letzten Stadt vor der Sahara und Ende der Asphaltstraße und der Welt.

So was von einem verlorenen Nest.

Aber viel Militär.

Wir passen uns dem geschäftigen Treiben der Bevölkerung an und sitzen stundenlang in einem Café.

Vorher hatten wir noch auf der Polizeistation erfahren, dass morgen ein Autokonvoi nach Spanisch Sahara abfahren soll.

Wir wollen uns anschließen - falls einer fahren sollte.

Transsahara

Die Gegend wird immer „afrikanischer", wir haben angefangen, unser Trinkwasser mit Mikropur-Pulver zu entkeimen.
Als der Tankwart in Goulimine, wo wir für die Wüstenfahrt Wasser und Benzin gebunkert hatten, sah, wie wir das Pulver in die Wasserkanister schütteten, fragte er uns, ob man davon gesund wird.
Ich sagte ja, da wollte er auch eine Tüte haben. Er hat sie bekommen.
Was ein Tag !
Es ist null Uhr und wir sind komplett besoffen.
Und das kam so: Um sechs Uhr klingelte der Wecker. Pünktlich um 7.45 Uhr waren wir in TanTan, um den Lastwagen Konvoi zu treffen.
Natürlich nix Konvoi.
Stattdessen fragen wir einen Militärsheriff.
Der sagt uns, wir sollten ruhig losfahren, ab TanTan-Plage würden dauernd Militär Fahrzeuge nach Tarfaya verkehren.
Also fahren wir los.
In Tan-Tan-Plage nix Militär, stattdessen eine Sahara-Tours-Reisegruppe.
Als wir deren Landrover Fahrer fragen, erklärt er uns, die Strecke bis Tarfaya sei gar kein Problem, alles asphaltiert etc.
Also fahren wir los:
Die ersten 100 Kilometer gar kein Problem, recht gute Asphaltstraße.
Aber dann Feierabend.
Die Piste beginnt.
Nach einigen Kilometern treffen wir zwei VW-Busse aus Bad Aiblingen (Bayern), die glauben, kein Benzin mehr genug zu haben, um bis Spanisch Sahara zu kommen.
Wir beruhigen sie und fahren im Konvoi weiter.
Welch ein Glück.
So oft, wie die uns aus dem Sand gezogen haben !
Die Piste wird schlimmer und schlimmer.
Abwechseln Geröll und Flugsand.
Einer versucht mit Schwund durch den Sand zu kommen, was nicht immer gelingt.
Aber durch muss er, damit er anschließend die anderen ziehen kann.
Schieben - Sandleitern - schieben - ziehen.
Bis zum Erbrechen.
Außerdem braucht man zum Ziehen möglichst einen festeren Untergrund.
Wir legen die Sandleitern vor die Antriebsräder, also hinten, und da die anderen Busse auch Leitern haben, diese vor die Vorderräder. Mit Glück reicht der Schwung, um auch wieder auf diese Leitern zu kommen, dann kommt man etwas weiter.
Ohne die Bayern (4 Männer, 2 Frauen) wären wir jämmerlich stecken geblieben.
Die Durchschnittsgeschwindigkeit liegt bei kaum 10 Km/h.

Zwischendurch eine lausige Panne.
Mitten in einer Sanddüne bleibt unser Auto stehen, springt nicht mehr an.
Hartmut und die bayrischen Kumpane finden schließlich den Fehler,
Unterbrecherkontakt oder sowas.
Er wird ausgetauscht und weiter geht,s.
Und das bei einer gnadenlosen Sonne, die uns den Pelz verbrennt und die Zunge
am Gaumen festklebt.
Später treffen wir noch zwei deutsche VW-Busse im Nirgendwo.
Vielleicht haben wir uns gegenseitig gerochen, im wahrsten Sinn des Wortes.
Oder hier muss ein Nest sein.
Konvoi zu fünft bis Tarfaya.
Dort geben wir unsere Pässe bei der Polizei-Station ab.
Morgen früh um 9 Uhr sollen sie mit Ausreisestempeln versehen sein.
Wir starten ein großes Besäufnis.
Plötzlich und unerwartet bekommen wir um 23 Uhr doch noch unsere
gestempelten Pässe zurück.
Vielleicht schaffen wir morgen noch die Grenze, die nur an zwei Tagen in der
Woche vormittags offen ist.
Wir werden sehen.
Ansonsten: Unser Afrika-Führer schreibt über das heute gemeisterte Pistenstück:
„ Wer diese Strecke ohne große Probleme schafft, braucht auch für den Rest der
Sahara Durchquerung keine Angst mehr zu haben. "
Wir haben die Strecke geschafft.
Aber wie?
Eine mörderische Piste.
Schotter, Steine, Flugsand, kilometerweit ohne jede Markierung.
Das heißt, einer muss irgendwie im Gelände die beste Strecke suchen.
Schließlich kommen wir doch mit allen fünf Bussen in der Abenddämmerung
nach Tarfaya- nach mindestens 20 Mal Ausbuddeln und Anschieben.
Das ist das Besäufnis wert.
Morgen früh geht,s weiter.

Das Besäufnis in unserem Bus war kolossal: Zu fünft und teilweise noch drei
besoffene Einheimische.
Der Tag fängt so harmlos an.
Mit den vier anderen Bussen zuckeln wir im Konvoi los und erreichen ohne
Probleme die Grenze nach Spanisch Sahara.
Unser Kater von gestern Abend macht uns mehr zu schaffen, als die Piste.
Vor der Grenze müssen wir durch zahllose Kontrollen, Militärposten an der
Straße, über Asphalt bis Aaiun.
Dort füllen wir unsere Kanister für die nächste Wüsten-Etappe, ca. 780 Km ohne
Tankstelle.
Trinkwasser gibt es hier nicht mehr umsonst. Der Liter kostet 1 ½ Peseten, ca. 6
Pfennig.

Am Abend fahren wir mit den vollbeladenen Bussen vor die Stadt.
Dort beginnt dann an allen Bussen das große Basteln, Schrauben nachziehen,
nach der schlimmen Pistenfahrt des Vortages.
Zuerst entferne ich nur den reichlichen Sand aus dem Abdeckblech vorne.
Dann will ich den Bus zur Seite fahren.
Aber siehe da, die Kupplung trennt jetzt nicht mehr.
Nachdem wir alles überprüft haben, ist unser Latein am Ende und wir tippen auf
das Ausrücklager.
Das heißt: Motor raus.
Warum geht eigentlich immer der Bus kaputt, mit dem ich fahre???
Nach langem Suchen finden wir eine Werkstatt und schleppen unseren Bus
dorthin.
Dann verabschieden wir uns von den anderen Bussen.
Eigentlich schade, wir hatten uns doch gut eingespielt.
Der Begriff Werkstatt ist ja wohl auch sehr relativ.
Ein Dreckplatz mit einer Mauer rundherum.
Schrott, Wellblechhütte, Öltonne zwar vorhanden, aber doch mehr Öl im Sand.
Mir fällt unser Reparaturbuch von VW ein: Reinigen sie die Teile vorsichtig und
halten sie sie von Staub und Schmutz frei.
Also Motor raus.
Große Spannung. Ach du Scheiße.
Von dem Hebel an dem das Kupplungsseil hängt, ist einer der beiden Arme
abgebrochen, auf denen das Ausrücklager hängt.
Das habe ich auch noch nie gehört.
Und natürlich haben wir genau dieses Teil auch nicht mit.
Um 16 Uhr machen die Geschäfte wieder auf - was für Geschäfte? - und dann
will unser Mechaniker versuchen, ob er das Teil bekommt.
Sonst muss es aus Las Palmas eingeflogen werden.
Mal sehen.
Axel und ich gehen jetzt erst mal ins Schwimmbad, das es hier sogar gibt.
Es ist jetzt Abend.
Axel und ich sitzen wieder in unserer „Stammkneipe".
Folgendes ist inzwischen passiert.
Wie zu erwarten, gab es das Teil in keinem Geschäft oder Schrottplatz oder
Werkstatt, obwohl das alles mehr oder weniger dasselbe ist.
Also hat unser Mechaniker das kaputte Teil angeschweißt.
Immerhin ist er in seinem Schweißerstolz überzeugt, dass eher alles andere
kaputt ginge, als dieses Teil.
Als hätte Schorsch gesprochen.
Wann ging doch gleich seine erste Schweißnaht wieder auf?
Auch der Motor ist schon wieder eingebaut, aber noch nicht angeschlossen.
Manana.
Wir haben einen Schlüssel für den Werkstatthof, um nachher wieder rein zu
kommen, da wir im Bus schlafen.

Nudeln und Rindfleisch zwischen Autoteilen und Gerümpel.

Wo sitzen wir?
In der bekannten Kneipe!?!
Wo sonst !!
Das Auto ist inzwischen auch fertig und sogar einen neuen Regler haben wir.
Der alte Regler gab ohne Angabe von Gründen seinen Geist auf.
Und auch das alt bekannte Geräusch an der Kupplung haben wir wieder mit eingebaut.
Wie beruhigend.
Alles zusammen sind wir mit rund 160.-DM gut davon gekommen.
Also warten wir auf neue Konvoi-Partner.
Das kann frühestens Montag sein, da die Marokkanische Grenze nur Montag und Donnerstag offen ist.
Ich hoffe, wir warten nicht noch länger.

Wir sitzen....
Nein, nicht in der Kneipe, sondern in unserem Bus und lassen einen mittleren Sandsturm über uns ergehen.
Es heult und jault um uns herum und der Sand prasselt gegen den Wagen.
Aber innen ist es einigermaßen staubfrei aber dafür stickig und heiß.
Bevor der Sturm kam, hatten wir den Bus noch leergeräumt und Probe gefahren, da er nicht richtig zog.
Es lag aber nicht am Gewicht und den vollen Kanistern.
Der Bus lief nur auf drei Zylindern.
Eine Kerze und Kerzenstecker waren kaputt.
Unser großer Techniker hatte den Motor etwas brutal eingebaut.
Ich wechselte gleich alle Kerzen aus und baute welche mit einem höheren Wärmewert ein.
Die Lenkung habe ich auch geschmiert.
Jetzt sollte unser Bus aber richtig schnurren.
Vormittags machen wir wegen der Langeweile einen Ausflug zum Hafen, der rund 25 km entfernt ist.
Na ja, ein richtiger Hafen ist das auch nicht.
Die Schiffe liegen vor der Küste und die Waren werden von großen schwimm-fähigen offenen Lastwagen, oder sind es Landungsboote mit riesigen Rädern, was auch immer, an Land gebracht.
Dort treffen wir einen deutsch sprechenden spanischen Soldaten, der neun Jahre in Konstanz gelebt hat und jetzt hier seinen Wehrdienst ableistet.
1 ½ Jahre- die arme Sau.
Uns reichen schon die paar Tage.

Wo sind wir zum Mittag?
In unserer Stammkneipe, wieder in Aaiun.

Wo sonst ?
Ein Typ gesellt sich zu uns, der perfekt deutsch spricht.
Er hat ca. 25 km hinter Aaiun eine Bar.
Mitten in der Wüste?
Es stellt sich heraus, dass er ein ehemaliger Söldner ist.
Die Einladung, ihn in seiner Bar zu besuchen, nehmen wir natürlich für einen der nächsten Tage an.

Dann wird,s gemischt.
Ein gammeliger Typ aus Baden-Baden taucht auf, der mit einem VW-Bus und zwei Französinnen nach Togo will.
Ein Visum für Mauretanien und Mali haben sie aber noch nicht.
Übrigens auch keine Benzin- und Wasserkanister, von Sandleitern ganz zu schweigen, aber halt viel Gottvertrauen.
Immerhin sind sie damit bis hierher gekommen weil der Bus so leer und leicht ist und auch über die Grenze, die eigentlich heute geschlossen sein sollte.
Na ja, die Französinnen.
Falls wir mit dem Typ im Konvoi fahren sollten, na dann, gute Nacht.

Hartmut will nur die Französinnen mitnehmen und den Typ in der Wüste verscharren.
Er hat zu viel Sonne abbekommen, mit seinen blöden Sprüchen.
Hoffentlich kommen morgen, wenn die Grenze offiziell offen ist, ein paar vernünftige Leute.

Heute wollte der Typ seinen Anlasser reparieren und wusste noch nicht einmal, wo der liegt.
Und so was will durch die Sahara.
Kein Wunder, dass die Leute aus Mauretanien keine Lust haben, dauernd solche Neulinge zu suchen.
Axel und ich sitzen jedenfalls wieder in .....
Wo sonst.
Wir haben ein Schild an unseren Bus gemacht, dass wir Konvoi Partner suchen und hier in der Kneipe anzutreffen sind.
Das Auto steht vor der einzigen Tankstelle.
Die Warterei erweist sich als große Fehlanzeige: Niemand kommt.
Unser Mechaniker gibt immerhin dafür eine Lage Bier aus.
Langsam aber sicher gehören wir zum festen Inventar der Kneipe.

Es folgt ein typischer Sahara-Abend:
Wir sitzen um einen Holzkohle-Ofen, weil es saukalt ist, essen Palatschinken (Eierkuchen) und besaufen uns an Gin mit etwas Cola,
Wir sind in die Bar unseres deutsch- sprechenden Freundes gefahren. der uns ja eingeladen hatte.

Der Weg war leicht zu finden, 15 km hinter Aaiun links ab, dann kommen ein paar Palmen, dann durch ein Tal, dann kommt das Fort Schakal, an dem links vorbei und dann einfach nach der Bar fragen.
Wir haben sie gefunden.
Normalerweise beschlucken sich hier allabendlich die Legionäre aus der Festung, aber seit vorgestern hat es ihnen der Oberstleutnant verboten.
Unser Freund vermutet, der Grund dafür ist, dass er keine Nutten bereithält.
So sind wir die einzigen Gäste.
Unser Gastgeber ist gebürtiger Prager (daher der Palatschinken), jetzt spanischer Staatsbürger, ehemaliger Söldner, jetzt Kneipenwirt (Karriere!), und lebt hier am Ende der Welt mit seiner ca. 10-jährigen schwarzen Adoptivtochter, die ebenfalls deutsch spricht, dem Hund Iwan und zwei weiteren obskuren Typen.

Wir sitzen ..... usw., wo sonst.
Vorher waren wir noch auf der Polizei, unsere Visa verlängern lassen.
Das heißt, wir werden noch den nächsten Donnerstag abwarten, wegen der offenen Grenze und dann, komme was wolle, Freitag losfahren.

Wir hatten uns inzwischen überlegt, unserem Freund zu helfen und dazu wollten wir die beiden Französinnen mit in seine Bar nehmen.
Dann gäbe es einen Aufstand in dem Fort, wenn die Soldaten nicht in die Bar dürfen.
Die Mädchen hatten aber wohl den Verdacht, wir wollen sie an einen Soldaten-puff vermieten.
Eigentlich keine schlechte Idee.
Jedenfalls wollten sie dann doch nicht mit.
So fahren wir alleine zu unserem Freund.
Es wird wieder ein gemütlicher Abend.
Diesmal gibt es auf Holzkohle gegrillte Koteletts.
So lässt es sich sogar hier aushalten.

Zur Abwechslung sind wir mal wieder im Schwimmbad.
Auch der Begleiter der Französinnen kommt dazu und springt mit seinen Shorts ins Pool, um anschließend zu merken, dass er noch seine Papiere und Geld in der Tasche hatte.
Kein Kommentar.
Am Abend sind wir wieder mit dem Tschechen verabredet.
Er kommt, aber es wird vorerst nichts aus dem gemütlichen Abend, da er seine Bar schließen will und alle seine Sachen rausholen möchte.
Also fahren wir zu seiner Bar.
Viel ist es ja nicht, was wir in sein und unser Auto laden, während er gleichzeitig einen gewaltigen Streit mit seiner jetzt ehemaligen Bedienung hat.
Trotz der Lautstärke verstehen wir nicht viel, bekommen aber den Höhepunkt mit, als sie ihn beschuldigt, Hitler zu sein.

Ihr sei das zwar egal, aber es müsse schon was schlimmes sein, wenn alle Leute darüber reden.

In der Zwischenzeit leeren wir alle angebrochenen Flaschen.

Ziemlich angetrunken fahren wir nun zum Tschechen nach Hause nach Aaiun, wo er eine Wohnung hat.

Leider geht sein Auto auf der Strecke kaputt und wir lassen es in der Wüste stehen.

Im Dunkeln können wir nicht viel machen.

Seine Wohnung liegt in einer reizenden Gegend, dem Gestank nach direkt am Fluss.

Inzwischen haben wir schon wieder Durst oder sind so besoffen, dass es nicht mehr darauf ankommt.

Jedenfalls werden jetzt auch noch mehr Flaschen aufgemacht.

Irgendwann kapituliere ich und trinke Cola, was mich in den Verdacht bringt, pervers zu sein.

Die anderen, Axel, der Tscheche und sein Freund, saufen weiter, harte Sachen aus Wassergläsern.

Die Sprachunterschiede fallen nicht mehr ins Gewicht.

Der Freund fährt laufend Essen auf, ignorierend, dass wir satt sind.

Gegen drei wirft auch Axel das Handtuch.

Michael Serpas, unser Tscheche, spuckt noch große Töne, ein Mitglied der spanischen Ehrenlegion bleibt immer senkrecht.

Er zeigt uns seinen Legionsausweis, obwohl er kaum noch stehen kann.

Außerdem verkündet er, wie er in Spanisch Sahara Revolution machen würde.

Z.B. vor allem die spanische Regierung verunsichern, indem er Leute entführt und nach einiger Zeit wieder frei lässt, ohne irgendwas gefordert zu haben.

Oder Bomben hochgehen lassen, aber so, dass niemand verletzt wird.

Sein einziger Kummer ist, dass sowohl die Polizei etwas dagegen hat und seine arabischen Freunde die Taktik für blöd halten.

Sie wollen Tote sehen.

Falls wir verhört werden, sollen wir sagen, dass er stolz darauf ist, Spanier zu sein und er sich gar nicht erklären kann, wieso jemand etwas gegen ihn hat.

Aus solchem Holz wie Michael sind also die Leute geschnitzt, die das Elend der Erde beenden.

Als er die Luftmatratze aufblasen will, haben wir Angst, er kotzt hinein.

Letzter Tag in diesem Kaff:

Wir sitzen stundenlang in unserer Kneipe und warten auf Konvoi Partner.

Das tragische ist, dass wir nur noch spanisches Geld für sieben läppische Bier haben.

Diese ziehen wir den ganzen Tag über in die Länge und sitzen halb-trocken herum.

Aber niemand kommt.

Das Leben kann so hart sein, vor allem, wenn man Nachdurst hat.

Der eine Typ ist übrigens mit seinen Französinnen per Schiff nach Las Palmas gefahren, um sich die Visa zu besorgen.
Wahrscheinlich werden ihn die Girls dort verlassen, nachdem sie wieder in menschlichen Gegenden sind und sich einen neuen Idioten suchen, der sie irgendwohin mitnimmt.
Der Knackarsch reicht sicher wieder als Fahrkarte.

Endlich geht es weiter.
In unserer Stammkneipe wird ja heute das Rätselraten ausbrechen, was mit uns ist.
Laut Karte soll die Straße nicht so schlecht sein.
Die spanische Grenzstation ist schon weit vor der Grenzlinie, es folgen noch 120 km Straße und dann sind wir an der Grenze.
Genau da hört die Asphaltstraße auf und weiter geht es auf Piste.
Nur einmal sanden wir ein, weil wir vergessen haben, die Luft vorher aus den Reifen zu lassen.
Irgendwann brauchen wir wieder den Kompass, um uns für eine der vielen Fahrspuren zu entscheiden.
Zum Glück merken wir rechtzeitig, dass der Kompass im Auto völlig anders anzeigt, als draußen.
Eigentlich logisch, wegen der Metallmasse des Busses.
Könnte eine hübsche Inschrift auf einem Grabstein sein.

In Bir Moghrein, dem mauretanischem Posten, bittet uns der Grenzer, einen Passagier bis Zouerate mitzunehmen.
Was kann man einem Grenzer schon abschlagen, wenn der die Papiere hat.
Der Mitfahrer erweist sich dann aber sogar als ganz nützlich, denn er kennt den Weg.
Außerdem muss er beim Buddeln und Schieben helfen, wir sanden ein paarmal ein.
Zum Abendbrot begnügt er sich mit einer Dose Ölsardinen und einer Tasse Tee, allerdings mit acht Stück Zucker.
Wegen dem hellen Mondschein möchte er aber im Bus schlafen.
Na ja, während der Fahrt hat er auch schon immer so komische Sachen gesungen und alle Stunde gebetet - die Hitze.
Er schläft vor dem Bus.

Unser Auto ist endgültig am Auseinanderfallen.
Mal sehen, was morgen in Zouerate noch heil ist.
Außerdem geht bei einem Reifenwechsel der Wagenheber kaputt.
So stützen wir das Auto ab und buddeln unter dem Reifen ein Loch, bis das Rad frei ist.
Besser gesagt, unser Gast buddelt sich Blasen an die Hände.

Endlich sind wir da.

Zuerst ist Zouerate eine große Enttäuschung, ein Sand- und Drecknest. obwohl eine Stadt mit französischer Mine.

Eigentlich bauen die Minengesellschaften doch für ihre Leute wenigstens Asphaltstraßen und richtige Häuser, schon um sich, wie sie glauben, von den Einheimischen zu distanzieren und ihre Überlegenheit zu zeigen.

Doch nach einiger Querstraßen ist es dann auch hier so.

Schwarze nur noch als Dienstpersonal.

Und es gibt wieder ein Schwimmbad.

Als wir unserem Mitfahrer anbieten, mit uns weiter bis Atar zu fahren, wo er eigentlich auch hin will, sagt er uns, dass er ab hier lieber die Bahn nimmt.

Bei seinem Glück mit den Verkehrsmitteln, wird sicher der Zug entgleisen.

Aber zuerst fahren wir zum europäischen Club und essen gute französische Küche.

Preis 70.-DM. Da wir aber nicht vorher gefragt hatten, buchen wir es als Lehrgeld ab.

Immerhin war es lecker.

Am Morgen lassen wir für 2 Mark und ein Feuerzeug den Wagenheber reparieren, nur um anschließend unter dem Beifahrersitz einen zweiten Heber zu finden.

Hatten wir vergessen.

Der Rest des Tages faulenzen wir im Schwimmbad und fahren am Abend noch weiter bis Fort Derik, auch einem Sandnest.

So habe ich mir meinen Geburtstag, 29.4. vorgestellt! Alles voller Sand, selbst beim furzen staubt es.

Im Moment machen wir Mittagspause auf einem Stück Geröllpiste inmitten von Sanddünen, durch welche man den Bus wie ein Idiot durchreiten muss: Zweiter Gang- Vollgas, der Motor beginnt zu sterben - schnell den ersten Gang rein-Vollgas, usw., irgendwie in der Art.

Mit der Zeit lernt man es.

Trotzdem bleibt der Bus immer wieder stecken.

Er hat halt keinen Vierradantrieb und ist außerdem schwer beladen.

Also ausgraben und Sandleitern legen.

Meistens bleibt der Wagen stecken, weil er mit dem Motor im Sand aufsetzt.

Axel erweist sich als großer Graber und ich durchquere die Wüste zum großen Teil zu Fuß, weil ich oft erst vorgehe, um den besten Weg zu suchen.

Eigentlich ist es wunderschön hier, eigentlich.

Den Kompass brauchen wir kaum, da alle Reifenspuren ungefähr in die gleiche Richtung führen.

Aber für heute machen wir Schluss.

Und was haben wir geschafft?

52 km in zehn Stunden.

Ich glaube, ich spinne.

Eben fährt ein großer Lastwagen an uns vorbei und schaltet sogar in den dritten Gang hoch.

Sie hatten einen Bogen gefahren, um zu sehen, wer da noch im Nirgendwo ist.

An einer Stelle hingen wir fast drei Stunden, wir kamen immer gerade um eine Sandleiter-Länge weiter.

Dabei sauste eine Leiter, als ich auf sie fahre, nach hinten weg und traf Axel am Bein.

Zum Glück gibt es nur einen blauen Fleck.

Ein gebrochenes Schienbein hätte noch gefehlt.

Ein Reifenwechsel war auch noch nötig.

Schnauze voll?

Als Pistenmarkierung hinterlassen wir heute Abend einen leeren Bierkarton mit einer guten Menge leerer Büchsen.

Wenn ich gestern hinter Schnauze voll noch ein Fragezeichen gesetzt habe, so ist heute ein Ausrufezeichen angebracht.

48°C im Schatten.

Axel hat den Rekord im Wüste umgraben gewonnen.

Mit 47 PS ist das Auto einfach untermotorisiert.

Ansonsten haben wir heute keinen anderen Menschen gesehen.

Wir werden mal probieren, ob wir auf den Schienen einer Eisenbahn fahren können, die durch die Wüste führt.

Es ist eine Erzbahn, wir haben sie schon gesehen, wie vier Dieselloks einen unendlichen Bandwurm von Anhängern hinter sich herzogen.

Man kann auf den Schienen fahren, sogar sehr gut.

Allerdings zerfetzen die Stahlsplitter von den Schienen die Reifen - zuletzt unseren allerletzten Reservereifen.

Jetzt haben wir nur noch die vier Reifen, die dran sind.

Aber wir werden durchkommen, verdammt noch mal.

68 km haben wir heute geschafft, mit den 52 km von gestern sind das 120, wir haben also bloß noch lumpige 184 km bis Atar - wäre doch gelacht.

Gegen Abend, der Tag war wieder drückend heiß, auch wenn es inzwischen dunkler wird, ein Zischen.

Verdammt ein Reifen kaputt.

Wir steigen aus, aber alle Reifen sind o.k.

Dafür sehen wir auf der Antennenspitze ein kleines blaues Feuer brennen.

Martinsfeuer, wo bleibt der Klabautermann.

Der Himmel hat sich bezogen und man glaubt es kaum, es beginnt zu regnen und zu gewittern.

Und das mitten in der Sahara.

Es ist unglaublich, ja fast unheimlich.

Wir fahren neben die Schienen und springen aus den verschwitzten Klamotten und duschen im Regen.

Hoffentlich hält der Regen an, bis die Seife abgewaschen ist.

Er hält an.

Mauretanien hat ja doch mehr zu bieten als nur Dreck und Sand.

Danach machen wir Feierabend für heute.

Frischgeboren machen wir den letzten Brandy alle.

Das Wetter hat es heute am 1. Mai ganz gut mit uns gemeint, der Himmel ist bewölkt und gelegentlich regnete es.

Im Moment stehen wir neben einem deutschen VW-Bus, der sich mit der Eisenbahn angelegt haben musste, denn er sieht nun wirklich nicht mehr serienmäßig aus.

Wir nehmen den stummen Hinweis ernst, denn wir fahren auch schon wieder seit einiger Zeit auf den Schienen, die einzige Möglichkeit für uns, weiter zu kommen.

Allerdings haben wir ein flaues Gefühl im Magen, denn unsere Reservereifen sind ja alle aufgebraucht.

Es geht trotzdem auf den Schienen weiter, bis diese anfangen, sich auf einer Trasse ins Gebirge zu winden.

Wir haben keinen Blick mehr wenn ein Zug kommen sollte und von der aufgeschütteten Trasse kommen wir auch nicht mehr runter.

So lege ich den Rückwärtsgang ein und fahre so weit zurück, bis wir seitlich von den Schienen runter kommen und außerdem eine Möglichkeit sehen, uns so durchzuschlagen.

Es geht weiter auf Geröllpiste und teilweise in einem alten Flussbett.

Es ist schon ziemlich anstrengend, das Lenkrad festzuhalten, da die Räder immer wieder wegdrehen wollen.

Aber jetzt wollen wir es wissen und kommen tatsächlich gegen 16.00 Uhr in Choum an, einem kleinen Stationsposten der Eisenbahn, einige Loks, Werkstatt, Hütten, wenige richtige Häuser.

Hoffentlich wache ich jetzt nicht auf und habe nur geträumt und sitze immer noch in der Scheiße.

Wir gehen in Choum nämlich zu den Häusern der Franzosen, um wegen der Möglichkeit zu fragen, unsere Reifen flicken zu lassen.

Aber so schnell geht das nicht.

Das erste, was man uns anbietet, ist kaltes Bier in einer kleinen Privatbar.

So kommen wir ins Gespräch und lernen alle sechs Franzosen kennen, die hier arbeiten.

Später werden wir sogar noch zum Essen eingeladen, gute französische Küche mit mehreren Gängen.

Und damit nicht genug, duschen können wir auch noch.

Wir haben wieder einmal den Punkt im Umkreis von -zig Kilometern gefunden, wo es sich aushalten lässt.

Und das nach solchen Tagen, wie den letzten.

Die Franzosen erzählen, dass fast alle Touristen, so wenig wie es auch sind, an ihrem Posten vorbeifahren.

Deshalb hätten sie sich auch gefreut, mal wieder andere Gesichter zu sehen.

Kann ich gut verstehen.

Eigentlich wollen wir heute weiter bis Atar fahren, aber dann fallen wir an der Dorfausfahrt einem größenwahnsinnigen Dorfzöllner in die Hände.

Erst will er unsere Devisen-Deklaration sehen.

Na gut.

Dann alle Devisen, bis auf den letzten Pfennig.

Von uns aus.

Also blättern wir ihm den Inhalt unserer Geldgürtel und des Geheimfaches auf den Tisch.

Plötzlich großes Problem. Wir haben 100 Dollar mehr dabei, als angegeben.

Die waren im Geheimfach gewesen, und die hatten wir beim Ausfüllen der Deklaration glatt vergessen.

Daraufhin stellt der Zöllner unser Auto auf den Kopf und fördert noch 10 einzelne Dollar, 10 Dirham und 20 Mark zutage, die er zusammen mit den 100 Dollar zu viel beschlagnahmt.

Außerdem konfisziert er unsere Polaroid-Kamera, weil angeblich nur ein Fotoapparat pro Person erlaubt sei.

Zusätzlich zur Beschlagnahme verlangt er eine Geldstrafe von 1000 Mark.

Was zu viel ist, ist zu viel.

Wir schalten auf stur, da er erstaunlicherweise auch nicht bestechlich ist.

Jetzt hat er ein Problem.

So ruft er am Nachmittag seinen Vorgesetzten in Atar an, der uns alle drei für morgen zu sich beordert.

Wir lassen uns das beschlagnahmte Geld und die Kamera quittieren, die er uns aber später wieder zurück gibt.

Mal sehen, was uns morgen in Atar beim Oberzöllner erwartet.

Immerhin hatten die Franzosen schon unsere drei Reservereifen umsonst geflickt und nehmen uns auch wieder unter ihre Fittiche.

Das Verhalten des Zöllners überrascht sie nicht, wahrscheinlich habe ihn seine Alte die Nacht vorher aus dem Bett geschmissen.

Wir dürfen eine Eisenbahn besichtigen, die hier steht.

Normalerweise haben die hier keinen Aufenthalt, wenn vier Zugmaschinen rund 193 Anhänger vorbeischleppen.

Perverserweise haben wir uns erkundigt, dass man sein Auto von Choum bis Atar auch per Bahn verladen kann.

Aber das wäre stillos und 200 Mark teuer - und zu bequem für den Zöllner, der ja morgen mit uns muss.

Die Franzosen laden uns wieder zu einem guten Essen ein und um 22 Uhr sind wir besoffen und fallen in die Schlafsäcke.

Mit halbstündiger Verspätung- unser Zoll-Effendi hatte verschlafen- fahren wir um halb 9 los in Richtung Atar.
Unterwegs lassen wir unseren Effendi erst mal ein bisschen graben und schieben, leider bleibt das erste auch das letzte Sandloch.
Dafür haben wir wieder mal einen Platten.
Als wir beim Übergang vom Sand auf Steinpiste den Luftdruck in den Reifen erhöhen wollen, geht die Pumpe prompt kaputt.
Der Effendi will daraufhin ein vorbeifahrendes Auto anhalten, aber die kümmern sich nicht um ihn, bis er seinen Ballermann aus dem Halfter nestelt und Krieg spielen will.
Da hält das andere Auto dann doch lieben an und wir bekommen eine Luftpumpe geliehen.
Später will der Effendi selbst ans Steuer, weil Hartmut ihn zu langsam fährt.
Aber wir lassen ihn nicht. Wir brauchen das Auto noch.
Da ist er eingeschnappt. Na und.
Gegen halb2 mittags kommen wir in Atar, einem der übelsten mauretanischen Steinhaufen mitten im Sand, an und treffen dort einen der beiden bayerischen VW-Busse, mit denen wir in Marokko im Konvoi gefahren waren.
Die Bayern sind schon wieder auf dem Rückweg in Richtung Heimat.
Sie waren bis Dakar geknüppelt und knüppeln jetzt die gleiche Strecke zurück.
Ob die je ausgestiegen sind?
Bis 4 Uhr müssen wir warten, bis wir die Audienz beim Oberzöllner bekommen.
Er erzählt uns den gleichen Quatsch wie unser Zoll-Effendi, dass er das Geld konfiszieren müsse, außerdem 1000 France Geldstrafe und - hahaha! - 15 Tage Haft.
Wir wollen gerade unsere Ziehgertel aus dem Auto holen, als er erklärt, er habe jedoch Verständnis für uns arme Studenten.
Darum würde er auf die Strafe verzichten und uns auch das beschlagnahmte Geld zurückgeben.
Aber wir dürften das nie wieder tun.
Das haben wir ihm auch versprochen.
Unserem Zoll-Effendi aus Choum, der zwischenzeitlich bereits Interesse an unseren Armee-Hemden und Musik-Kassetten bekundet hat, schenken wir zum Abschied ein Polaroid-Sofortbild von ihm und einen Film, denn er behauptet, er habe genau so eine Polaroid Kamera wie wir.
Wer weiß, bei welchen armen Touristen er das Ding mal eingezogen hatte.

Nach dem Ärger mit dem Zoll fahren wir gleich weiter und schlafen irgendwo hinter Atar.
Heute, 4.5., kommen wir in Akjoujt an.
Da Sonntag ist, wollen wir dort irgendwo bleiben und am Montag Geld für Benzin wechseln, damit wir weiterkommen.
In Akjoujt ist auch eine französische Minengesellschaft und wir finden schnell den Club. Mit Schwimmbad!

Nur gegessen haben wir diesmal nichts, wegen unserer schlechten Erfahrung aus Zouerate, in Bezug auf den Preis.

Aber wir erfahren, dass es in Adjoujt keine Möglichkeit geben soll, Geld zu wechseln.

Wie das Benzin bezahlen?

Aber einer von der Minengesellschaft gibt uns etwa 40.-DM (600 Quguigas) und die Adresse der Minengesellschaft in Nouakchott, wo wir das Geld nach dem Wechseln zurückgeben sollen.

Ohne Quittung, ohne alles.

Wir werden das Geld natürlich auch zurückgeben.

Jetzt machen wir Nachtpause kurz vor Nouakchott, nachdem wir seit langer Zeit mal wieder auf Asphalt gefahren sind.

Axel schläft in der letzten Zeit sehr unruhig, nachdem ich zwei ziemlich harmlose Fotos von Pinup Girls an die Decke des Busses über unserer Liege- fläche geklebt habe.

Gegen Mittag sind wir in Nouackchott, wechseln Geld und bezahlen unsere Schulden und fahren gleich weiter in Richtung Grenze.

In Rosso bildet der Fluss Senegal die Grenze und außer dem Zoll und der Polizei muss auch eine Fahrkarte für die Fähre besorgt werden, was alles in allem über zwei Stunden dauert, da wir von einer Stelle zur anderen geschickt werden.

Die Mauretanier spinnen sich noch einmal so richtig aus und immer wieder ertönt Axels verzweifelter Ruf." Was für ein Land" durch die Gegend, was ja wohl auch so viel heißt wie: " Die sollen sich doch zuscheißen."

Es wir schwarz

Na ja, jetzt sind wir jedenfalls in Senegal.
Schwarz Afrika.
Die unsittlichen Angebote, vor denen man sich laut Reiseführer kaum retten kann (und wer wollte das auch?), können beginnen.

Heute sind wir in St.Louis und sehen uns dort einen alten Fischerfriedhof an und kaufen ein, unter anderem einen großen Fisch (Senegalesischer Brack-Schuppenpieker), den wir als Mittagessen mit viel Vergnügen verputzen.
Nach dem frugalen Mahl fahren wir gemächlich bis kurz vor Dakar, nicht ohne in Thies unser erstes senegalesisches Bier getrunken zu haben.
Beim Abendessen ist dann der traurige Augenblick gekommen: Wir trinken unsere letzten beiden Dosen Schultheiß-Pils.
Gestern war bereits der Schnaps alle.
Oh Afrika.
Aber wenigstens ist in Senegal Sprit erhältlich.
Überhaupt ein freundliches Land nach dem erbärmlichen Sandloch Mauretanien: Am Straßenrand viele Dörfer mit freundlichen Menschen, die sich mächtig über unsere weggeworfenen Konservendosen freuen.
Währen ich als Kulturmensch gerade Beethoven höre, liegt Hartmut hinten im Auto und demonstriert sein totales Banausentum.
Zum Glück kann er bei Beethoven wenigstens nicht mitsingen.

Auf den Tag pünktlich- wie vorausgeplant (7.5.)- sind wir in Dakar ange-kommen.
Unser erster Weg führt uns zur Hauptpost, um die vielen postlagernden Briefe unserer Freundinnen abzuholen.
Aber Pustekuchen: Hartmut hat nur Post von seiner Mutter und Oma und ich von meiner Tante.
Jetzt haben unsere Freundinnen selbst Schuld, wenn wir das nächste unsittliche Angebot annehmen.
Am Nachmittag bringen wir den Bus in die hiesige VW-Werkstatt: Ölwechsel, Abschmieren, Motorwäsche.
Während Hartmut den Bimbos auf die Finger schaut, gehe ich zum Infor-mationsministerium, um unsere erste afrikanische Journalisten-Adresse auszuprobieren, die ich mit habe.
Ich finde Ismael Lo auch und er lädt uns für den Abend zu sich ein, in eine schon etwa angegammelten Wohnung in einer angegammelten Neubausiedlung.
Außer Bier (immerhin) und netten Worten hat er uns aber nichts Interessantes zu bieten; wir ihm allerdings auch nicht.
Morgen sollen wir bei seiner Familie eine senegalesisches Spezialität essen: Reis und Fisch.

In der VW-Werkstatt muss ich den Bimbos nicht nur auf die Finger schauen, sondern teilweise auch einiges selbst machen, damit es ordentlich wird und nicht noch Tage dauert.
An Schorch`s Motorschutzgitter muss auch eine Stelle neu geschweißt werden, denn es hat sich allmählich der Form des Motors angepasst.
Ich möchte mir nicht vorstellen wie der Motor ohne das Gitter aussähe.
Im Übrigen bin ich neugierig, was uns der morgige Tag bei Ismael bringen wird, außer höflicher Konversation mit Sprachschwierigkeiten.
Wahrscheinlich werden wir nur Zeit vergeuden, aber das ist das Risiko bei fremden Adressen.

Der Vormittag bei Ismael bringt uns erst mal eine Köstlichkeit: gestampfter Mais mit saurer Milch.
Nachdem wir den Pamps runtergewürgt haben, verlassen wir Ismael und beginnen mit der Besichtigung von Dakar.
Dabei besteigen wir auch den Leuchtturm von Cap Verte, dem zweithellsten Afrikas (nach dem am Kap der Guten Hoffnung, den wir in einigen Monaten auch besteigen wollen).
Im Fischerdorf Soumboudioune bei Dakar kaufen wir uns zwei Fische fürs Abendbrot und suchen vergeblich nach dem dort angeblich befindlichen Künstlerdorf.
Hartmut hatte bereits vorher die hiesigen Kunstschaffenden kräftig unterstützt und sich für 3000 France (knapp 40.-DM) eine hölzerne Tanzmaske gekauft.
Immerhin: Die Schwarzen hatten zuerst 20.000 France gefordert, wir 2.500 geboten.
Als wir zum Auto zurückkommen, haben uns verdammte Kanackenkinder alle Türschlösser mit Holzspänen zugestopft, so dass wir durch die Heckklappe ins Auto klettern müssen.
Wir hatten abgelehnt, als sie sich anboten, unser Auto zu bewachen.
So hat Hartmut für den Abend eine hübsche Beschäftigung, die Schlösser ausbauen, auseinandernehmen, Holz raus, Schlösser wieder zusammensetzen und einbauen.
Immerhin funktionieren anschließend alle wieder.
Die Fische, die es anschließend zum Abendbrot gibt, versöhnen uns wieder mit dem Senegal und unsere Mägen mit Ismaels Schlangenfraß.
Wir sind in der Botschaft vom Zaire wegen eines Visums.
Aber tatsächlich gibt es zurzeit keine Visa für Autoreisende, sondern nur wenn man zuerst nach Kinshasa kommt, also nur per Flugzeug.
Anschließend auf zur nigerianischen Botschaft wegen der Verlängerung unserer Visa, die sonst abgelaufen sind, bevor wir dort ankommen.
Es soll keine Schwierigkeiten geben, man könne sie jederzeit und überall verlängern.

Da der Reiseführer es empfiehlt, fahren wir gegen Mittag mit einem Boot 20 Minuten zur Dakar vorgelagerten Insel Goree.
Zu Glück berechnet der Kassierer vom Schiff aus Versehen nur den Preis für eine Person, sonst wäre es doch recht teuer geworden.
Die Insel selbst ist sehr klein aber recht hübsch.
Trotzdem hätte man nichts versäumt, nicht dort gewesen zu sein.
Als wir wieder in Dakar sind, beginnt die Arbeit des Tages.
Diesmal für Axel.
Wir schreiben zwei Briefe an zwei Journalisten im Zaire, deren Adressen wir auch haben, ob sie uns bei der Beschaffung der Visa helfen können.
Und diese Briefe darf Axel jetzt ins französische übersetzen.
Ich glaube, das dauert rund eine Stunde der vier Stunden in der Kneipe.
Allerdings ohne uns zu besaufen: Ersten wegen der Preise und zweitens wegen Axels Französischkenntnissen.
Obwohl vielleicht dann das Übersetzen schneller gegangen wäre, wenn auch nicht besser.

An diesem Vormittag fahren wir noch einmal ins Zentrum von Dakar zum Kermal-Markt, zum Einkaufen und Fotografieren.
Anschließend geht es weiter ins 65 km entfernte Cayar.
Ein richtig schönes, lauschiges Fischernest: Hütten aus Stroh und etwa 200 Pirogen am Strand.
Die Kinder kennen hier einen neuen Gruß: nach dem marokkanischen „Zigarett Mista" heißt es hier „Cadeau, Cadeau"- „Geschenk, Geschenk".
Aber sie lassen sich willig fotografieren.
Als ich ihnen anschließend aber das Cadeau verweigern will, fallen sie fast über mich her, reißen am Hemd und zerkratzen mich mit ihren dreckigen Finger-nägeln.
Als die Fischer am Spätnachmittag vom Fang zurückkommen, kaufen wir wieder 2 Fische, darunter einen prächtigen Wels, und feiern am Abend eine Fressorgie.
Am Vormittag geht es weiter nach Joal und wir laufen über eine rund 200 Meter lange Brücke hinüber zur Muschelinsel Fachiouth und über eine zweite Brücke zu deren Muschelbergfriedhof.
Von einem Einheimischen lassen wir uns für 400 France per Piroge zur Vorrats-Insel staken.
Dort lagern sie Hirse (?) in runden Strohkralen.
Wenn's regnet kommt ein Deckel drauf. Rest siehe Reiseführer.
Am Nachmittag Weiterfahrt bis Kaolack, wo wir morgen auf der Bank Gambia Dalasi eintauschen wollen.
Schöne Stadt, wir haben ein kühles Bier getrunken.

Es ist hier richtig schön.
Wir stehen am Rand einer Dschungelpiste in der Casamance auf dem Weg zum Cap Skirring.

Es ist gerade kurz vor 7 Uhr und noch angenehm kühl.
Die mickrigen Hähne der vielen Dörfer krähen um die Wette und ein Stück weiter ziehen einige Hausschweine durch das Gehölz, die aber viel mehr Ähnlichkeit mit Wildschweinen haben.
Während Axel noch pennt, einige Zusätze zu gestern:
Wir fuhren also noch einmal nach Kaolack, um Geld zu tauschen und anschließend gleich weiter in Richtung Gambia, welches wir am Nachmittag durchquerten und wieder in den Senegal kamen.
Die Hitze war kaum auszuhalten: 55°C im Schatten und das ohne den geringsten Lufthauch.
Man glaubt, man geht kaputt.
Selbst der Fahrwind ist wegen seiner Hitze eher unangenehm.
Auch das Auto wird laufend zu warm.
Die Öltemperatur ist kaum bei 120°C zu halten und man kann nicht richtig fahren.
Allerdings bekommen wir Benzin ins Öl (eventuell an der Benzinpumpe?) und vielleicht kühlt es daher auch nicht richtig.
Hinter Ziguichor bogen wir dann Richtung Meer ab.
Die Straße hat zwar Wellblech, ist aber von der Vegetation her schon richtig wie Urwald mit gelegentlich noch Palmen darin.
Und jetzt stehen wir also am Urwaldrand.
Inzwischen ist es 7.30 Uhr und eine Herde Kinder bricht aus dem Wald und will zur Schule.
Aber so ein fremder Bus ist halt doch sehr interessant und sie werden deshalb alle zu spät zur Schule kommen.

Auf dem Weg zum Cap Skirring sparen wir das Geld für zwei Fähren, indem wir von der ersten Fähre das Benzin für die zweite mitnehmen (40km weiter).
Der Landrover, der die Fässer mitnehmen sollte, hatte seinen Geist aufgegeben.
Enttäuschung am Cap Skirring.
Wir finden zuerst keinen lauschigen Platz am Strand, weil das Gelände größtenteils Privatbesitz (Club Méditerranée + ein Hotel) und abgesperrt ist.
Schließlich schummeln wir uns direkt am Zaun des Club entlang doch noch in Richtung Meer.
Schöner Strand, warmes Wasser.
Hier treffen wir auch die restlichen 3 VW-Busse wieder, mit denen wir die marokkanische Wüste im Konvoi gefahren waren.
Afrika ist klein.
Abends sitzen wir gemeinsam in einer urigen Urwald-Schenke, die einem Österreicher gehört, auf ein paar Bier.
Mangels Masse in der Kasse wird es kein Besäufnis.
Ansonsten ein Tag der Titten.

Erst ein paar ausgemergelte schwarze am Rand der Piste, dann ganz propere weiße im Club Méditerranée, schließlich die ziemlich gammeligen der beiden VW-Bus Frauen.

Heute ist ein ganz ruhiger Tag.
Wir stehen mit dem Bus wieder neben dem Club, baden viel und waschen Wäsche.
Im Moment hängt sie neben dem Bus und wir warten, dass sie trocken wird, da wir eigentlich noch heute Abend bis zum Eingang des Naturschutzgebietes der Casamance fahren wollen.
Das kleine Dorf, ein Stück weiter, ist ein trauriges Nest.
Axel versucht für uns etwas Essbares aufzutreiben.
Umsonst.
Man lebt wohl hauptsächlich während der Saison vom Club, wie auch die vielen Andenkenverkäufer zeigen.

Um 9 Uhr waren wir heute am Naturpark.
Da er ziemlich teuer für seine Größe ist und das Auto extra kostet, kam Axel auf die Idee, den Park zu Fuß zu erkunden.
Ein Rundgang von 25km.
Ein paar Stündchen.
Ich war wohl nicht ganz bei mir, als ich zustimmte.
Jetzt ist es jedenfalls 15 Uhr und ich sitze im Auto und pflege meine Füße.
Zwei Blasen habe ich mir in den Turnschuhen gelaufen, die ich angezogen hatte, um besser laufen zu können.
Die Scheißdinger werden verkauft.
In meinen Stiefeln hatte ich noch nie Blasen.
Axel ist noch nicht da, ich habe ihn irgendwann abgehängt, da ich so schnell wie möglich zurück beim Bus sein wollte.
Und wofür das Ganze?
Außer einer Horde Affen haben wir keine Tiere gesehen.
Tausend Augen sehen dich und du siehst nichts.
Ganz schöne Scheiße.
Und das bei der Hitze.
Man war ja schon glücklich, wenn es knackte weil ein Zweig vom Baum fiel, es hätte ja ein Tier sein können.
Er ist nicht nur ein Kultur- sondern auch ein Naturbanause.
Dabei sind wir nur 14 km gelaufen, reine Marschzeit 3 Stündchen.
Außerdem war die Landschaft ausgesprochen lauschig, bloß dass man wegen des dichten Waldes eben kaum Tiere sah.
Axel fühlte sich halt wie zu Hause.
Laubwald wie im Harz.
Von Urwald keine Spur, sondern breite und gepflegte Spazierwege zum ausgeschilderten Aussichtspunkt.

Die Weiterfahrt geht dann sehr zügig voran.
Erstens habe ich schlechte Laune und zweitens nervt der Straßenzustand.
Die besten Voraussetzungen, um jede Straße schnell abzuspulen.
Nur das Fahren mit 90 km/h auf Wellblech ist nicht so toll, da das Auto kaum
Bodenhaftung hat und wie auf Schmierseife dahinschlingert.

*Nachdem wir heute auf teils guter, teils schlechter Straße den halben Senegal
von West nach Ost durchquert haben, sind wir jetzt kurz vor dem Eingang zum
Niokolo-Koba-Nationaklpark.*
*Affen, für deren Besichtigung wir gestern im Casamance Park noch 1000 France
CFA Eintritt zahlen mussten, sind auf dem Weg hierher ein paar Mal umsonst
vor uns über die Straße gelaufen.*
*Es ist wieder ein schöner, warmer Tag: Wir haben es jetzt 21,15 Uhr und 35°C
(vorn) bzw. 40°C (hinten) im Auto.*

*Für 3000 France Eintritt gibt es im Nationalpark immerhin die ersten größeren
Tiere zu sehen: Flusspferde.*
Zwar gucken sie bloß mit dem Kopf aus dem trüben Wasser, aber immerhin.
Wir sind ja bescheiden geworden.
Außerdem laufen uns noch ein paar Warzenschweine über den Weg.
An einer Wasserstelle im Park treffen wir auch die 3 anderen VW-Busse wieder.
Außer zwei Elefanten haben die aber auch noch nichts gesehen.

Die Welt ist ungerecht.
*Während wir seit Tagen nur noch lauwarmes Wasser saufen, feiern nebenan im
gleichen Camp ein paar Franzosen und Schweizer mit Whisky und Wein.*
Und sie geben uns nichts ab.
Kann das Allahs Wille sein?
Er wird sie strafen.

*Heute Vormittag gibt es endlich die erste nennenswerte Begegnung mit der
afrikanischen Großtierwelt.*
*Nach einer Stunde auf einem Hochstand kommt ein Elefantenbulle aus dem Wald
und nimmt vor unseren Augen ein Schlammbad.*
*Als er mit allen Vieren tief im Modder steckt, traue ich mich vom Hochsitz runter
und gehe bis auf wenige Meter an ihn heran, um Fotos zu machen.*
*Schließlich rück ich ihm doch zu eng auf die Elefantenpelle und er spritzt mit
dem Rüssel Schlamm in meine Richtung.*
*Als ich trotzdem stehen bleibe, krabbelt er aus dem Morast und läuft drei Schritte
auf mich zu.*
Da bin ich natürlich getürmt.
Der Elefant badet anschließend weiter.
*Außerdem haben wir heute jede Menge Warzenschweine, Affen, Antilopen und
Gazellen gesehen.*

*Die größten Affen übrigens im Safari-Hotel „Simenti", wo die für ihr
Schwimmbad 300 France Eintritt verlangen, fürs Duschen 100 F.
Wir verzichten.
Ansonsten gibt es dort außer Brot (100F - doppelter Normalpreis) keinerlei
Lebensmittel zu kaufen.
Auch Trinkwasser zum Abfüllen in Kanister gibt es kaum.
Toller Service für 3000F Eintritt in den Park.*

*Nach einer frühmorgendlichen, jedoch völlig ergebnislosen Rundfahrt durch den
Park, fahren wir weiter nach Tambacounda.
Die Straße ist wieder sehr schlecht und an einer Baustellen-Umleitung verreckt
der Motor vor lauter Staub.
Hartmut ist kurz vor dem Ausflippen.*
Immerhin habe ich die Karre wieder zu Laufen bekommen, nachdem Axels
Beschwörungsformeln nichts genutzt haben.

*Hier in Tambacounda warten wir jetzt auf die Möglichkeit, per Eisenbahn nach
Bamako (Mali) weiterzureisen.
Die Straße dorthin sei selbst mit Geländefahrzeugen nicht mehr befahrbar.
Der Zug nach Bamako fährt zwar jeden Tag, aber er hat nicht immer Waggons
zum Autotransport dabei.
Heute zum Beispiel gibt es keinen freien Platz.
Der Stationsvorsteher meint, vielleicht klappt es ja morgen.
Mit uns warten noch drei Schweizer in einem Ford-Bus.
Wir stehen direkt am Bahnhof, wo auch etliche Schwarze unter freien Himmel
campieren, auf imaginäre Züge warten und gelegentlich den Schotter küssen
und beten.
Vorhin habe ich mich an einem Wasserhahn, drei Meter neben der Weiche, von
oben bis unten abgeseift.
Tat gut.
Außerdem ist das Wasser aus der Leitung natürlich sowieso warm.
Zur Feier des Tages genehmigen wir uns jeder vier große Bier
(„La Gazelle", gebraut in Dakar, 0,69 l, 105 F ohne Pfand, in Kneipe 150 F).*

*Heute spielen wir das große Spiel mit der Eisenbahn.
Wer Afrika kennt, weiß natürlich, dass eine so komplizierte technische Operation
wie das Verladen zweier Autos mindestens einen vollen Tag dauert.
Um 9 Uhr sind wir beim Chef de Gare.
Er lässt uns von einem Effendi einen vergammelten Plattformwaggon zeigen.
Ob wir den nehmen würden?
Die Plattform ist zwar schon reichlich löcherig, aber wir sagen zu.
Um 15 Uhr sollen die Autos- die Schweizer und wir- verladen werden und
inzwischen sollen wir uns schon mal den Draht besorgen, den sie zum Verzurren
der Wagen brauchen.*

Das einzige Drahtgeschäft am Platz, das auch Oberhemden, Gießkannen und Bier führt, verkauft den Draht nur in großen Rollen, der für mindestens zwei Autos reicht.

Zum Glück können wir mit den Schweizern teilen.

Am Nachmittag fahren wir die Autos dann auf den Waggon.

Als wir sie festzurren wollen, wird uns bedeutet, der Sicherheitschef des Bahnhofes würde das nie und nimmer durchgehen lassen.

Die Autos müssten von einheimischen Fachkräften festgezurrt werden- für 2000 F pro Auto.

Wir können sie noch auf 1500 runterhandeln, dann gehen sie ans Werk.

Sie machen das sogar gut.

Als der Zug gegen 19 Uhr endlich losfährt, stellen wir fest, dass aus der gemütlichen Bahnfahrt nicht viel werden wird, denn wir müssen in unseren Autos bleiben, da es ein reiner Güterzug ist.

Dort rüttelt und schaukelt es so stark, dass man während der Fahrt nicht einmal Kaffee kochen kann.

Auch beim Kacken gibt es Probleme, obwohl wir uns extra vorher Zeitungspapier mitgenommen haben, um nicht direkt auf die Plattform scheißen zu müssen.

Aber es ist schon sehr schwierig, im Hocken auf einem fahrenden, schaukelnden Zug das Gleichgewicht zu halten. Nach getaner „Arbeit" fliegt die Zeitung in die Pampa.

An Schlaf ist während der Nacht kaum zu denken.

Um 7 Uhr kommen wir in Kayes an, der ersten größeren Stadt in Mali.

Vom senegalesischen Zoll oder Polizei hatten wir nichts bemerkt.

Aber hier kommt ein Polizist aus Mali und holt unsere und die Schweizer Pässe ab.

Nachdem der Zug schon zwei Stunden steht und die Pässe immer noch nicht zurück sind, werde ich unruhig.

Die drei schlaffen Schweizer, die ja wenigstens französisch sprechen, sind keiner Aktivität fähig und so zieht Axel los, um zu sehen, was mit unseren Pässen ist.

Er verlässt sich auf die Aussage eines Polizisten, dass hier kein Zug abfährt, bevor wir unsere Pässe wiederhaben, erzählt er, als er zurück ist.

Im Übrigen würde Allah schon alles regeln.

Nach drei Stunden fährt der Zug los.

Und plötzlich große Aufregung um mich herum.

Ich kann gerade noch einen Schweizer unter dessen Protest vom Zug stupsen, damit er später mit dem nächsten Zug und unseren Pässen nachkommt.

Unter fürchterlichen Geschuckel geht die Fahrt den ganzen Tag weiter.

Im Rahmen einer Blitzaktion während eines Stopps gelingt es uns wenigsten, zu einem heißen Tee zu kommen.

Um 1,30 Uhr sind wir endlich in Bamako.

Es dauert noch bis 3.30 Uhr, bis unser Wagen auf ein Abstellgleis rangiert wird und wir uns schlafen legen können.

Am Morgen gibt es eine freudige Überraschung: Der zurückgebliebene Schweizer ist inzwischen mit unseren Pässen angekommen.

Anschließend noch 4 Stunden Papierkrieg und Rumrangieren, bis wir endlich vom Bahnhof rollen können.

Am Nachmittag fahren wir noch rund 175 km weiter- so schön war Bamako nicht.

Hier in Mali beginnt langsam die Regenzeit.

Es gibt einen erfrischenden Schauer.

Es muss schon einige Tage geregnet haben, denn es grünt überall. Endlich nicht mehr solch verdorrte Landschaft.

Das Gras ist so dick, saftig und grün, dass man reinbeißen möchte.

Heute (23.5., 700 km vor Abidjan) haben wir Mali schon wieder verlassen.

Auf der Seite der Elfenbeinküste gibt nicht einmal einen Stempel in den Pass.

Bundesdeutsche dürfen so rein.

Die sind beliebt.

Warum eigentlich. Die kennen uns doch noch gar nicht.

Leider hört aber an der Grenze auch die Asphaltstraße auf, die zwar große Löcher hatte, aber dafür gibt es wieder Wellblech und zwar auch mit großen Löchern.

Nach einiger Zeit fragt Axel besorgt, ob er nicht besser weiterfahren soll.

Er hat vielleicht Recht, man soll auch auf die langsame Art ans Ziel kommen können.

Und wenn ich die Brille abnehme und Axel jedes Mal glaube, dass es einen Grund gibt, wenn er bremst, geht es vielleicht.

Die Straße bleibt schlecht und Autowracks säumen den Straßenrand.

Die spinnen sich hier beim Fahren voll aus.

In Quangolodou ist ein Volksfest zu Ehren eines Besuches von Regierungsleuten.

Delegationen verschiedener Orte stehen mit Schildern herum und natürlich viel Musik und Tanz.

Leider haben die meisten ihre beste moderne Kleidung angezogen und es wirkt etwas komisch, wenn die Männer im Anzug Negertänze aufführen.

Abend gibt es ein Gewitter, das sich aber zum Glück schlimmer ankündigte, als es letztlich ist.

So stelle ich mir einen gemütlichen Sonntag vor (25.5., 60 km vor Abidjan).

Wir haben den Bus mitten in einem lauschigen Palmenhain geparkt und ich sitze auf der Luftmatratze vor dem Auto und verdaue im Schein der Benzinlampe den Sonntagsbraten.

Heute Vormittag hatten wir uns in Katiola auf dem Markt eine kräftige Portion Fleisch fürs Abendesse gekauft.

Es saßen zwar etliche Fliegen drauf, aber von denen hatte schon unser Freund
Michael in Aaiun gesagt: Die fressen die Bakterien weg.
Ich will auch mal Hartmuts Kochkünste loben, er besteht darauf.
Er hat noch nie Wasser anbrennen lassen, das Essen war nicht versalzen. Na gut,
es war gut.
Ansonsten macht uns das Auto wieder mal ein bisschen Kummer.
Es schluckt viel zu viel Öl.
Heute mussten wir dreimal nachfüllen.
Laut Hartmut gibt es zwei mögliche Fehlerquellen: eine teure (Kolbenringe) und
eine billige (irgendwelche Dichtungen).
Hoffentlich ist es die billige.
Hartmut will morgen nachsehen.
Da Axel an sich nie etwas lobt, ist die Erwähnung meiner Kocherei schon ein
Lob.
Anderenfalls kann er sonst sein Essen selber kochen.
Brrrrr, wie brutal.

Gegen 10 Uhr erreichen wir Abidjan.
Sie ist im Zentrum die modernste unserer bisherigen afrikanischen Städte.
Nachdem wir Geld getauscht haben, fahren wir zur VW.-Werkstatt, um die
Kompression prüfen zu lassen, da bei guter Kompression eigentlich die
Kolbenringe in Ordnung sein müssen.
Und siehe da, diese war sogar sehr gut.
Was ist dann kaputt?????
Wir lassen folgendes machen: Ölwechsel, Luftfilter, Zündkerzen erneuern (die
alten sahen verheerend aus), Vergaser reinigen und die Zylinderkopfdichtung
austauschen.
Außerdem schüttet man irgendeinen Öl Zusatz ins Öl, wegen der Hitze.
Auch an Schochs Motorschutzgitter muss etwas geschweißt werden.
Dann kommt die Rechnung und wir fallen fast um.
Der alte Trick.
Sechs Stunden wollen die Gauner am Auto gearbeitet haben.
Mit viel Aufwand bringen wir sie auf drei runter.
Aber sauteuer ist es immer noch.
Jetzt stehen wir am Strand unter Palmen und erholen uns von dem Tag.
Ich hoffe ja nur, dass der Schaden am Motor behoben ist, habe aber meine
Zweifel.

Der Vormittag gehört noch einmal dem Auto: Wir holen den verkrusteten
Schlamm vorne unterm Abdeckblech raus.
Am Nachmittag wollen wir uns mit einem Journalisten treffen, wir hatten uns aus
Tambarunde bereits brieflich angekündigt.
Das war wohl falsch.
Jedenfalls war er nun verreist, so sagte man uns.

Immerhin machen wir auf der Suche nach der Redaktion eine ausgedehnte
Stadtrundfahrt durchs schöne Abidjan- bis auf die Neger eine moderne
europäische Großstadt mit viel Wasser und Grünzeug zwischen Wolkenkratzern.
Anschließend fahren wir ins Schwimmbad, wo es endgültig europäisch wird,
Badegäste sind nur Weiße.
Kein Wunder beim Eintrittsgeld von 250 FCFA pro Person (3.-DM).
Immerhin durften einige Schwarze als Kellner und Aufpasser dort arbeiten.
Vorher hatte ich bereits am lauschigen Palmenstrand im Golf von Guinea
gebadet- und anschließend etliche Zeit damit verbracht, mir das Öl von den
Füßen zu schrubben.
Der Strand ist völlig verölt.
Deshalb baden hier die Schwarzen, bei denen sieht man die Ölflecken nicht.

Nach einer letzten Stadtrundfahrt geht es weiter in Richtung Ghana.
Dazu müssen wir noch einmal von der Küste weg ein ganzes Stück landeinwärts.
Die Straße ist sehr schön, nicht sehr breit und rechts und links sofort dichter
Urwald mit Plantagen darinnen.
Irgendwann ist dann auch das Motoröl wieder leer.
Wir werden wohl doch noch einmal in eine Werkstatt müssen.
Gegen 18 Uhr passieren wir dann ohne viele Probleme die Grenze nach Ghana
und machen jetzt auf einem kleinen Urwaldweg Rast.

Ghana ist schon ein sicheres Land (na mal sehen bzw. siehe später). Vor und
nach jedem größeren Ort Polizeikontrollen.
Mal wollen sie die Pässe sehen, mal irgendeinen Zollstempel, wir geben ihnen
das Carnet.
Jedenfalls immer fragen sie, wo man herkommt und wenn wir antworten „Aus
Abidjan" ist sofort ihre nächste Frage, was wir ihnen dann aus Abidjan
mitgebracht hätten.
Manchmal fordern sie auch ganz direkt ihren Wegezoll in Form von Zigaretten.
Immerhin lassen sie uns aber auch schließlich ohne Geschenk passieren.
Gegen Mittag kommen wir nach Kumasi, der zweitgrößten Stadt Ghanas.
Erst besichtigen wir den Markt, einem der größten und damit unübersichtlichsten
Afrikas- und dann beginnt der kulturelle Teil.
Wir fahren ins National Cultural Center und besuchen das „völkerkundliche
Freilichtmuseum", es entpuppt sich als nicht mehr als ein gutsortierter
Andenkenladen.
Aber wir lassen uns nicht entmutigen und besehen auch noch den „Palast" des
Königs der Ashanti.
Er ist etwas so repräsentativ wie die örtliche Bedürfnisanstalt, nur noch weniger
fotogen.
Immerhin lernen wir auf der Stadtrundfahrt noch eine zweite Sorte von Ghana-
Bullen kennen.

Als wir welche in gelben Uniformhemden nach dem Weg fragen, lassen sie einfach ihre Kreuzung, auf der sie zugegebenermaßen völlig überflüssigerweise den Verkehr regeln, im Stich, setzen sich zu uns ins Auto und zeigen uns den Weg.
Zweimal ist uns das passiert und noch nicht einmal eine Zigarette wollen sie als Dankeschön.
Verstehe einer die Welt.
Ansonsten hatte heute der Pannenteufel mächtig zugeschlagen.
Abgesehen von dem Öl, das wir wieder nachfüllen müssen, ging erst ein Regler kaputt, dann gab eins unserer Regale den Geist auf, dann schlug ein Benzin-kanister leck und schließlich fiel auch noch Schorchs vorderes Schutzblech vom Auto.
Ich glaube, das langt jetzt für die nächsten Monate?

Ein lausiger Tag.
Gegen 11 Uhr waren wir in Accra.
Zuerst fahren wir wieder einmal zur VW-Werkstatt und bekommen für Montag (heute ist Freitag) einen Termin, den Bus zu bringen, denn die Reparatur soll zwei Tage dauern!!!???
So fahren wir zu der einen Zeitung, wo wir uns wieder bei einem der Journalisten von Axels Liste angekündigt hatten.
Er arbeitet aber nicht mehr dort, sondern ist inzwischen beim Informations-ministerium.
Ein Typ bietet uns an, uns dorthin zu führen, da er gerade bei der Zeitung nichts zu tun hat.
Da im Ministerium gerade Mittagspause ist, will er uns sein Büro zeigen, da er auch beim Touristenbüro arbeitet.
Dort stellt er uns seinem Chef vor, der Deutsch spricht, da er lange in Deutschland studiert hat.
Er heißt Emmanuel Ozei und wir unterhalten uns gut mit ihm.
Schließlich verabreden wir uns mit ihm nach Dienstschluss.
So fahren wir wieder zum Ministerium.
Der Journalist hat zwar unseren Brief nicht erhalten, verabredet sich aber mit uns für Montagabend, da er übers Wochenende in sein Dorf will.
Um 17 Uhr sind wir wieder im Touristenbüro und Emmanuel schleppt uns zuerst ins Nationalmuseum, wo er uns viel über die Aschanti erzählt, da er auch einer ist.
Zufälligerweise ist an diesem Abend eine Ausstellungseröffnung im Museum mit vielen Ehrengästen, zum Teil in Tracht - und mit Freibier.
Der Abend fängt gut an.
Später fahren wir mit ihm zu einem Zimmer, welches er gemietet hat, aber nie benutzt.
Er stellt es uns zur Verfügung, wenn unser Auto in der Werkstatt ist.

Es ist ein leerer Raum in einer einfachen Gegend in einem größeren Haus mit Innenhof, wo noch andere wohnen.

Er macht uns mit ihnen bekannt, damit wir uns jederzeit dort aufhalten können.

Es gibt sogar ein Gemeinschaftsklo und Waschräume.

Wir werden aber bis Montag im Auto vor dem Haus schlafen, um es nicht unbewacht zu lassen.

Dann fahren wir in eine afrikanische Diskothek, die zum Teil im Freien ist.

Super Musik, halb afrikanisch, halb amerikanisch.

Dort treffen wir Emmanuels Bruder mit seiner Freundin, mit der ich das Tanzbein schwinge, während Axel sich volllaufen lässt und dann plötzlich gegen Mitternacht verkündet, dass er jetzt die Musik nicht mehr ertragen kann und aus dem Schuppen kriecht.

Er will im Auto schlafen.

Nicht viel später kommt er wieder rein und verkündet, dass es ihm vor der Kneipe zu laut sei und er jetzt wegfährt.

Was wir machen, ist ihm egal.

Da ich den volltrunkenen Axel nicht fahren lassen will, wer weiß wo der landet, breche ich auch auf und lasse all die schönen schwarzen Frauen alleine.

Wenn ich wenigstens bi wäre, müsste er jetzt ran.

Der gute Emmanuel entpuppt sich nebenbei noch als Devisen-Schwarzhändler. Nachdem er uns zuvor auf die großen Gefahren des Schwarztauschens hinge-wiesen hatte- er mache das nur für seine deutschen Freunde - erklärte er mitten im Museum, dass zufällig sein Mittelsmann anwesend sei und wir könnten jetzt gleich das Geschäft abschließen.

Wir gingen auf die Galerie und unter großer Geheimniskrämerei gab ich ihm 100 $, mit denen er zunächst verschwand.

Später gab er uns dafür 140 Cedi (offizieller Kurs 115 Cedi).

Um 7 Uhr in der Frühe steht Emmanuel vor unserem Bus und weckt uns mit dem Ruf „Herr Schwarz“.

Wie brutal.

Mit meinem Kater brauche ich einige Zeit, um wenigstens halbwegs zu mir zu kommen.

Wir bekommen jeder einen Eimer Wasser zum Waschen, der fürsorgliche Emmanuel kauft sogar ein Stück Seife für uns. Warum wohl??????

An Scheißen war leider nicht zu denken, das Gemeinschaftsklo ist schon bis oben zugekackt.

Anschließend zeigt uns Emmanuel die Sehenswürdigkeiten der Stadt, viele sind es nicht und eigentlich auch nicht sehenswürdig.

Schließlich setzen wir ihn irgendwo ab und fahren am Nachmittag vor die Stadt an den Strand bei Teshie, um uns ein nettes Plätzchen zu suchen.

Kaum haben wir eins gefunden, kommt ein Bimbo und sagt, dass ein Stück weiter ein noch viel schönerer Platz sei.

Er würde mitfahren und ihn uns zeigen.
Wir Blödiane lassen uns darauf ein und der Bimbo führt uns geradewegs in das erste Schlammloch unserer Reise.
Das ist ja noch beschissener als Sand.
Schließlich kommt noch ein Schwarzer zum Helfen und wir kommen schließlich den Wagen mit Sandleitern(!!!) frei.
Dann zeigt der Bimbo uns aber tatsächlich ein wirklich schönes Plätzchen und wir klönen noch eine ganze Weile sehr angeregt, was auch auf den Palmschnaps(schmeckt so ähnlich wie ein Obstler) zurückzuführen ist, den einer von ihnen aus dem Dorf holt.
½ Flasche für 1 Cedi.
Jetzt sind beide weg und wollen uns für die Nacht zwei Schulmädchen besorgen, ebenfalls für 1 Cedi pro Stück.
Spinner.
Außerdem sind sie schon lange weg und keine Girls da.
Dabei hat Axel extra noch ein Bad genommen mit Spezialwasser des Ghana-Atlantiks.
Denn die beiden Schwarzen hatten ihm voller Glauben erzählt, dass das Meer hier Heilkräfte besitze, da selbst der Präsident hier bade.
Glauben macht selig.
Immerhin glaubt Axel ja auch, dass er auf diese Weise noch einmal einen hochbekommt.
Aber es scheint sich wirklich als unnötig zu erweisen, da ich inzwischen auch gleich alleine ins Bett gehe, ohne Pippimädchen.
Axel will noch die Abrechnung unserer Ausgaben machen, aber es kommt nicht dazu.
Sein Portemonnaie fehlt.
Er hat es sonst immer in der Brusttasche seines Hemdes.
Aber es ist weg.
Da Axel ja sein Zauberbad genommen hatte, als die Bimbos noch da waren, müssen diese es wohl in der Zeit geklaut habe.
Ich erinnere mich jetzt nachträglich, dass mich einer mit einer blöden Frage nach vorne ans Auto gelockt hatte.
Jedes dritte Wort von dem einen Schwein war „fein, fein", was mich nervte und sich nun nur für ihn als „fein" erweist.
Verlust 120 Cedi (100$).
Wir wissen noch nicht, ob wir den Verlust anzeigen können, da das Geld ja schwarz getauscht war, ohne Bankbeleg.
Wir werden das mit Emmanuel besprechen.
Um 3 Uhr nachts klopft es an unser Autofenster.
Drei Bimbos stehen davor.
Sie seien Wachleute und würden den Strand kontrollieren.
Wir sollen sie ins Auto lassen, sie müssen es durchsuchen, da wir sicherlich Schmuggler sind und es außerdem verboten ist, hier am Strand zu campieren.

Natürlich lassen wir sie nicht rein.

Axel fängt an zu palavern und entschuldigt sich dauern bei denen, ich werde sauer und die Typen beruhigt es auch nicht.

Jedenfalls entpuppen sie sich schließlich auch nicht als wirkliche Bullen sondern als Strandräuber.

Das zeigt sich, als ich auf den Fahrersitz klettere und das Auto starte, um weg-zufahren.

Irgendwo waren wir gestern nicht gut drauf, denn auch das Auto steht nicht in „Fluchtrichtung", bei der Dunkelheit schon Scheiße.

Jedenfalls schlägt der Oberbimbo die Fahrerscheibe ein und zieht nach einem Gerangel den Zündschlüssel ab.

Da sie Messer dabei haben und Axel eines an den Hals setzen, nachdem sie ihm eine gescheuert haben, müssen wir aussteigen.

Sie fragen nach unserem Geld, wonach sonst.

Kurz besprechen Axel und ich die Situation in Deutsch, was sie nur noch wütender macht.

So sage ich ihnen, wo unser Geldgurt liegt, der ja inzwischen sowieso fast leer ist bis auf 125$ und unsere Travellerschecks.

Damit offensichtlich zufrieden - oder sie wollten es auch nicht eskalieren lassen, genauso wie wir- nehmen sie diesen, das Fernglas und unsere Kosmetiktaschen (was wollen die damit) und meine Sandalen, meine gute Uhr hatte ich vorher im Schlafsack verschwinden lassen, und hauen ab.

Da stehen wir nun.

Ich bin stinksauer.

Weniger wegen dem Verlust als wegen der Tatsache, dass wir uns von ein paar wildgewordenen Idioten (oder sind wir die Idioten?) haben ausnehmen lassen, ohne uns richtig zu wehren.

Wofür haben wir eigentlich die Ziehgertel im Auto?

Auch wenn es nur vernünftig war.

Ich glaube, der Haken ist, dass wir anfangs nicht wussten, ob es nicht doch Polizei war, die sich ja gelegentlich genauso benehmen.

Einem Bullen den Schädel einzuschlagen ist dann doch eine andere Sache.

(Die Reisechecks, die ja versichert waren, wir bekommen das Geld auch anstandslos ersetzt, wurden übrigens viel später in einem Hotel in Süd-deutschland eingelöst!)

Als es hell wird, fahren wir zur nächsten Polizeistation und melden den Vorfall, was diese nur veranlasste, murrend ein Protokoll aufzunehmen.

Brauchen wir aber für die Versicherung.

Außerdem kommt ein Polizist mit uns zum Tatort, wo wir den Autoschlüssel suchen, den der Oberräuber weggeworfen hatte.

Fehlanzeige.

Jetzt haben wir nur noch einen Schlüssel.

Teshie Station
Accra Region

Date & Time	EXTRACT OF OCCURRENCE	S/D No	Occ. Ref. No
1/6/75 4⁵am	One Axel Hans accompanied by one Roderfeld Hartmut in V.W. Mini Bus No WO0-Z-2867 came to the station and the former reported that today 1/6/75 at about 3⁰am whilst they were sleeping in the said bus at Teshie–Nungua beach they were attacked by four men armed with knives and robbed them 120 US dollars, one Timex wrist watch value of 25.00, one telescope of 50.00, one little bag containing cream and toth paste value of 10.00 and 1000 Deutsche mark travellers cheques as such he is informing the Police for action.	6	7
4¹⁰	Extract was prepared and handed over to the complainant to be sent to their Embassy for further action	7	6

Certified True Copy

(signature) S.O.

BERICHTE DER GHANAISCHEN POLIZEI WERDEN F. TOURISTEN ÜBLICHER WEISE IN OBIGER FORM AUSGESTELLT. EINE GARANTIE D. BOTSCHAFT KANN JEDOCH DARAUS NICHT ABGELEITET WERDEN.
ACCRA, -3. Juni 1975

Botschaft der Bundesrepublik Deutschland

45

Trotzdem fahren wir am Vormittag zum Akosobo Stausee, der der drittgrößte der Welt sein soll, aber dem Damm sieht eigentlich mickrig aus.
Auch die Boti-Wasserfälle sehen wir uns noch an.
Nicht sehr groß aber sehr schön, genau so, wie man sich Wasserfälle mitten im Dschungel vorstellt.
Um 17 Uhr sind wir wieder in Accra und treffen Emmanuel und klagen ihm unser Leid.
Es stellt sich heraus, dass Teshie als Räubernest verschrien ist.
Wenn man das nicht vorher weiß.
Emmanuel besorgt uns noch am gleichen Abend neue schwarze Cedis und auch Gin.
Außerdem meldet er es der Presse, man soll die Kollegen nicht verhungern lassen.

Gleich heute Morgen lassen wir die geklauten Schecks bei der Bank of Ghana sperren.
Anschließend wird es in der VW-Werkstatt ulkig.
Sie messen den Öldruck und meinen, der Motor sei so ziemlich hinüber.
Der deutsche Chef- es gibt einen- spricht von 1000 Cedis Reparatur-kosten (2000.-DM).
Wir einigen uns darauf, dass sie erst mal den Motor ausbauen und zerlegen.
Morgen früh wollen wir dann endgültig entscheiden, was gemacht wird.
In der Werkstatt lernen wir den hiesigen Vertreter von BASF kennen, der gerade seinen Mercedes reparieren lässt.
Er nimmt uns mit in sein Büro und schickt ein Telex nach Berlin zur Sparkasse, damit auch dort unsere Schecks gesperrt werden.
Außerdem bietet er uns an, in seinem Büro zu übernachten, aber wir werden wohl vorerst bei Emmanuel bleiben.
Am Nachmittag treffen wir uns mit Ofori-Atta, einem weiteren Journalisten von meiner Liste, mit dem wir uns am Freitag verabredet hatten.
Zwar verstehen wir von seinem Englisch kaum etwas, aber er lacht viel und gibt so viel Bier aus, dass es ein gemütliches Besäufnis wird.

Es wird ernst.
Der Vormittag sieht uns in der VW-Werkstatt.
Aber die Reparatur soll nun doch nur 200 Cedi (400.-DM) kosten.
Der Wagen wird aber erst morgen fertig.
Anschließend gehen wir zur deutschen Botschaft und lassen uns einen Stempel auf das Polizeiprotokoll machen.
Wir sind nicht die ersten deutschen Teshie-Geschädigten, alleine im letzten Jahr hat es drei Fälle gegeben.
Dann besuchen wir noch einen Journalisten, John Anokye, von der Ghana News.
Wir fragen ihn nach der Möglichkeit, Visa für Angola zu bekommen.

Er schickt uns ins Außenministerium, die schicken uns ins Innenministerium, am Ende weiß keiner etwas.
Am Abend tun Hartmut die Füße weh, so dass ich mit Emmanuel alleine einen kleinen Zug durch die nicht gerade aufregende Kneipen-Gemeinde Accras mache.

Langsam wird unsere Ausrüstung wieder komplett: Horst Kamolz von der BASF vermacht uns eins seiner Werbegeschenke, ein Necessaire, unsere alten waren ja mitgeklaut worden.
Die Telefaxbestätigung der Sparkasse wegen der Sperrung unserer Schecks ist noch nicht da.
Und um 17 Uhr ist unser Auto fertig. 250 Cedi.
Es wurde folgendes gemacht: Gegen bessere, gebrauchte Teile wurde die Kurbelwelle ausgetauscht, 4 Zylinder und Kolben mit Ringen, neu eingebaut wurden die Kupplung, das Ausrücklager, eine Motoraufhängung, Kurbelwellen-, Pleuel- und Nockenwellenlager.
Und ein neues Seitenfenster haben wir auch.
Am Abend treffen wir uns noch einmal mit John Anokye auf ein Bierchen.
Als wir ihn auf die bei Zoll und Polizei übliche Sitte ansprechen, ein Geschenk zu fordern, sagt er doch Tatsächlich, dies sei eine alte ghanaische Sitte und Tradition und bedeute „Willkommen zu Hause".

Am Vormittag verabschieden wir uns von BASF-Komolz und Emmanuel.
Unser Abschiedsgeschenk an Emmanuel ist ein Polaroid-Foto mit Widmung.
Er hätte lieben Bares gesehen, wie er mir sagt.
Ich kläre ihn über die deutsche Sitte auf, nichts Bares zu verschenken.
Eingedenk der kommenden Schlammstrecken wechseln wir noch die Reifen: Wüstenschlappen gegen M+S.
Später werden wir von einem Zuschauer zu einem echten afrikanischem Bier eingeladen, das seine Mutter angerührt hatte: Gekeimte Hirse, 3x aufgekocht, rein gespuckt, will ich lieber nicht wissen.
Konsistenz und Farbe wie Kakao, Geschmack säuerlich, keine Nachwirkung.
Wer weiß, was wir getrunken und überlebt haben.
Weil uns Komolz erzählt hatte, für Dahomey brauche man jetzt Visa, knüppeln wir im Dunkeln noch bis über die Grenze nach Togo und übernachten gleich hinter dem Schlagbaum.
Morgen wollen wir die Visa besorgen.

Es beginnt zur Gewohnheit zu werden, der erste Weg führt uns zur VW-Werkstatt in Lome (Togo).
Abwechslungshalber ist es diesmal die Kupplung, die ihren Geist aufgegeben hat, so dass Hartmut ohne Kuppeln schalten muss, irgendwie mit Zwischengas oder so.

Die gleiche Geschichte wie in Spanisch Sahara, einer der Hebel, an denen das Ausrücklager hängt, ist gebrochen.

Aber nicht etwa der geschweißte- unser spanischer Mechaniker hat die Schweißerehre gerettet- sondern der andere.

Für 120.-DM haben sie also auch den zweiten Hebel geschweißt und alles wieder eingebaut- auch das alte Geräusch!

Auf der französischen Botschaft wird uns gesagt, für Dahomey brauche man immer noch keine Visa.

Nach all dem vielen Geld, das wir in letzter Zeit ins Auto gesteckt haben, gönnen wir uns heute mal wieder selbst was Gutes.

Wir gehen mittags in das Restaurant „Alt-München", deutsch essen.

Mit Schweinshaxen, deutschem Bier und Birnenschnaps haben wir unsere Welt wieder in Ordnung gebracht.

Das „Alt München" liegt etwas außerhalb, direkt am Hafen neben dem Seemannsheim und ist ein bekannter Treffpunkt der Überlandfahrer.

Wir übernachten hier auf dem Parkplatz mit 2 schweizer und einem italienischen Bus.

Beim abendlichen Bier kommen wir in der Bar des Seemannsheims mit einem Münchener Elektro-Installateur ins Gespräch, der für 5 Monate am neuen Hafen von Lomé mit baut.

Er erzählt, dass sich nach einem tödlichen Arbeitsunfall die Schwarzen 4 Tage lang geweigert hätten, in der Nähe der Unfallstelle zu arbeiten- bis der Zauberer kam.

Man opferte 2 Hühner und eine Ziege und vertrieb die Unfallgeister mit Tänzen und Gesängen.

Dann wurde weitergearbeitet.

Ich glaube von der Geschichte jedes Wort.

Nach einer kurzen Besichtigung von Lomé fahren wir heute weiter in Richtung Norden.

Eigentlich war Lomé bis auf „Alt München" enttäuschend.

Wir hatten geglaubt, dass von der deutschen Kolonialzeit mehr Bauten oder Sauberkeit als die Kathedrale erhalten geblieben wären.

Nichts davon, ein verkommenes Provinzloch.

Nach etwa 167km biegen wir zu einem Abstecher nach Badru in die Berge ab.

Nun stehen wir dort auf einem Hotelparkplatz und wollen uns Gulasch aus Ochsenfleisch machen, das ich noch in Lomé gekauft hatte.

Den Abend verbringen wir mit einem Buchhalter aus Schwaben, der hier für eine Bilanzfirma arbeitet und versucht, Ordnung in die Kanackenwirtschaft zu bringen.

Sein Urteil über die Afrikaner gleicht prinzipiell dem unseren: Wo nicht Weiße die Fäden in der Hand halten, geht alles kaputt.

Zurück von Badou fahren wir eine andere Straße über Kouniohou, die laut Michelin-Karte „eine regelmäßig instandgehaltene" Straße sein soll, aber nichts anderes ist als eine Fahrspur über Stock und Stein oder durch hohes Gras.

Trotzdem ist die Fahrt sehr schön, da es an den Berghängen entlang, teils durch Urwald geht, durch kleine Dörfer, wo sicher selten ein Auto mit zwei Weißen durchfährt.

Erst gegen Mittag sind wir wieder auf der Asphaltstraße und fahren weiter die einzige große Straße in Nordrichtung.

Teilweise regnet es so stark, dass man keine 50 Meter weit sehen kann.

Wir sind froh, dass es heute früh auf dem Maultierpfad nicht geregnet hatte, wir wären bestimmt stecken geblieben.

Abends erreichen wir Lama-Kara und bleiben dort über Nacht.

Weiter geht es über teils sehr schöne Wege in Richtung „Parc National de la Pendjari", den wir noch besuchen wollen.

Wir biegen dem Reiseführer folgend, von der Hauptstraße ab über Ketoo, Niamtougou bis Boukombe, das bereits in Dahomey liegt.

Vom Zoll oder Polizei sehen wir nichts.

Hier in Boukombe bekommen wir lediglich einen Einreisestempel vom Polizeichef in den Pass, nachdem wir ihn beim Mittagsschlaf geweckt haben.

Dann fahren wir weiter nach Natitingou, wo es noch nackte Männer, nur mit einem Gliedschutz betan, geben soll.

Aber außer nackten Frauen im gehabten Aussehen gibt es nichts.

Ach ja, in Togo hatten wir noch bei einer der dort üblichen Hausburgen der Somba gehalten und schöne Fotos der Frauen und Kinder gemacht.

Als der Hausherr kommt und Geld wollte, verdrückten wir uns.

Dann kommt das letzte Stück Weg nach Porga, am Eingang des Nationalparks.

Axel fährt.

Als er eine Pfütze umfahren will, landet er dafür im schlammigen Straßenrand.

Und da Axel dann auch noch runterschaltet, stecken wir nun fest.

Zum Glück kommt ein Mopedfahrer vorbei, der dann aus dem nahen Porga einen Landrover holt, der uns rauszieht.

Nicht viel später will Axel wieder eine Pfütze umfahren.

Wieder gerät er an den schlammigen Straßenrand, der aber diesmal so bodenlos ist, dass er das Auto einfach zur Seite zieht und wir halb in einem überfluteten Feld enden.

Diesmal nützt auch alle Mühe des Landrovers nichts, den Axel zu Fuß wieder aus dem 2 km entfernten Porga holt.

Der Landrover rutscht am Seil nur hin und her und unser Bus sackt immer mehr ein.

Inzwischen wird es dunkel und wir machen uns auf eine Nacht im Schlamm gefasst.

Doch dann fährt der Landrover, nachdem er nach fast zwei Stunden aufgibt, wieder ins Dorf und holt noch eine Fuhre Männer.
Am Schluss sind es 18.
Beinahe bricht ein Stammeskrieg aus, da man sich nicht einigen kann, wie man das Auto frei bekommt.
Jeder, der sich für wichtig hält schreit „eins, zwei, drei" und seine jeweiligen Anhänger schieben, während die anderen weiterschnattern.
Aber letztendlich schaffen sie es doch und halten nicht einmal die Hand auf.
Diesmal fahre ich weiter und in Porga geben wir dann wenigstens eine Runde Bier für die Helfer aus.

Nach der gestrigen Schlammschlacht verzichten wir auf einen Besuch des Pendjari-Nationalparks und fahren wieder südwärts.
Die Straße ist sehr schlecht und wir verlieren, ohne es zu merken, sogar das vordere Abdeckblech.
Am Abend haben wir dafür wieder Glück.
In Beteron, wo wir kurz vorm Dunkelwerden eintreffen und übernachten wollen, treffen wir eine deutsche Pfarrersfrau.
Sie besucht gerade eine Schweizer Hebamme, die im Nachbardorf eine Entbindungsstation eingerichtet hat.
So fahren wir dann gemeinsam zur Station und übernachten dort.

Nach einem guten Frühstück mit Butter, Käse und Tee bzw. Kaffee mit Milch, fummeln wir am Auto rum, ziehen Schrauben nach usw.
Dann gibt es Mittagessen und anschließend einen faulen Nachmittag auf der Terrasse.
Um 18 Uhr beobachten und fotografieren wir Antoinette, die Schweizerin, wie sie den Frauen des Dorfes Unterricht in Hygiene und Babyernährung gibt.
Sie führt ein strenges Regiment, aber das ist nötig und zeigt Erfolg.
Sie erzählt, dass sie in den zwei Jahren, die sie hier ist, die Malaria bei den Säuglingen fast beseitigt hat.
Anschließend besuchen wir alle mit Bonifat, der schwarzen Seele des Haushaltes, das Dorf.
Unser erster tiefer Eindruck ins Volksleben.
Das ist natürlich nur daher möglich, da Bonifaz aus dem Dorf kommt und wegen dem hohen Ansehen der Schweizerin.
Wir werden vielen Leuten vorgestellt, was offensichtlich für diese eine große Ehre ist und der Dorfchef nimmt uns sogar mit in die Fetischhütte.
Sie ist angefüllt mit allem möglichen und unmöglichem Dingen.
Immerhin zaubert der Chef, dass wir ab jetzt keinen Ärger mehr mit dem Auto heben werden.
Na dann können wir ja unser Werkzeug verkaufen.
Außerdem steht auf dem Dorfplatz noch der große Dorffetisch für den alltäglichen Schutz der Leute.

*Der Fetisch in der Hütte war ein Gebilde aus buntbemalten Masken, Flaschen,
Tierhörnern und anderem Krimskrams, über das Schnüre mit aufgezogenen
Kaurimuscheln hingen.
Der Fetisch hilft, wenn Männer keine Frauen finden oder Frauen keine Kinder
kriegen.
Außerdem sagt der Fetischist die Zukunft voraus, indem er Kaurimuscheln auf
den Boden wirft und aus deren Lage erkennt, wie es wird.
Die Hütte durften wir nur barfuß und ohne Kopfbedeckung betreten.*

*Am Vormittag fahren wir mit Antoinette ein paar Dörfer weiter nach Goro, wo
sie die Kranken behandelt.
Jeder muss 40 France bezahlen.
Das deckt zwar nicht die Kosten, aber die Einheimischen sollen nicht glauben, es
werde ihnen etwas geschenkt.
Jeder Kranke bekommt ein Heft, in das sie alle Befunde und die verabreichten
Arzneimittel einträgt.
Wer das Heft verbummelt, bekommt gewaltigen Zoff mit ihr.
Und wer gar nicht spurt, den behandelt sie nicht weiter.
Anders sei es den Leuten nicht beizubringen, dass sie sich strikt an die ärztlichen
Anweisungen halten müssen- sonst werde es noch schlimmer.
Nachdem wir uns von Antoinette und der Pfarrersfrau verabschieden haben,
fahren wir weiter auf übler Strecke in Richtung Cotonou nach Süden.*

Gegen 11 Uhr erreichen wir endlich Abomey, die alte Königstadt, von der ich
mir viel verspreche, da die verfallenen Paläste und das Museum im Reiseführer
sehr gerühmt werden.
Endlich mal was kulturell sehenswertes.
Gegen 14 Uhr hört es auf zu regnen und wir machen uns mit unserem Führer auf
den Weg.
Er ist ein Sohn des jetzigen Königs, habe aber noch über 70 Geschwister, da sein
Vater viele Frauen habe.
Nun ja, er führt uns jedenfalls erst zu einem Messingschmied, dem wir etwas
zusehen und anschließend zu einigen alten Palastresten.
Dann fahren wir etwa 10km weiter in Richtung Cotonou und biegen dann von
der Asphaltstraße ab in einen schlammigen Weg und später noch einmal auf
einen Trampelpfad.
Und das in der Regenzeit und das mit unserem Bus und vor allem am Freitag den
13.
Aber unser neuer Fetisch leistet großes.
Wir schlammen nicht ein, auch wenn oft nicht viel fehlt.
Und dann sind wir in dem kleinen Dorf mit dem berühmten Krokodilfetisch, wie
unser Führer erzählt hatte.

Wir sollen für 200 France eine Flasche Palmwein kaufen, um den Fetisch zu besänftigen, aber da kein Palmwein da ist, tut es schließlich auch eine Flasche Limonade.
Wir laufen ein Stück mit dem Priester und kommen im Dschungel zu einem kleinen, sehr klaren Teich.
Am Rand ist ein Fetisch aufgebaut, aber natürlich kein Krokodil zu sehen, besonders keins mit einer roten Feder auf dem Kopf, wie erzählt wurde.
Auch die Gebete des Priesters nützen nichts.
Als wir wieder in Abomey sind, besichtigen wir auch noch die Palastteile, die das Museum enthalten.
Fotografieren verboten.
Mit Recht, denn wenn die Fotos des Palastes bekannt würden, würde kein Mensch mehr hierher kommen.
Umgebauten und verkommenen Ställen gleich, gelegentlich etwas verziert mit primitiven Ornamenten, geben sie ein deutliches Bild von den hohen Kulturen vergangener Zeiten in Schwarzafrika.
Hahahaha.
Die Nacht parken wir im Hof eines der über 40 Häuser des Königs, wohin uns der Führer gebracht hatte.
Er hieß übrigens Michel Glete und erzählte, sein Vater- König Glete- sei 132 Jahre alt, weshalb er auch nur noch ungern Audienzen gäbe.
Wir jedenfalls bekommen keine.
Wir fahren weiter nach Abomey-Calavi und lassen uns von dort aus mit einem Einbaum ins Pfahldorf Ganvie schippern.
Sehr lauschig dort.
Antoinettes Fetisch hat wieder alle Hände voll zu tun, denn als wir mitten auf dem Wasser sind, beginnt es zu regnen.
Die beiden Ruderer legen sich mächtig ins Zeug und nach 1 ¾ Stunden Ruderei kommen wir noch halbwegs trocken ans Ufer, bevor der große Pladder beginnt.

Dann geht es weiter nach Quidala, dem Zentrum der Fetischisten.
Wir besichtigen den Schlangentempel, eines der größten Heiligtümer.
Der Tempel, er steht direkt gegenüber der Kathedrale- sozusagen Fetisch gegen Fetisch- ist zwar äußerst mickrig, aber immerhin haben sie dort jede Menge Pythons, die der Priester willig aus allen Tempelecken holt, um sie fotografieren zu lassen.
Mutig, wie ich nun einmal bin, habe ich sogar eine in die Hand genommen.
Hartmut mosert zwar, es sei nur eine ganz kleine gewesen, aber er hat keine angefasst.

Am Spätnachmittag erreichen wir Cotonou, wo wir einige Schwierigkeiten bei der Quartiersuche haben.
Lauschige Großstadt-Strände meiden wir seit Accra.

Schließlich finden wir bei den Baptisten eine, aber deren Nächstenliebe reicht nur dazu, uns vor der Mission parken zu lassen.

Da bei Axel alles lauschig ist, nehme ich an, er meinte diesmal großartig, als er vom Pfahldorf berichtete.
Ich jedenfalls fand es große Klasse.
Einer der bisher wahrlich rar gestreuten sehenswerten Orte in diesem Primitiv-kontinent.
Was Axels Bemerkung über die Pythons betrifft, so ist er es doch wohl immer, der den großen Ekel bekommt, wenn ich wieder mit irgendeinem Viehzeug ankomme, um es ihm zu zeigen.
Ich kann jedenfalls nicht fotografieren und gleichzeitig eine Babypython in der Hand halten.

Cotonou reizt uns keineswegs zum Verweilen, so dass wir gleich in Richtung Lagos weiterfahren.
Erst besuchen wir noch Porto Novo, die absolut repräsentative Hauptstadt von Dahomey: Sie besteht nur aus Slums.
Schließlich erreichen wir am späten Vormittag die nigerianische Grenze, wo sich die Formalitäten fast zwei Stunden hinziehen.
Immer wieder sollen wir politische Fangfragen (Warum unterstützt ihre Regierung Südafrika?) beantworten und müssen auch -zigmal das Carnet vorzeigen.
Aber der Zollbeamte ist dann so blöd, dass er die Nummer unserer Zulassung als „Siehe Seite 73" in seine Liste einträgt, weil das die einzige Zahl auf dem Papier ist.

Schließlich kommen wir ins vielgeschmähte Lagos, das heißt in eine Auto-schlange in den Vororten- und da erwischt es uns wieder mal.
Der Fetisch muss geschlafen haben.
Als Hartmut einem mitten auf der Straße stehenden Unfallauto über den Bordstein ausweicht, verbiegt sich die linke Spurstange so sehr, dass jedes Vorderrad in eine andere Richtung zeigt.
Der Wagen lässt sich kaum noch an den Straßenrand lenken.
Hartmut legt sich unter das Auto und versucht die Spurstange auszubauen.
Während Hartmut sich so unter dem Auto abmüht, bin ich dem Ausflippen nahe.
Umringt von unsympathischen, plappernden Effendis, die nichts anderes im Sinn haben, als uns zu beklauen, male ich mir in Gedanken die kommende Nacht aus.
Aber schließlich, ich hatte nicht mehr damit gerechnet, bekommt Hartmut die verbogene Spurstange doch noch ab, klopft sie mit dem Hammer wieder gerade und baut sie wieder ein.
Nach 2 ½ Stunden können wir weiterfahren.
Hartmuts Mechaniker-Fähigkeiten sei hiermit Respekt gezollt.

Am Victoria-Beach, dem Strand von Lagos, treffen wir am Abend ein englisches Pärchen im Landrover und zwei Österreicher mit VW-Bus.
Alle hatten versucht nach Kapstadt durchzukommen, waren aber an der geschlossenen Zaire-Grenze gescheitert und hatten auch kein Schiff nach Südwestafrika bekommen.
Mal sehen, ob wir mehr Glück haben.
Vielleicht bringt schon der morgige Gang zur Post neue Erkenntnisse.
Jedenfalls übernachten wir alle als „Wagenburg" dort.

Als erstes fahren wir heute zur Botschaft von Kamerun um unsere inzwischen abgelaufenen Visa zu verlängern.
Sie sollen morgen fertig sein.
Axel lässt sich seinen Pass noch einmal wiedergeben, damit wir auf der Bank Geld tauschen können.
Wir bringen ihn später wieder zur Botschaft.
Anschließend fahren wir zur VW-Werkstatt, um eine neue Spurstange zu kaufen.
Haben die aber nicht.
Sie schicken uns in die Vororte.
Nach einer höllischen Fahrt durch den Verkehr von Lagos, bekommen wir dann auch eine Spurstange bei einem Ersatzteilhändler für den dreifachen Preis wie in Deutschland.
Zwischendurch sind wir auch auf der Post, wo wir nach einem Irrgang durch das Gebäude auch sogar noch den Schalter für „Poste restante" finden.
Die erwartete Post aus Zaire ist aber nicht da.
Wir werden also auch nicht nach Zaire mit dem Auto kommen und Angola fällt wegen dem Bürgerkrieg auch aus.
Mal sehen wie es in Douala mit Schiffsverbindungen nach Südwest aussieht.
Am Nachmittag fahren wir wieder zum Strand, baden, machen einen Schreibtag und ich baue die Spurstange ein.

Die Nacht ist die Hölle.
Wir werden von Mücken zerbissen wie noch nie auf der Reise.
Wir sind richtig froh, als um 6 Uhr der Wecker klingelt und uns von der Mückenqual erlöst.
Kurz vor sieben sind wir in der VW-Werkstatt, die aber schicken uns gleich in eine andere, die besser ausgerüstet sei.
Dort haben sie immerhin einen deutschen Chef.
Aber die lahmarschigen Bimbos brauchen bis 12, um das Öl zu wechseln und die Ventile einzustellen - 4 Stunden!
Anschließend fahren wir zum Kamerun-Botschaft und holen unsere Visa ab.
Nach einem letzten Foto-Rundgang beginnt dann das schwierigste Unternehmen des Tages: Die Ausfahrt aus Lagos.
Es gibt in dieser Stadt nur eine einzige Autoschlange, und die windet sich durch alle Straßen - mit keiner Ausnahme.

Wir arbeiten uns Meter für Meter voran und kommen bis zum Abend noch ca. 75 km aus der Stadt raus und übernachten jetzt auf einer verkommenen Polizeistation am Straßenrand.

Ein Tag auf der Landstraße, die aber über lange Strecken nur aus einer mondähnlichen Kraterlandschaft besteht, ein Schlagloch neben dem anderen - und am Straßenrand ein Autowrack neben dem anderen.
Kurz vor Feierabend gibt dann wieder einmal unsere Kupplung den Geist auf.
Hartmut fährt erst mal ohne Kupplung weiter.
Als wir wieder auf einer Polizeistation übernachten wollen, werden wir weitergeschickt.
Also stehen wir jetzt auf einer Tankstelle, die angeblich nachts bewacht werden soll.
Benzin ist zurzeit in Nigeria ein wertvoller Saft.
Zwar kostet der Liter Super nur 40 Pfennig, aber außerhalb von Lagos gibt`s kaum welchen.
Auf der Fahrt heute gerieten wir zweimal in Militär-Straßensperren, wobei die Soldaten in den Autos nach Benzinkanistern suchten.
Wir hatten zwar auch 4 volle Reservekanister mit, diese aber vorsichtshalber unter einer Decke und den Schlafsäcken versteckt.
So sahen die Soldaten nur die anderen leeren Kanister auf dem Dach und ließen uns passieren.
Hier im ehemaligen Biafra sind übrigens noch jede Menge Kriegsfolgen zu sehen, immer wieder zerstörte Häuser am Straßenrand.
Die Niger-Brücke bei Quitshe ist im Rohbau wieder fertig, aber erst zur Hälfte befahrbar.
Auf der Ostseite wird daher seitlich eine sehr provisorische Holzbrücke, einspurig, an den erhaltenen Teil der großen Brücke herangeführt.
Abenteuerlich.
Nicht erst seit Lagos oder jetzt, ist mir Hartmuts Ruhe, auch wenn er flucht wie eine Hafennutte, unheimlich, mit der er Auto fährt und sich den Bimbos angepasst, beziehungsweise sich durchsetzt.

Die Kupplung lässt sich heute auch durch gutes Zureden nicht beeindrucken, und so müssen wir wieder ohne sie in Richtung Grenze reiten - auf teilweise schlimmen Pisten, die auf der Karte als Asphaltstraße eingetragen sind.
Auch eine weitere Benzin-Kontrolle passieren wir wieder unbehelligt.
Als wir dann gegen Abend die Grenze erreichen, empfängt uns Kamerun wie noch kein Land zuvor.
Erst will der Immigration-Polizist wissen, ob wir jemanden im Kamerun kennen.
Wir zeigen ihm unsere beiden Journalisten-Adressen aus Victoria und es stellt sich heraus, dass einer der beiden ein Cousin des Polizisten ist.
Daraufhin lädt der Polizist uns zum Bier ein und wir besaufen uns nach besten Kräften.

Wir übernachten an der Grenzstation und schlafen unsere Räusche aus.

Bei den Benzinkontrollen in Nigeria ließen uns unsere Englisch-Kenntnisse so rapide im Stich, dass wir nicht einmal mehr wussten, was „Petrol" hieß.
Ebenso fehlte uns immer wieder die Vokabel „Assurance", was so viel wie Versicherung heißt.
Denn offensichtlich ist in Nigeria doch eine Auto-Haftpflichtversicherung vorgeschrieben.
Wir haben das Geld gespart.

Abschied vom eigenen Auto

Den ganzen Tag muss ich wieder ohne Kupplung fahren, also nach Gefühl.
Es geht aber ganz gut, wenn auch die Straße sehr schlecht ist.
Die Nacht verbringen wir in einem kleinen Dorf zwischen zwei Häusern so, dass ich morgen auch wieder im ersten Gang starten kann.

Heute (21.6.) läuft es mal wieder nach Wunsch.
Als wir vormittags in Victoria ankommen, führt die Straße geradewegs zum Büro der „Cameroon Times", wo wir unsere beiden hiesigen Kollegen auch prompt antreffen.
Einer von ihnen, Jerome Gwellem, hat es inzwischen sogar bis zum Chef dieser Zeitung gebracht.
Mit ihm betrinken wir uns am Nachmittag, aber Hartmut desertiert zu Cola und überlässt mir die Arbeit.
Gwellem will uns über sein Büro in Douala auch bei der Suche nach einem Schiff nach Südwest-Afrika helfen.
Aber hier in Victoria vermittelt er uns erst mal die Bekanntschaft mit einem deutschen Hotelier (Leo Ragow aus Köln), der hier drei Hotels besitzt.
Und deshalb steht unser Bus, in dem wir schlafen, jetzt im Garten des luxuriösen „Atlantic Beach Hotel", wo wir den Swimmingpool, Duschen und saubere Klos genießen, ohne bezahlen zu müssen.
Hier wird es sich wohl aushalten lassen, bis wir aus Berlin neues Geld zum weiterreisen geschickt bekommen.

Heute ist ein richtiger Sonntag.
Schönes Wetter, liegen am Pool, baden, Nichts tun.
Zum Mittag gibt es Gulasch mit Sauerkraut und Semmelknödeln.
Am Nachmittag dasselbe wie am Vormittag: Nichts tun.

Was ein Stress!
Gleich nach dem Frühstück gehen wir zu Gwellem ins Büro, damit er sich um die Schiffslinien kümmert.
Er verspricht, noch heute in Douala anzurufen.
Dann gibt er uns den Namen eines befreundeten Bankmanagers von der B.I.C.I.C.
Bevor wir zur Bank kommen, müssen wir uns noch von einem Reporter über unsere Reise interviewen lassen.
Bin gespannt, was dabei herauskommt.
Auf der Bank geht alles glatt. Sie besorgen uns für 5000.-DM Reiseschecks aus Berlin.
Allerdings dauert das mindestens eine Woche, vielleicht sogar drei oder länger!

Es wäre klüger gewesen, unser Reisekonto statt bei der Sparkasse bei der Barclays Bank einzurichten, die hier in jedem Land und jedem Kral eine Zweigstelle hat.
Dann hätten wir das Geld innerhalb von 2 bis 3 Tagen.

Die gestrige Bemerkung über Barclays Bank wollte die Sparkasse wohl nicht auf sich sitzen lassen.
Jedenfalls ruft heute Vormittag die B.I.C.I.C. im Atlantic Beach an, einer von uns soll schnell mal vorbei kommen.
Wir denken natürlich, es ist irgendwas nicht in Ordnung, aber im Gegenteil: Mr. Chadlice berichtet, zu seinem eigenen größten Erstaunen, das sein gestriges Telex an die Sparkasse bereits heute früh beantwortet wurde, so dass er mit die Reiseschecks sofort mitgeben kann.
Na bitte.
Am Nachmittag treffen wir dann im Büro von Gwellem seinen Freund aus Douala.
Der ist Reporter bei Radio Cameroon und nicht etwa in Gwellems Büro in Douala beschäftigt- ein solches existiert wohl doch nicht.
Wir verabreden uns für Donnerstag Nachmittag in Douala.
Bis dahin will er sich nach Schiffsagenturen oder -verbindungen erkundigen.

Gestern war wieder ein herrlich fauler Tag incl. zwei Schnäpsen im teuren Hotelrestaurant.

Heute geht es am Vormittag nach Douala und am Nachmittag wie verabredet zu Gwellems Freund.
Vorher sind wir aber noch selbst im Hafen bei einem deutschen Transportunternehmen, Kühne und Nagel.
Leider bezeichnet man hier unseren Versuch, ein Schiff nach Südwest zu bekommen, als aussichtslos.
Um drei sind wir dann beim Rundfunk, aber Gwellems Freund ist nicht dort. Er sei krank.
Also fahren wir zu ihm nach Hause und siehe da, Gwellem ist auch dort, er hat in Douala zu tun.
Wegen seiner Krankheit ist der Freund aber noch nicht dazu gekommen, herumzufragen.
Morgen früh um 8 Uhr wollen wir uns treffen und die Reedereien abklappern.
Wir fahren zum Seemannsheim, wo wir denken, unseren Bus unterstellen zu können.
Aber der leitende, weiße Pfarrer erweist sich als wenig hilfsbereit aber dafür als Schwätzer.
Ein typischer Vertreter der christlichen Kirche.
Wir parken also vor dem Heim auf der Straße.

Dort steht auch schon ein Amerikaner, der nach Süden will und später kommen noch ein schweizer und ein französischer Bus.
Der Ami, der schon länger hier ist, ist ganz sicher, ein Schiff zu bekommen.
Ein paar Seeleute, mit denen wir reden, sehen auch keine Schwierigkeiten.
Die einen sagen so, die anderen so- wir sind so klug als wie zuvor.

Mit zweistündiger Verspätung erscheint Gwellem und sein Freund, Achidi Ndifang, tatsächlich zur Verabredung und führen uns zu sämtlichen Schifffahrtsagenturen.
Das Ergebnis ist allerdings gleich null.
Niemand kann uns ein Schiff nennen, das Richtung Süden fährt.
Vorher war ich schon im deutschen Konsulat, auch dort gibt es keine Hilfe.
Später gehen wir mit dem Amerikaner vom Seemannsheim noch mal zum Hafen und fragen auf allen neu eingelaufenen Schiffen nach, aber keines fährt nach Südwestafrika.
Hartmut und der Ami machen zwar immer noch auf Optimismus, aber ich glaube nicht mehr an eine Schiffsreise.

Der Tag beginnt mal wieder damit, dass wir kurz vor 8 Uhr von einem Kanaken aus dem Schlaf geklopft werden: Wir, der Ami und ein deutsche Pärchen in einem Unimog sollen vom Gelände des Seemannsheims verschwinden.
Als wir später mit dem Pfarrer sprechen, versteift er sich darauf, das Heim sei nur für Seeleute und wir hätten dort nichts zu suchen.
Mit Wüstenfahrern gäbe es immer nur Ärger.
Mit den Andenken- und Wasauchimmerverkäufern und Nutten, die sich dort haufenweise tummeln, wohl nicht?
Immerhin finden wir schließlich beim „Club P 4" ein neues Quartier, mit Klo und Dusche.
So kann uns das Seemannsheim gestohlen bleiben.
Unser heutiger Besuch im Hafen bringt das gleiche Ergebnis wie gestern. Nichts.
Am Abend gehen wir mit dem Amerikaner und unserem Freund Achidi einen saufen.

Zum Mittagessen kauften wir uns mit dem Amerikaner, Herb ist sein Name, zusammen Fleisch und Obst und Gemüse und machten sehr leckeres Bratfleisch mit Salat.
Einer der wenigen guten Stunden dieses Tages.
Außerdem bin ich der Meinung, dass der Seemannsheim-Leiter einer der größten Idioten ist, die ich kenne, ganz abgesehen davon, dass er einem nicht ins Gesicht sehen kann, wenn man mit ihm spricht.
Dann wieder das alte Spiel, wir gehen zum Hafen und klappern die Schiffe ab.
Am Nachmittag geht Axel zum Bahnhof, um sich wegen der Züge nach Yaounde zu erkundigen, da wir morgen dorthin fahren wollen, um uns endgültig wegen Zaire zu informieren.

Das Pärchen mit dem Unimog, Astrid und Dietrich, wollen uns ihre Pässe mitgeben, da angeblich ihre Visa für Zaire auf der dortigen Botschaft bereit lägen.

Wer`s glaubt wird selig.

Währenddessen bin ich mit Herb noch einmal im Hafen und amüsiere mich, wie er die Leute vollquatscht.

Als alles nichts nützt, beschließt er, sein Auto zu verkaufen und mit einem kleinen Segelboot nach Süden zu fahren und sofort schweifen seine Phantasie und sein Optimismus in diese Richtung ab.

Da ich Axel am Abend nicht mehr erwische, gehe ich mit Herb unserer beider Lieblingsbeschäftigung nach: Wir trinken Bier.

Ich ging derweil mit Achidi der gleichen Beschäftigung nach.

Erst besuchten wir einen seiner vielen Freunde, einen „Native Doctor", der weder lesen noch schreiben kann.

Aber die Schwarzen in den Armenvierteln vertrauen ihm mehr als richtigen Ärzten - vielleicht, weil er vieles mit Bier und Schnaps kuriert.

Anschließend machten Achidi und ich eine vom Doktor empfohlene Kneipkur.

Achidi überzeugte mich, statt mit dem Zug morgen lieber mit einem Taxi nach Yaounde zu fahren, weil es schneller geht.

Der heutige Tag ist für mich ein Test, ob ich vielleicht doch etwas Gefallen daran finden würde, per Taxi oder Zug zu reisen statt mit dem eigenen Auto.

Denn das ist die letzte Möglichkeit ganz Afrika zu sehen, wenn wir nicht nach Zaire oder kein Schiff bekommen, also unser Auto verkaufen müssen.

Axel will dann nach Kenia fliegen und so weiterreisen.

Das Taxi ist ein Toyota Hiace, etwas kleiner als ein VW-Bus und in diesen Klapperkasten werden wir zu 15 Personen gezwängt- und das 6 ½ Stunden lang. Zwischendurch nur eine Essenspause.

Immerhin haben wir jetzt schon einmal Affenfleisch gegessen, was gut geschmeckt hat, nur sieht der Affe auf dem Grill wie ein Säugling aus!

In Yaounde fahren wir dann zum Rundfunk, um einen Freund von Achidi zu treffen.

Der wollte oder konnte uns aber nur die Adresse eines Jugendhotels geben.

Also gehen wir mit unseren Taschen dahin.

Zwischendurch suchen wir noch eine Bank zum Geld wechseln und eine Kneipe. Ich finde es ziemlich beschissen, mit Gepäck ziellos und ziemlich dumm durch die Gegend zu laufen, auf der Suche nach einem billigen Essen oder Bier, was man letzten Endes doch nicht findet.

Im Jugendhotel machen die Bimbos den dicken Chef und wir müssen klein beigeben, da wir ja ein Dach über dem Kopf brauchen.

Ich habe gewaltig meine Zweifel, ob mir diese Reise Art gefällt, man ist dauernd abhängig.

Nachdem wir zum ersten Mal seit drei Monaten wieder in einem richtigen Bett geschlafen haben fahren wir am Vormittag zur Zaire-Botschaft und beantragen Visa.
Es soll ca. zwei Wochen dauern, sei aber kein Problem.
Einen Mindestumtausch gebe es nicht, allerdings kann man nicht per Auto sondern nur per Flugzeug über Kinshasa einreisen.
Von den Visa unserer deutschen Freunde, die uns die Pässe mitgegeben hatten, weiß man nichts.
Anschließend gehen wir zur Deutschen Botschaft.
Dort sagt man uns, ob wir die Zaire-Visa bekämen, sei keineswegs sicher, aber wenn ja, dann könnten wir auch mit dem Auto einreisen und einen Zwangs- umtausch gäbe es auch: 20 Zaire (= 40$) pro Tag, aber irgendwie könne man das schon umgehen, schlimmstenfalls müsse man mit den Zöllnern bei der Ausreise verhandeln = sie bestechen.
Wir sind so schlau wie vorher.
Lassen wir uns überraschen.
Nach der Taxi Tortur von gestern nehmen wir für die Rückfahrt nach Douala die Eisenbahn, die nur wenig teurer ist.
Der Zug fährt mit halbstündiger Verspätung um 21 Uhr ab.
Zum Glück haben wir rechtzeitig, schon um 19,30 Uhr unsere Plätze besetzt.
Wer zuletzt kommt, muss die ganze Nacht stehen.

Nach 11 stündiger Eisenbahnfahrt kommen wir gegen 8 Uhr früh in Douala an, bei strömendem Regen.
Als wir aus dem Zug springen, stehen wir bis zu den Knien im Wasser.
Ein Taxi ist nicht zu bekommen, die fahren hier bei Regen nicht und schon gar nicht zum Bahnhof, weil die Bimbos dort jedes Taxi stürmen und zerquetschen würden- nehmen wir an.
(Später erfahren wir, dass die Taxifahrer zurzeit streiken).
Unser Auto steht weit weg bei Achidi vor der Tür, bis dahin wollen wir nicht laufen.
Während Hartmut also bei unserem Gepäck bleibt, marschiere ich zum Club P 4, um Herb oder das Unimog-Pärchen zu aktivieren.
Aber Herbs Mühle springt nicht an und der Unimog steht schon in der Werkstatt.
Also bleibt uns nichts übrig, als schließlich doch zu Fuß zu Achidi zu gehen und unser Auto zu holen.
Nach dem Mittagessen gehen wir dann wieder zum Hafen- kein Schiff nach Süden.

Am Abend wird es gemütlich.
Herb bringt noch zwei Neuseeländerinnen mit, die er irgendwo aufgegabelt hat, die wir aber schon aus Victoria kannten.
Und dann sitzen wir zu siebt um unsere Benzinlampe, trinken Bier, welches Herb mitgebracht hat, essen Spagetti und klönen bis 24 Uhr.

Der tägliche Gang zum Hafen bringt das gleiche Ergebnis wie sonst.
Auf der Fahrt dorthin werden wir wieder von einem Polizisten gestoppt, der unsere Versicherung sehen will.
Wir verstehen nur Bahnhof und schließlich gibt er sich mit dem Führerschein und der Zulassung zufrieden.
Ein Glück, dass selbst Bullen hier nicht lesen können, wir haben dadurch schon viel Geld gespart.
Am Abend veranstalten wir mit Astrid, Dietrich und Herb wieder ein Fresst- und Saufgelage, sehr gemütlich im Schein unserer inzwischen ja wohl überflüssigen Sahara-Notfackeln.
Da am 4.7. irgendein amerikanischer Feiertag ist, machen wir Herb noch ganz glücklich, indem Dietrich zwei Leuchtraketen abschießt, um den Tag feierlich zu beginnen.

Heute ist ein Schiff im Hafen, das vielleicht am 15. in Richtung Kapstadt fährt.
Es ist aber nicht sicher, da es ein Trampschiff ist.
Wir sollen morgen Vormittag noch einmal hin gehen und mit dem Kapitän reden.
Den Rest des Tages verbringen wir wieder in Faulheit.
Am Abend kocht zur Abwechslung Dietrich und Herb macht eine Portion Salat, die für 10 Personen gereicht hätte.
Die Zutaten, die Herb für seinen Salat eingekauft hatte, ließ er sich von einem eingeborenen Träger zum Camp bringen, ihm selbst war es zu schwer.
Ein Bild für die Götter: Herb als reicher weißer Mann, wenn auch etwas verkommen und neben ihm der Bimbo mit einer riesigen Gemüsekiste auf dem Kopf.

Die gestern aufgekeimte zarte Hoffnung, wir könnten auf dem holländischen Tramdampfer (unter panamaischer Flagge) weiterkommen, zerplatz heute wieder.
Als wir vormittags zu viert auf die „Dabema" gehen (Astrid, Dietrich, Herb und ich) bekommen wir zwar von der Mannschaft gutes Heineken-Bier spendiert, aber der Kapitän ist schlechter Laune und will nicht mit uns sprechen.
Am Nachmittag gehe ich dann noch einmal alleine an Bord, und der Kapitän sagt mir, er habe alles schon mit Herb besprochen, ich solle mich an ihn wenden. Was sich aber später als Lüge erweist.
Zu guter (bzw. schlechter) Letzt bekommt dann Dietrich später noch einmal eine kurze Audienz- aber leider keine Antwort, ob wir mitgenommen werden oder ob der Kahn überhaupt nach Süden fährt.

Scheiß Spiel: Auch Achidi, der angeblich drei Kaufinteressenten für unser Auto hat, hat sich seit Donnerstag nicht mehr gemeldet.

Seit gestern regnet es fast ununterbrochen.

Nur heute gibt es eine kleine Pause, die Hartmut und ich zum Hafen Besuch nutzen.
Ein neuer Hoffnungsschimmer: Ein norwegischer Trampdampfer ohne festes Ziel.
Ansonsten ein erfolgreicher Tag- zumindest finanziell.
Vor unserer Stammkneipe veranstalten wir einen regelrechten Markt und beginnen mit dem Ausverkauf unserer Ausrüstung.
Ich verkaufe meine Lederstiefel mit ca. 25.-DM Gewinn für 80.-DM und Hartmut zwei alte Jacken für zusammen 45.-DM.
Anschließend wollte Hartmut das Geld gleich vernutten, aber seine Verhandlungen mit der Serviermaus unserer Stammkneipe scheitern. Sie will 2000 France haben, Hartmut nur 500 anlegen.
Statt zu rammeln spielt Hartmut jetzt mit Astrid und Dietrich Karten.
Und statt der Serviermaus liegt derzeit ein anderes Individuum hinter in unserem Wagen: Herb schläft seinen Vormittagsrausch aus, um für den Abendsuff fit zu sein.

Ich habe noch ein paar potentielle Käufer für allerhand Zeug aus unserem Auto aufgetrieben.
Morgen um elf ist Besichtigung.
Die Gespräche entwickeln sich äußerst schwierig, da Dietrich, mein französisch Dolmetscher, sich im Wettkampf mit Herb voll laufen lässt, obwohl er im vorneherein keine Chance hat, dies aber erst unter dem Tisch merkt.
Erst nach Mitternacht kommen wir alle wieder im Club an, um hier als dritten im Kreis auch wieder Axel anzutreffen.
Der Gedanke, dass ich mich mit der Serviermaus hätte einigen können, hatte ihn in den Suff getrieben.
Außerdem stehen inzwischen noch ein deutscher VW-Bus und ein Zelt an unserem Lager.
Axel scheint einen Campingplatz aufgemacht zu haben.

Heute haben wir einen richtigen Stresstag.
Erst gehen wir zur Post und fragen nach postlagernden Briefen, aber die Heimat scheint uns endgültig vergessen zu haben, es ist nichts für uns da.
Dann fahren wir zum Zoll Büro und erkundigen uns, wie viel Zoll wir für unser Auto zahlen müssen, wenn wir ihn hier verkaufen.
Nach langem Rechnen, unterbrochen nur durch gelegentliches Nase-bohren, kommt der Zoll-Bimbo auf 93.422 FCFA (ca. 1150.-DM)
Herb war derweil im Hafen: Ergebnis wie immer.
Anschließend fahren wir zur Polizei, um unsere Visa, die in drei Tagen ablaufen, verlängern zu lassen.
Wir sollen Steuermarken für 3000 F kaufen und damit in drei Tagen wiederkommen, sagt man uns.

Nächste Station ist unsere Stammkneipe, wo der Wirt Maurice uns die Benzin-
lampe und den Ersatzkocher für zusammen 10.000 France abkauft, das Geld will
er uns aber erst morgen geben.
Hoffentlich.
Auch unseren zweiflammigen Kocher will Maurice für weitere 10.000 kaufen,
aber erst, wenn das Auto verkauft ist.
Solange brauchen wir ihn noch.
Dann fahren wir mit Maurice zur Abfahrtstelle der Überlandtaxis und
verscherbeln unsere Benzinkanister: 9 Stück für insgesamt 7.800 France- soweit
unser Vormittagsprogramm.
Am Nachmittag treten wir etwas kürzer.
Gegen 18 Uhr treffen wir bei Maurice einen potentiellen Buskäufer. Aber es ist
ihm schon zu dunkel zur Busbesichtigung und wir verabreden uns noch einmal
für morgen Vormittag.

Der Tag beginnt mit strömenden Regen aber trotzdem gut: Maurice bezahlt
gleich morgens die 10.000.- F an Hartmut.
Ich bin derweil mit Herb im Hafen- natürlich kein Schiff - und kaufe Shrimps für
ein Abschiedsfestessen ein.
Astrid und Dietrich fahren morgen nach Bamenda, um den Unimog zu verkaufen.
Im Hafen hatten sie längst keine Shrimps mehr, die Fangschiffe waren schon
Stunden vorher wiedergekommen, aber auf dem Markt schlugen Herb und ich
gewaltig zu: 4 Kilo für 2000 F (24.-DM).
Bei Maurice lassen wir uns Mayonnaise machen und Astrid bereitet daraus
verschiedene Saucen.
Und dann hebt das große Fressen im Unimog an.
Es schmeckt ausgezeichnet, aber nach zwei Stunden haben wir uns total
befressen und es war doch noch was übrig.
Da gab's zum Abendbrot noch einmal Krabbensalat.

Heute versuchen wir, unsere Ersatzteile zu verkaufen.
Aber es wird nichts draus, da ich nicht bereit bin, die neuen Originalteile von
VW für die Hälfte des Preises zu verkaufen, den wir bezahlt haben, damit dann
irgendein Kanake sie für den hier üblichen doppelten Preis verkauft.

Herb schreibt öfter Stories von seinen Reisen, die er nach Amerika verschickt,
wo sie in einer Zeitung veröffentlicht werden.
Heute liest er mir eine Geschichte vor, über seine Erlebnisse in der Elfenbein-
küste und Ghana.
Während der Zeit lebte er mit einer Schwarzen mit Namen Ghana, was auch der
Name der Geschichte war.
Sie hat mir ausgezeichnet gefallen.
Am Schluss musste Herb dann etwas weinen, weil er an Ghana denkt.
Ich finde das ungeheuer sympathisch.

Im Übrigen habe ich ihn gefragt, wie alt er sei, denn das ist kaum zu schätzen: Er ist 46.

Heute sind Dietrich und Astrid abgefahren nach Bamenda, wo sie ihren Unimog verkaufen wollen.
Axel und ich lassen erst mal unsere Visa verlängern.
Steuermarken bei der Post für 1500 F.
Da wir morgen nach Viktoria fahren wollen, haben wir ein Abschiedsessen mit Herb veranstaltet.
Es gibt ausgezeichneten Fisch mit Avocado Sauce.
Wir hoffen, in Viktoria unser Auto verkaufen zu können, aber Herb soll uns vorher anrufen, falls er ein Schiff findet.

Heute Nacht um 4 Uhr habe ich kapituliert, mich angezogen, ein Bier getrunken, den Rest vom Fisch gegessen und bin spazieren gegangen: Es waren zu viele Mücken im Auto.
Selbst Axel unterbricht gelegentlich sein Schnarchen, um um sich zu schlagen.
Morgen wird er aussehen wie ein Streuselkuchen.

Nach Hafenbesuch, Ergebnis wie immer, und Mittagessen zuckeln wir dann nach Victoria.
Wir treffen Gwellem, der uns wieder mal eine Einladung fürs Wochenende verspricht und beziehen wieder Quartier im Atlantic Beach Hotel.
Unser potentiellen Autokäufer, der Supervisor vom Outenary Hotel ist leider weder nachmittags noch abends anzutreffen.
Es bleibt eine schöne Regennacht, in der sich kein Moskito in unser Auto verirrt.

Der Tag beginnt mit einer Überraschung: Gwellem macht sein Versprechen war und lädt uns für morgen Abend zu sich nach Hause ein.
Außerdem hat er zwei prächtige Schildchen „For sale" drucken lassen, um uns beim Autoverkauf helfen zu können.
Zum Dank für sein Bemühen werfen wir einen fachmännischen Blick auf seine Linotype Setzmaschine, die es nicht mehr so recht tut.
Wir haben zwar beide keinerlei Ahnung, wie so ein Ding funktioniert, aber nach gründlicher Überprüfung sagen wir ihnen, sie bräuchten Ersatzteile aus Deutschland.
Dann trennen sich Hartmuts und meine Wege kurzzeitig.
Ein Interessent für unser Auto taucht auf.
Ein Mitbesitzer von Gwellems Postille.
Während Hartmut mit ihm eine Probefahrt macht, begutachte ich weiter mit fachmännischem Gesicht die kaputte Linotype Maschine und lasse sogar einige Teile ausbauen, habe aber keine Idee.
Immerhin hält man mich anschließend für einen weltweit reisenden Fachmann.
Sie sehen mich an, als hätte Gutenberg oder Allah persönlich gesprochen.

Dann kommt Hartmut und Gwellems Partner von der Probefahrt zurück.
Die Probefahrt verlief sehr erfolgreich, da ich Glück hatte und die Gänge immer
sofort ohne Kupplung fand.
Er will das Auto alles inklusive für 360.000 F kaufen.
*Aber Zoll zu unseren Lasten. Damit bleiben uns noch 3.330 DM Erlös, nicht
gerade üppig, aber auch nicht ganz schlecht.*
*Wir einigen uns auf eine gegenseitige Bedenkzeit bis morgen 17 Uhr, dann
wollen wir uns wieder treffen.*
*Bis dahin können Hartmut und ich das „ alles inklusive" noch verdünnen und in
Douala alles verscheuern, was nicht angeschweißt ist.*
*Als wir dies gerade im Centenary Hotel bei einigen Bierchen überdenken wollen,
kommt bereits der nächste Interessent, der uns zum Mittagessen einlädt.*
*Aber das Arbeitsessen gestaltet sich für ihn nicht sehr erfolgreich, denn erstens
lassen wir uns die teuersten Steaks servieren und zweitens lehnen wir sein
höchstes Angebot von 225.000 F kaltschnäuzig ab.*
Gut, dass unsere Visa verlängert waren.
*Am Nachmittag warten wir im Atlantic Beach auf Herbs Anruf aus Douala
wegen eines japanischen Schiffes- aber nichts.*

*Nach dem Abendbrot, wohl dem letzten in unserem eigenen Bus, fahren wir noch
einmal zum Abendsuff ins Centenary, wo es unseretwegen prompt zu einer
Schlägerei kommt.*
*Die Aufreiz-Miezen haben sich zu uns an den Tisch gesetzt, hielten Händchen
und überreden uns, später mit ihnen tanzen zu gehen*
*Einem besoffenen Bimbo missfiel das offensichtlich, wobei uns aber nicht klar
wurde, ob er uns vor den raffinierten Weibern oder die armen einheimischen
Mädchen vor den geilen Weißen schützen wollte.*
*Jedenfalls begann er nach Kräften zu randalieren, bis er schließlich vom
Personal und Gästen herausgeprügelt und per Lieferwagen abtransportiert
wurde.*
Dann beginnt das große Umziehen.
*Die drei Miezen trimmen sich auf europäisch, und selbst Hartmut wechselt die
stockigen Jeans gegen etwas saubere Beinkleider.*
Um 22 Uhr erscheinen dann zwei der Mäuse, um uns abzuholen.
Voller Freude fragen sie uns, welche wohl welche von ihnen sei, was auch
eigentlich schwer zu erkennen ist, da sie völlig anders aufgemacht sind und
außerdem sowieso Schwarze schwer zu unterscheiden sind.
Umso überraschender sind sie, als ich sie ohne Probleme identifiziere.
Ich habe mir das Aussehen ihrer Uhren gemerkt.
Wir fahren ins Miramar Hotel, welches auch Ragow gehört, wo eine Diskothek
ist.
Wir haben keine Lust, außerhalb der Saison den Notnagel zu spielen, aber sie
finden schließlich zwei Franzosen, die mehr Geld haben oder dümmer sind.

Uns reicht es, zwischen den Drinks gelegentlich feuchte Finger zu bekommen, weil wir bei ihnen im Schritt fummeln dürfen.
Oder wollte Axel gar nicht?
Manchmal bin ich mir nicht sicher.
Aber wenigstens bin ich sicher, dass er mir auch nicht an die Wäsche geht.

Wir fahren früh am Morgen nach Douala und laden alles Zeug, das wir behalten wollen, bei Achidi ab.
Anschließend essen wir mit Herb zusammen Mittag und bringen den Rest unserer Habe zu Maurice.
Einen Teil will er kaufen, z.B. den Kocher und alles, was er für die Küche brauchen kann.
Um 16 Uhr sind wir wieder in Victoria, nehmen ein Bad im Pool und um 17 Uhr kommt dann auch pünktlich !!!!!!!!!! unser Autokäufer.
Wir trinken etwas auf seine Kosten und machen das Geschäft perfekt, nachdem er noch die Reste unserer Habe im Auto begutachtet hat.
Es ist zwar erstaunlich, aber heute sind alle Schwarzen pünktlich.
Um 18 Uhr steht Gwellems Hiwie am Auto, um uns zu Gwellem zu geleiten, wo wir eingeladen sind.
Es ist eine für hiesige Verhältnisse großes und schön gelegenes Haus.
Nach mehreren Whiskeys gibt es Jam und Fischsoße zu essen.
Lecker.
Selbst Axel trinkt Whiskey, obwohl er den sonst nicht unbedingt mag, da er Angst hat, nüchtern zum Essen gerufen zu werden.
Es ist ein wirklich netter Abend und Gwellem erzählt von seinem Berlin Aufenthalt.
Wie er sich anfangs immer verlaufen hat, wie er an einem U-Bahn Eingang gestanden hatte und sich wunderte, wieso so viele Menschen aus der Erde kommen, wie er mit dem Fahrstuhl auf und ab fuhr, weil er nicht durchschaute, wie man ihn in der gewünschte Etage zum Halten bringt.
Wir stellen uns dies und andere Situationen vor, von denen er erzählt, und müssen alle lachen.
Gwellem lacht inzwischen auch darüber.
Er war auf einem anderen Stern.
Gegen 23 Uhr sind wir wieder im Garten vom Atlantic Beach und bestreiten unsere letzte Nacht in unserem Bus!!!
Schluchts !!

Von wegen letzte Nacht im Bus.
Denkste.
Gegen acht Uhr früh kommt Mr.Atarhony, unser Autokäufer, verabredungs-
gemäß zu uns, um mit uns zusammen die Formalitäten bei Zoll und Bank zu
erledigen.

Er bringt aber noch einen Mechaniker mit, der sich den Wagen noch einmal ansehen soll.
Dieser „Mechaniker" hat doch glatt die Stirn, unser sechs Jahre junges Auto sei mindestens 10 Jahre alt, in so einem schlechten Zustand sei es.
So will unser Käufer nur 300.000 bezahlen.
Wir lehnen ab, schlagen aber vor, doch erst mal zum Zoll zu fahren, vielleicht sind die Zollgebühren in Victoria etwas niedriger als in Douala.
Aber der hochqualifizierte Zöllner ist überhaupt nicht in der Klage, überhaupt etwas über die Zollhöhe zu sagen und verweist uns nach Douala.
Letztes Angebot von uns: 330.000 France. Diesmal lehnt Atrarhony ab.
Damit ist wohl nichts mit Autoverkauf.
Wir fahren zu Gwellem ins Büro.
Er will in der nächsten Ausgabe, die Donnerstag erscheint, eine Anzeige setzen: Auto for sale, in exzellent condition".
Ups.
Von seinem Büro rufen wir die Zaire Botschaft in Yaounde an, ob nun unsere Visa da sind.
Sie vertrösten uns auf übermorgen.

Gegen Mittag fahren wir wieder nach Douala, holen unsere Sachen von Achidi und bitten ihn, sich nach Autokäufern umzusehen.
Von dort gehen wir zu Maurice, wo Herb drei Landrover-Besatzungen um sich gesammelt hat.
Die Frischlinge sind noch ganz begeistert von der Idee, ein Schiff nach Süden bekommen zu können.
Von Maurice wollen wir uns, vorübergehend bis das Auto wirklich verkauft ist, den Kocher und unsere anderen Küchenutensilien zurückgeben lassen, die er noch nicht alle bezahlt hat.
Aber einen Teil hat er schon verhökert, aber wenigstens den Kocher, die Töpfe und den Wasserkanister bekommen wir.
Den Kocher allerdings in wenig gutem Zustand.
Nachdem er bei uns all die Zeit klaglos seine Dienste geleistet hatte, haben ihn die Bimbos in zwei Tagen kaputtgekriegt.
Wir wollen Maurice gerade verlassen, als Achidi mit einem neuen Auto-Interessenten auftaucht, diesmal einer Frau.
Die Dame lässt beim Verhandeln mächtig Haarbüschel auf den Zähnen erkennen.
Schließlich einigen wir ans auf 350.000 France.
Aber Morgen will sie noch einmal mit einem Mechaniker kommen....das Spiel kennen wir ja inzwischen.

Mit lediglich einer Stunde Verspätung erscheint Achidi tatsächlich mit der Lady und ihrem Mechaniker und ihren Chauffeur.

Der Mechaniker ist glücklicherweise blöd genug, um nach einer Probefahrt Hartmut zu glauben, dass der VW-Bus Halbautomatik hat, da Hartmut demonstrativ die Kupplung nicht benutzt- nicht benutzen kann.
So steht dem Handel nichts mehr im Weg.
Mrs.Elisabeth Ntuchu, des Lesens und Schreibens nahezu unkundig, Kauffrau aus Victoria, fährt mit ihrem Taxi zu ihrer Bank, wo sie sich das nötige Kleingeld besorgt und dann zum Zoll, wo sie die 93.422 France berappt.
Anschließend geht es zur Polizei, wo ausgerechnet ihr Bruder den Kaufvertrag beglaubigt.
Nach dem Mittagessen mieten wir erst mal ein Schließfach bei der Bank, um die France und einige Papiere zu deponieren.
Dann versuchen wir zusammen mit unserer Käuferin, dem Auto eine Kameruner Nummer zu verpassen, was uns bis Büroschluss nicht gelingt.
Zu viele Marken, Zertifikate und Bescheinigungen müssen besorgt werden.
So wird unser Auto also erst morgen endgültig zur Bimbo-Kutsche, aber Hartmut und ich werden zu dieser Prozedur zum Glück nicht mehr benötigt.

Am Abend lassen wir uns dann in unserem „ehemaligen" Auto von Madams Chauffeur nach Victoria kutschieren, wo wir noch einen letzten feuchten Blick auf den kupplungslosen und deshalb mühselig davon ruckelnden Bus werfen und im Centenary Hotel übernachten.

Es ist endgültig: Wir sind Fußgänger geworden!!!!!! (15.7.1975)

Wir nutzen das teure Hotelbett ausgiebig und schlafen bis 10 Uhr.
Nach dem Frühstück verabschieden wir uns von Gwellem, der uns noch einige Adressen von Freunden in Ostafrika aufschreibt.
Ein erneuter Anruf bei der Botschaft von Zaire bleibt wieder erfolglos, wir sollen es morgen noch einmal versuchen.
Mittags fahren wir mit dem Taxi nach Douala.
Maurice bietet uns an, im Hinterzimmer seiner Kneipe zu übernachten.
Wir nehmen an.
Am Abend feiern wir bei Maurice mit Achidi und einigen seiner Freunde den Autoverkauf.
Gegen 23 Uhr macht Maurice zu und gibt mir den Schlüssel.
Axel legt sich gleich hin während Herb und ich uns zwei Stühle aus der Kneipe holen und uns vor selbige setzen.
Hier sitzen wir bis nach 2 Uhr, trinken Bier, reden und beobachten die immer weniger werdenden Leute auf der Straße.
Dann verschwindet Herb in seinem Bedford am Straßenrand und auch ich lege mich ins Hinterzimmer, zwischen Bierkisten und Gerümpel.

Bereits um 6 Uhr werde ich bereits vom Bäcker geweckt, der das Brot bringt und wie bescheuert an die Tür hämmert.
Wann schlafen die Schwarzen eigentlich?
Um 6.30 Uhr ist das Kneipenpersonal schon da.

Bisher hatte ich nicht gewusst, dass Schlafmangel zur Fußkrankheit führt, aber es muss wohl so sein.
Jedenfalls humpeln Herb und Hartmut sich gegenseitig etwas vor, so dass ich als einsamer Wanderer die Geschäfte des Tages erledigen muss- was mich letztendlich in den Suff trieb.
Der erste Weg führt mich zur Bank, wo ich erkunden will, wie sich unsere vielen CFA-France in brauchbares Geld wechseln lassen.
Man drückt mir zwei Formulare in die Hand, mit denen ich zum Finanz-ministerium gehen soll.
Das hebe ich mir aber für den Nachmittag auf.
Stattdessen rufe ich noch einmal die Zaire-Botschaft in Yaounde an. Und siehe da: Wenn ich recht verstanden habe, stehen unsere Visa auf der Liste.
Anschließend marschiere ich zum Hafen und besehe mir Herbs letzte Hoffnung, die „Royal Ruby“, ein japanisches Schiff unter (natürlich, wie alle Seelenverkäufer) panamaischer Flagge.
Für satte 1200 $ will der Kapitän Herb nach Kapstadt und noch weiter mitnehmen - sagte jedenfalls Herb, der schon dreimal auf dem Kahn war.
Letztes ist dann wohl auch der Grund, warum sie jetzt die Gangway- oder wie das auch immer bei Dampfern heißt- hochgezogen haben und mich erst gar nicht an Bord lassen.
Nach dem Mittagessen gehe ich zum Finanzministerium.
Aber der Chef ist gerade nicht da und deshalb kann man mir überhaupt nichts sagen.
Also wieder zur Bank.
Nach ca. 45 minütiger Verhandlung mit 2 bis 4 Bimbos gewinne ich ein erstes verschwommenes Bild.
Ohne Bescheinigung vom Ministerium kann man pro Person 25.000 CFA in Französische Franken tauschen.
Mit Bescheinigung dagegen jede beliebige Menge CFA in US-Dollar oder Pfund Sterling.
Diese Erkenntnis beruht jedoch mehr auf kühnen Schlüssen und Folgerungen meinerseits denn auf konkreten Auskünften der Bankmenschen.
Dafür gewähren mir diese noch einen tiefen Einblick in ihr imponierendes Sicherheitssystem.
Als ich einige Papiere aus unserem Schließfach holen will, werden mir bereitwillig sämtliche Schlösser geöffnet, ohne dass nur ein einziger Bimbo nach meinem Pass gefragt hätte.
Diskreter Weise lässt man mich auch noch mehrere Minuten alleine im Safe-Raum.

Anschließend telefoniere ich noch einmal von der Post mit der Zaire Botschaft.
Die Verbindung ist beschissen, aber ich glaube wiederum zu verstehen, dass
unsere Namen auf der Liste stehen.
Wenn ich morgen Nachmittag nach Yaounde käme, so sagt man mir, könne ich
die Visa gleich mitnehmen, ohne Wartezeit.
Auch seien außer den Pässen keine weiteren Papiere notwendig.

Am Vormittag verhökerte Hartmut noch einen Anzug und auch ich wurde zwei
Jacketts los.
Außerdem, nachdem der Bürgersteig vor seiner Kneipe zum Hippie-Camp wurde,
hat sich Maurice flugs einen Kebab-Brater engagiert, der vor der Kneipe auf
Holzhohle leckere Fleischspieße anfertigt - pro Stück 25 F (mit Zwiebeln).
Das Geschäft floriert prächtig.

Während Hartmut in Douala die Stellung hält, fahre ich mit dem Überland-Taxi
nach Yaounde, um unser Zaire-Visa abzuholen.
Nach sechsstündiger Fahrt in der Toyota-Sardinenbüchse komme ich um 15,30
zur Botschaft- nach 2 ½ Stunden haben sie es geschafft und die Visa in die Pässe
praktiziert.
Man glaubt es kaum.
Mit dem Nachtzug fahre ich dann 11 Stunden zurück nach Douala.
Zur großen Überraschung Dutzender von Bimbos, die noch auf dem Bahnsteig
palavern, fährt der Zug um 20,30 Uhr pünktlich ab.
Als der Zug sich zu bewegen begann, kommt plötzlich Leben in die Leute: Sie
werfen Gepäck und Kleinkinder in die schon vollen Waggons- und fluchen dann
fürchterlich, wenn sie selbst nicht mehr hineinkommen.

Ich beginne heute etwas früher zu berichten als Axel, nämlich von 0 bis 3 Uhr.
Während dieser Zeit saßen Herb und ich wieder vor der Kneipe von Maurice und
sahen zu, wie die Straßen immer leerer wurden - und wir immer voller, da Herb
eine Kneipe gefunden hatte, die länger auf war und er folglich dauernd hin und
her laufen musste, um Bier zu holen.
Jedenfalls wache ich am Morgen mitten in der Kneipe auf dem Schlafsack auf, in
den Armen einer schwarzen Schönen.
Es war also nicht nur ein unanständiger Traum.
Trotzdem fühle ich mich nicht so sehr wohl, aber na ja die Promille und die gute
Stimmung am Abend.
Ich weiß nicht einmal ihren Namen.
Ich hoffe nur, dass Penicillin nicht so teuer ist.
Den Rest des Tages gibt es nichts zu berichten.
Ich genieße es, mal ohne Axel zu sein und er im umgekehrten Fall sicher auch.
Am Abend kommen die drei Landrover wieder, die hier auch seit Tagen
rumhängen und wir saufen alle gemeinsam.

Um 8 Uhr kommt Axel wieder bei Maurice an.

Angesichts der Zaire-Visa in unseren Pässen scheint Herb sich auch langsam mit dem Gedanken einer Kongo-Durchfahrt zu befassen, zumal auch die „Royal Ruby" den Hafen ohne ihn verlassen hat.

Jedenfalls will er nächste Woche auch ein Visum beantragen.

Ansonsten basteln Herb und Hartmut etwas an Herbs Auto herum.

Es fährt zwar immer noch nicht, aber angeblich liegt es jetzt nur an der leeren Batterie.

Die Freunde mit den Landrovern haben übrigens inzwischen ihre Tischgespräche gewechselt: Nicht mehr die Schifffahrt nach Kapstadt bewegt sie, sondern die Frage, wie sie ihre teuren Mühlen hier gut verkaufen können.

Ich glaube, so günstig wie zurzeit in Douala, hat man schon lange keinen Landrover mehr bekommen.

Bei Herb ist heute der Suff auf die Augen geschlagen.

Gegen Mittag zieht er mit einer Schwarzen ab, die seine Großmutter sein könnte.

Sie spricht allerdings etwas Englisch. Wer weiß, was sie ihm erzählt hat - oder was er verstanden hat.

Außerdem kann sie ein paar Worte Deutsch, denn sie hat mal bei einem deutschen Pfarrer den Haushalt gemacht: „Saufen, blasen, ficken, alles tut erquicken."

Steht das in der Bibel?

Gegen 13 Uhr bin ich heute nach Hause gefahren, denn so kann man Maurice Kneipe ja bald bezeichnen.

Die Nacht zuvor saß ich wieder mit Herb vor der Kneipe, zählten die Sterne und plauderten.

Zum Bierholen wechselten wir uns ab.

Und irgendwann saß dann das Mädchen von Freitag wieder bei uns.

Entweder hat es ihr mit mir gefallen- ich erinnere mich nicht- oder auch Professionelle schlafen nicht gerne alleine.

Jedenfalls fuhr ich mit zu ihr.

Selbst das Taxi bezahlte sie und Geld wollte sie von mir auch nicht haben.

Ganz nebenbei hatte ich so einen interessanten Einblick, wie hier manche Menschen hausen.

Zwischen zwei „normalen" Häusern waren Verschläge gebaut, ohne Strom und ohne Fenster, nur mit einem kleinen Entlüftungsloch in der Holzdecke.

Ganz hinter ein Gemeinschaftsklo, ein rundum zugeschissenes Loch im Boden.

Wasser an der Pumpe vorm Haus.

Ein Bett, ein Stuhl eine Holzkiste.

Jedenfalls weiß ich jetzt, wie sie heißt: Jeanne.

Während Hartmut den Vormittag- vergebens- damit verbringt, im „Office des Changes" die offizielle Genehmigung zum Wechseln unserer CFA-France in

*Dollar zu bekommen (dazu muss man 6 Monate in Kamerun leben), erkundige
ich mich nach den Kinshasa-Flügen.*
*Wahrscheinlich werden wir am 6. August abfliegen, nachdem wir uns noch den
Nordwesten von Kamerun angesehen haben.*
*Am Nachmittag kaufen wir mir dann einen prächtigen Rucksack für die Weiter-
reise ohne eigenes Auto.*
Hartmut hat ja seinen Seesack.
*Nach dem ersten Probepacken bin ich sicher, dass ich mich an das Reisen mit
kleinem Gepäck gewöhnen werde, es geht mehr in den Sack, als ich dachte.*
*Hartmut versucht derweil- wiederum vergeblich- den zweiflammigen Benzin-
kocher zu reparieren, den Maurice uns abgekauft hat.*
Die Bimbos haben ihn schon gründlich kaputt gekriegt.
*Aber wohl oder übel werden wir Maurice jetzt wohl die 7000 F Schulden, die er
noch bei uns hat, erlassen müssen.*
*Unverhofftes Wiedersehen: Unsere Autokäuferin kommt- offensichtlich
zufrieden- mit unserem Ex-Bus bei Maurice vorbei, nur um noch einmal guten
Tag zu sagen.*
Die Kupplung ist inzwischen erneuert, die Inneneinrichtung ausgebaut.
*Zu Thema Halbautomatik sagt sie nichts, vielleicht singt ihr Mechaniker-
Fachmann jetzt eine Oktave höher.*
Adios Amigo!

In der Nacht sitze ich wieder lange mit Herb vor der Kneipe:
„Watching all the girls go by".
Allmählich kennt man uns und wir werden von den Mädchen schon begrüßt.
Eine holt ihre Brüste raus, zum gratis anfassen- um uns eine Freude zu machen.

Über den heutigen Tag kann Axel berichten, ich verbrachte ihn ab Mittag bei
Jeanne und besorgte ein Geburtstagsgeschenk für Axel.
Aber er soll erzählen.
*Ich versuche zunächst, aus unserem Banksafe Geld zu holen, weil ich die
Kinshasa-Flüge buchen will.*
Aber der Bankdirektor war gerade gestorben und so hat die Bank zu.
So kann ich die Flüge nur vorläufig reservieren lassen.
Am Nachmittag wird Maurice dann komisch.
*Anstatt endlich seine 7000 France Schulden bei uns zu bezahlen- über die wir
aber wegen des kaputten Kochers mit uns reden lassen wollten- erklärt er mir
ziemlich barsch, außer der Lampe und der Kühlbox wolle er von den gekauften
Sachen nichts behalten; Wir sollten ihm 11.000 France von den schon bezahlten
20.000 zurückgeben.*
*Der Grund: Von den zahlreichen inzwischen in Douala gestrandeten und bei
Maurice herumlungernden VW-Bus und Landrover-Besatzungen, sei das
inzwischen viel billiger zu bekommen.*

Angesichts unserer für morgen geplanten Abfahrt nach Bamenda, vertröste ich Maurice, ich müsse darüber erst mit Hartmut sprechen, aber letzten Endes solle es zwischen uns keine Probleme geben.

Dann kommen Hartmut und Jeanne und fragen mich, was ich von einer Freundin von Jeanne als Geburtstagsgeschenk halte.

Blöde Frage.

Also marschieren wir zu dritt zu Jeanns Bude und warten auf die Freundin.

Maurice hatte vorher noch versprochen, die Kneipenschlüssel Herb zu geben, der ja vor der Kneipe im Auto schläft, falls einer von uns im Laufe der Nacht wieder rein wolle.

Mein Geburtstagsgeschenk erweist sich als ausgesprochen ansehnlich, nichts auszusetzen.

Da Micheline, so heißt mein Cadeau, mit ihrer Schwester und deren drei Kindern zusammen wohnt, wollen wir die Nacht in Maurice Hinterzimmer verbringen - ungestört, weil Hartmut ja bei Jeanne bleibt.

Aber Maurice, das alte Schlitzohr, hat irgendwie Lunte gerochen, dass Hartmut und ich morgen früh abhauen wollen, und den Schlüssel mitgenommen.

So stehe ich mit Micheline vor verschlossener Tür und wir müssen doch zu ihr fahren und die plärrenden Babys ins Nebenverlies verfrachten. Aber die scheinen die Prozedur schon gewöhnt zu sein, denn sie beruhigen sich schnell wieder und ich kann mich nicht erinnern, auf angenehmere Weise in meinen Geburtstag hineingefeiert zu haben.

So hat ein Geburtstag in Afrika auszusehen: Aufwachen in Michelines Armen, anschließend einen Bimbo übers (Schlitz-)Ohr hauen, dann ein Ausflug ins Gebirge und nach einem vorzüglichen, mehrgängigen Abendessen, das von einem renommierten Schweizer Koch komponiert wurde, Übernachtung in einem geräumigen Ferien-Bungalow.

Im Einzelnen:

Nachdem ich also Hartmuts Geburtstagsgeschenk ausgiebig gewürdigt hatte, fuhr ich um halb 6 von Micheline zur Maurice'schen Kneipe.

Ich hatte gehofft, irgendein Angestellter würde vor Maurice da sein und ich könnte die Klamotten ausräumen und per Taxi zu Achidi bringen.

Aber Pustekuchen: Maurice kam als erster, tat furchtbar scheinheilig wegen des Schlüssels und fragte gleich nach „seinem" Geld.

Ich vertröstete ihn, dass ich erst zur Bank müsse.

Dann kam Hartmut, und als wir mit Sack und Pack abmarschieren wollten, zeigte Maurice sein Misstrauen endlich offen: Wir sollten doch erst das Geld holen und dann unsere Klamotten wegbringen.

Da wurde es mir zu bunt mit dem schwarzen Schlitzohr und ich log ihm genussvoll mitten ins Gesicht, auf das Wort eines deutschen Mannes könne er sich immer verlassen.

Zähneknirschend bekundete er uns sein Vertrauen - das war das letzte, was wir von ihm hörten.

Wir fuhren zur Bank, holten etwas Geld aus dem Safe und nahmen das nächste
Überland-Taxi in Richtung Bamenda.
Nach zweimaligem Umsteigen erreichten wir am Abend das „Hill-Top-Hotel" in
Bali bei Bamenda, das uns von Astrid und Dietrich wärmstens empfohlen worden
war.
Zu Recht: das Hotel besteht zwar nur aus einigen Wellblech-Buden neben dem
kleinen „Haupthaus" und hat zurzeit auch keinen Strom, aber ist urgemütlich
und liegt in einer schönen, beinahe schweizerischen Landschaft.
Der Besitzer, Alfred Schaufelberger (56) ist dann auch ein schweizerisches
Urviech.
Er kochte uns ein ausgezeichnetes Abendessen: Gemüsesuppe, Nudel mit
Rindfleisch (aber wie!) und zum Nachtisch Früchte.
Außer uns hat das Hotel zurzeit nur noch einen einzigen Gast, einen
französischen Techniker, der versucht, das verrottete Kameruner Telefonnetz in
Gang zu halten.
Astrid und Dietrich sind auch noch in der Gegend und lassen gerade wieder
etwas an ihrem immer noch nicht verkauften Unimog reparieren, wie uns
Schaufelberger erzählte.
Ihre Sachen stehen noch im Hill-Top und sie werden morgen hier zurück
erwartet.

Gegen 10 Uhr stehen wir auf, nachdem wir wundervoll geschlafen haben.
Frische kühle Luft, ohne Mücken.
Wir frühstücken ausgiebig und bestellen das Mittagessen für 15 Uhr.
Anschließend dusche ich eiskalt unter einer aus einem Eimer gebastelten Dusche.
It is hard to be a hard man.
Und jetzt sitzen wir vor unserer Wellblechhütte.
Es weht ein angenehmer Wind und etwas Sonne wärmt uns.
Die Landschaft, die wir von unserem Hügel aus sehen, ist wunderschön.
Rundherum saftige grüne Berge.
Was könnte man aus so einer Gegend alles machen: Viehzucht, Meiereien,
Käsereien etc.
Sogar ein kleiner Flughafen ist vorhanden.
Aber wen interessiert das hier!
Zum Mittag gibt es für jeden ein gebratenes Buschhuhn.
Ziemlich mickrige Vögel, etwas größer als Wachteln, aber sie schmecken
ausgezeichnet- anders als Haushühner.

Nachdem wir zum Frühstück Schaufelbergers berühmte Rösti in großen Mengen
eingeschaufelt haben, fahren wir mit „Big Massa" nach Bamenda.
Angetan mit Shorts, Filzhut und Regenschirm rollt er polternd durch die Stadt, in
der ihn jeder kennt und stellt uns überall als seine „friends from Berlin „ vor.

Während Big Massa dann seinen Geschäften nachgeht, machen wir uns auf die Suche nach Astrid und Dietrich, die gestern nicht ins HillTop zurückgekommen sind.
Wir haben Glück und finden sie ziemlich schnell.
Der Unimog ist zwar fertig, aber sie haben immer noch keinen Käufer.
Die letzten Tage hatten sie bei einem deutschen Entwicklungshelfer in Bamenda gewohnt.
Am Abend fahren wir dann alle zusammen zurück ins HillTop und befressen uns mit Buschhuhn und Spagetti.

Hartmut repariert noch Schaufelbergers Radio, damit er wieder jeden Sonnabend das Wunschkonzert der Deutschen Welle hören kann.
Das Informationsprogramm der Deutschen Welle scheint übrigens recht lückenhaft zu sein, denn Schaufelberger - in anderen Dingen oft erstaunlich gut unterrichtet - fragt uns allen Ernstes, ob der „Völkische Beobachter" noch erscheint.
Von Dietrich wollte er wissen, ob Max Schmeling noch Weltmeister ist.
Aber immerhin lebt Big Massa ja schon 20 Jahre in Afrika, und dann sind solche Wissenslücken entschuldbar.
Die Hauptsache ist, dass er nach 20 Jahren unter den Kanaken und Bimbos immer noch ein Schweizer Urmensch geblieben ist.
Verdammt noch mal!

Man wird wieder richtig faul.
Heute stehen wir gegen 10,30 Uhr auf und nehmen zur Abwechslung nur ein kleines Frühstück ein.
Anschließend donnern wir mit Astrid und Dietrich mit ihrem Unimog nach Bali.
Dort gehen wir in das von einem Schweizer geleitete Handwerkszentrum, wo ich eine schöne Tonpfeife erstehe.
Dietrich hatte schon früher einen Schachtisch in Auftrag gegeben und will sehen, wie weit er ist.
Bali wird beherrscht von einem größeren Steinhäuser-Komplex, der am Hang liegt.
Neugierig wie wir sind, marschieren wir dorthin um zu erkunden, was das für ein Gebäude ist.
Es ist der Palast des Königs von Bali und nachdem wir fragen, erhalten wir sogar für 14 Uhr eine Audienz.
Bis dahin gehen wir essen.
Ausgezeichnete Buschratte.

Und dann ist es Zeit für unseren Besuch beim König.
Wir werden in einem quadratischen Hof empfangen, auf dessen einen Seite, wie auf einer Veranda, Korbstühle für die Besucher und etwas weiter entfern ein Lehnstuhl für den Chef steht.

Die Wand hinter ihm und der Fußboden sind in den Nationalfarben bemalt.
Wir werden mit Bier und Limonade bewirtet und der König zeigt sich erstaunt, dass wir zu dieser Jahreszeit und ohne Ankündigung durch einen Touristenführer aus Viktoria, nach Bali gekommen seien- nichtsdestotrotz sei sein Haus unser Haus.
Wir werden das nicht wörtlich nehmen.
So unterhalten wir uns eine Weile ganz nett.
Wenn einer seiner Diener oder Frauen mit ihm sprechen wollen, so nähern sie sich ehrfürchtig und knien dann hin und klatschen in die Hände, um ihn auf sich aufmerksam zu machen.
Trotzdem beschränkt sich seine Funktion hauptsächlich nur noch auf traditionelle Stammesrechtsprechung.
Über die Anzahl seiner Frauen will er keine Angaben machen, ist aber der Meinung,- trotz meiner Einwände- dass das Einfrauensystem nicht so übel sei.
Er wird schon wissen warum.
Nach über einer Stunde verabschieden wir uns wieder.

Der Abend bringt wieder die gewohnte Schaufelbergersche Fressorgie- diesmal in seiner „Kellerbar", untermalt von den brutal-sentimentalen Klängen des Wunschkonzerts der deutschen Welle.

Heute Vormittag packt uns alle der große Tatendrang.
Hartmut beginnt aus heiterem Himmel Holz zu hacken, bis er Blasen an den Händen hat.
Astrid verdingt sich als Küchenhilfe und zerkleinert allerlei Gemüse für das abendliche Fressen.
Ich rücke mit einer Nagelschere- mangels geeignetem Werkzeug- meinem mächtigem (?--mähmäh) Bart zu Leibe.
Und Dietrich ist schon in früher Morgenstunde per Taxi nach Douala enteilt, wo er hofft, bei Maurice oder sonst wo, Geld aufzutreiben.

Gegen Mittag kommt dann Besuch auf den Schaufelbergerschen Hügel: Harald und Antje Lecher, österreich/deutsches Ehepaar mit Sohn Hagen (1 ½), rollen per Mercedes vor die Wellblechbude.
Sie leben seit 1 Woche in Bamenda und wollen unbedingt das berühmte Hill-Top-Hotel besuchen, weil sie bereits in Yaounde von Big Massas legendären Kochkünsten gehört haben.
Ihr erster Eindruck ist natürlich fürchterlich.
Harald Lecher ist Diplomlandwirt und Betriebswirt oder so was und verteilt im Auftrag der Weltbank Kredite für Viehzucht-Projekte.
Vor zwei Jahren hat er in Bukavu / Zaire gearbeitet und hat dort noch einige Freunde.
Deshalb fahren wir mit Lechers anschließend in ihr Haus in Bamenda und lassen uns die Adressen geben, nebst Kaffee und Schnaps.

Am Abend dann alle wieder ins HillTop, wo Lechers ihren ersten Eindruck gründlich revidieren: Big Masse zieht alle Register seiner Kochkunst und serviert ein umfassendes Menü mit Gemüsesuppe, frischem Salat, Erbsen, Möhren, Bratfisch, Schweinefleisch, dem berühmten Wum-Käse und Ananas. Wir sind froh, dass wir, in weiser Voraussicht, seit dem Frühstück gehungert haben, und so Schaufelbergers Essensberge halbwegs bezwingen können.

Eigentlich wollen wir heute nach Bamenda ins Museum, aber das kulturelle Unternehmen scheitet daran, dass sich kein Taxi auf unseren Hügel verirrt. So faulenzen wir den ganzen Tag.

Heute ist Markt in Bali und wir fahren mit dem Unimog hin.
Es macht mal wieder Spaß, hinter einem Unimog Lenkrad zu sitzen.
Habe ich vor einiger Zeit bei Films gefahren.
So ein Auto hätten wir in der Wüste gebraucht.
Der Markt selbst ist allerdings nichts Besonderes und so geht es auch bald wieder ins HillTop um uns dem Nichtstun hinzugeben.
Zum Abendessen gibt es diesmal Eichhörnchen oder so was.
Lecker.

Heute wollen wir uns in Bamenda mit Mandolin, dem Boy von Big Massa, treffen.
Er ist schon früh weggefahren und soll uns zu einem Mann bringen, der gelegentlich seinen Landrover vermietet.
Wir wollen nämlich ein Auto mieten, um uns zwei Tage lang die land-wirtschaftlich berühmte Ring Road ansehen.
Bis jetzt hat es bloß noch nicht mit dem Auto geklappt.
So auch heute.
Wir treffen Mandolin nicht.
Dafür gehen wir ins Museum!!!!!
Der Museumswärter, den wir schon vorher kennengelernt hatten, fragt uns anschließend, ob wir irgendwelche Dinge kaufen wollen, er könne uns solches Zeug wie im Museum besorgen.
Ich bin an einem Büffelhorn interessiert und so gehen wir mit dem Wärter/ Aufpasser zu ihm nach Hause, wo er allerhand kunsthand-werkliche Stücke hat.
Vielleicht fehlen diese dann gelegentlich im Museum.
Aber sein Preis von 8000 France ist zu hoch.
Also anschließend zurück zu Lechers, um ein paar Bücher zurück zu bringen.
Wir kommen genau richtig und werden mit, man höre und staune, mit Schmalzbrot und Grieben bewirtet.
Was ein Genus.
Um 18 Uhr sind wir wieder auf unserem Hügel und sind sauer, dass wir immer noch kein Auto aufgetrieben haben.

Aber Schaufelberger ruft uns in seine Kellerbar, wo wir zwei Schwarze kennenlernen, die eventuell ihren Landrover vermieten würden.

Wie groß ist die Überraschung, als der eine ein Bruder von Achidi ist, den Axel zwar kennt, dessen Adresse er aber in Bamenda völlig vergessen hatte.

Wir unterhalten uns nett und Limon bietet uns an, den Landrover am Freitag/ Samstag mit Fahrer zu nutzen.

Wenn das klappt, hätten wir wieder mal mehr Glück als Verstand.

Wir wollen uns jedenfalls morgen um 9 Uhr treffen.

Wie üblich sind wir pünktlich am Treffpunkt in Bamenda und der Schwarze kommt nur 45 Minuten zu spät.

Simon zeigt uns dann seine Technische Schule, wo er für viel Geld seinen Schülern beizubringen hofft, wie man Autos repariert.

Sein Landrover scheint aber nicht repräsentativ für die Qualität seiner Schüler zu sein, er ist nämlich eine schlimme Klapperkiste.

Trotzdem einigen wir uns dann auf einen Mietpreis von 5000 France, einschließlich eines ortskundigen Fahrers.

Somit sind wir aller Sorgen enthoben, falls das Auto auseinander fällt oder etwas passiert.

Morgen um 7 soll er uns abholen.

Am Abend kommt dann Dietrich aus Douala zurück und schwärmt von der Taxifahrt: er sei tausend Tode gestorben, so verrückt sei der Fahrer gehenkert.

In Douala sei alles beim alten.

Herb sitzt vor Maurice Kneipe und säuft und schreibt an seinem Buch und hat viele Ideen. wie man weiterkommen kann.

Die Landrover-Leute haben ihre Fahrzeuge noch nicht verkaufen können und die, die zurück und weiter nach Asien fahren wollen, sind auch noch da.

Na ja, im Moment können sie auch nicht zurück, denn die Grenzen von Nigeria sind geschlossen worden.

Maurice macht also weiter sein gutes Geschäft, sei aber ziemlich sauer auf uns, was mich nicht überrascht.

Wir sind gerade bei Abendbrot, als noch ein Österreicher ankommt, den wir schon aus Victoria kennen, und der drei Schwarze im HillTop unterbringen möchte, mit denen er arbeitet.

Er leitet hier irgendwo eine Möbelfabrik und richtet gerade in Bali ein Haus ein.

Da alle Betten belegt sind, räumt Schaufelberger sein Zimmer und zieht bei seinem Boy ein.

Am Abend haben wir dann wieder mal viel Freude mit der Deutschen Welle. Immerhin war gestern der Tag, an dem die gefährdeten Europäer aus dem Bürgerkrieg gebeutelten Angola ausgeflogen werden sollten und der Militärputsch in Nigeria vor zwei Tagen war wohl auch noch für ein paar Neuigkeiten gut.

Aber in den Hauptnachrichten um 19 Uhr OZ verliert die Deutsche Welle über beide Themen kein Wort.

Dafür entschädigt sie uns anschließend mit einem Bericht über das Wesen der europäischen Sumpfschildkröte.
Selten so gelacht.

Einigermaßen pünktlich kommt unser Auto und es kann losgehen.
Bis Bamenda nehmen wir noch Schaufelberger mit, der neues Bier kaufen will.
Die Straße ist nicht besonders gut aber für einen Landrover kein Problem.
In Kumbo besuchen wir wieder einen König und plaudern eine Weile.
Und weiter geht's.
Unserem Fahrer Thomas gelingt es beinahe, eine schwarze Schlange zu überfahren, die äußerst giftig sein soll.
Feierabend für heute machen wir in Nkambè, wo eines der beiden Hotels der Ring Road sein soll.
Es ist zwar erst 15 Uhr, aber das Gästehaus, wo wir absteigen, liegt so schön am Hang und ist billig (200F), dass wir trotzdem hier aufhören.
Im Moment sitzen wir auf der Terrasse, Axel liest und ich freue mich an dem phantastischen Panorama, welches sich vor uns erstreckt.
Wie in der Schweiz.

Um halb 7 erscheint Thomas um uns abzuholen.
Damit der Landrover nicht so unwirtschaftlich leer durch die Gegend holpern muss, bringt er noch eine Schwester und einen Freund mit.
Wir nehmen sie umsonst mit.
Unterwegs picken wir dann noch einen weiteren Schwarzen auf, der sich für 1000 F nach Wum kutschieren lässt.
So fahren wir also teilweise zu sechst.

Zuerst machen wir einen Abstecher ins Kimbe-Reservat, wo wir für Hartmut, den Fahrer und mich je 500 F Eintritt zahlen.
Dafür schwingt sich dann- während die anderen Mitfahrer warten müssen- ein Wildhüter in unseren Wagen.
Ebenso zünftig wie überflüssigerweise ist er mit einem mächtigen Schießprügel bewaffnet.
Trotz fachmännischer Pirsch bleibt aber die Ausbeute mager: Eine Büffelherde, eine Antilope, ein paar Affen.
„Meine Tiere streiken heute", kommentiert der Wildhüter endlich seine Blamage.
Anschließend fahren wir zum Ngos-See.
Ein wunderschöner Kratersee, der allerdings etwa 50 Minuten Fußweg von der Straße entfernt ist.

Nächste Station ist Wum, wo wir eine von deutschen Entwicklungshelfern aufgebaute Musterfarm besichtigen. Die Farm ist so deutsch, dass heute am Samstag Nachmittag alles wie tot daliegt- weil nämlich Feierabend ist, und der ist rechten Deutschen ja nun mal heilig.

Sieben Deutsche und 120 Kameruner arbeiten hier, erklärt uns der deutsche Verwalter, der einzige Mensch außer dem Pförtner, den wir antreffen.

Wir sehen auf dem Weg noch Teepflückern zu und dann besuchen wir eine von Schaufelbergers „Schwarzen Rosen", eine Krankenschwester, für die er uns einen Brief mitgegeben hat.
- Wie erzählte Mandolin: Wenn Big Massa gelegentlich von einer seiner fast auch immer dicken „Schwarzen Rosen" Besuch bekommt, wackelt das Haus und es klingt, als ob sich Flusspferde paaren.-

Schließlich fahren wir auch noch zum Wum-See, der aber keinen Vergleich mit dem Ngos-See aushält.
Letzte Station der Ring Road ist dann ein prächtiger Wasserfall zwischen Wum und Bamenda.
Gegen 19 Uhr kommen wir wieder mächtig durchgeschüttelt - die Landrover-Federung ist verdammt hart - zum Hill Top.
Big Massa zelebriert ein mächtiges Abschiedsessen für uns, denn morgen wollen wir wieder nach Douala fahren.
Also zwängen wir uns wieder in ein Überland-Taxi und kommen gegen 17 Uhr in Douala an.
Wir fahren gleich zu Achidi, der aber zurzeit in Yaounde ist und erst Dienstag zurückerwartet wird.
Seine Frau erlaubt uns, im Haus zu übernachten.

Ein aktiver Vormittag:
Erst gehen wir zur Bank und holen Geld und Dokumente aus dem Schließfach.
50.000 France tauschen wir gleich in französische France um.
Dann kaufen wir bei Air Zaire die Flugscheine nach Kinshasa.
Unsere längst ungültigen Studentenausweise verhelfen uns zu einem schönen Preisnachlass- statt 40.000 nur 25.000 France pro Person.
Anschließend tauschen wir bei einer anderen Bank noch mal 50.000 CFA-France in französische um.
Am Nachmittag beginnen wir dann mit der letzten Runde unseres Ausverkaufs.
In dem Geschäft, wo ich meinen Rucksack erstanden hatte, verkaufen wir Schwimmflossen und Schnorchel.
Unser Zelt nehmen sie immerhin in Kommission.

Als ich am nächsten Tag vormittags wieder in das Sportgeschäft komme, haben sie bereits einen Käufer für unser Zelt: 6500 F (80.-DM), nicht gerade viel, aber besser als nichts, denn sonst hätten wir es ja verschenken müssen.
Am Abend kochen wir dann von unsere letzten Proviant-Dosen aus Berlin ein großes Abschiedsessen (natürlich Rindfleisch mit Nudeln) für Achidi und seine Großfamilie.

Indes, Achidi kommt entgegen der Erwartungen heute noch nicht zurück und so müssen wir ohne ihn essen.
Es wir trotzdem fast alles weggeputzt.
Hartmut hat noch Jeanne mitgebracht und mit Achidis großer Verwandtschaft werden wir insgesamt 11 Leute.
Unser Reise-Essen Nr. 1 scheint ihnen zu schmecken.
Hartmut hat das Rindfleisch mit Dosentomaten und Knoblauch noch mächtig verfeinert.
Aber mit unserem guten deutschen dunklen Dosenbrot wollen sie sich nicht recht anfreunden.
Fufu-Fresser bleibt Fufu-Fresser.

Axel schläft also auf dem Sofa von Achidi, während ich mich schon von Anfang an bei Jeanne einquartiert habe.
Am Abend muss Jeanne irgendwo hin wegen ihres Passes?
Ich bleibe also alleine bei ihr, bis irgendwann Micheline, Axels Geburtstagsgeschenk, auftaucht.
Sie ist völlig irritiert und fragt mich, ob sie für weiße Männer nicht schön sei????
Was kommt heraus: Axel hat nicht mit ihr gebumst!
„Afraid of malad?", fragt sie in ihrem französischen Englisch.
Also hole ich das nach und versichere sie ihrer Schönheit, was ja nicht falsch ist und ihre Selbstachtung wieder herstellt.
Schön, das „Lämpchen" angehen zu sehen, wenn schwarze Frauen die Beine breit machen.....
Um 24 Uhr finde ich dann ein Taxi zu Maurice Kneipe und wecke Herb.
Er freut sich sehr, holte Bier und wir verbringen wieder schöne Stunden vor der Kneipe.
Er erzählt, dass er sein Buch fertig geschrieben hätte und jetzt werde er auch weiter reisen.
Wie weiß er aber noch nicht.
Gegen 2 kommt denn Jeanne und wir fahren zu ihr.

Gegen 14 Uhr treffe ich mit Jeanne bei Achidi ein, wir packen die letzten Sachen zusammen.
Von unserem vollbeladenen Bus sind nur ein Rucksack, ein Seesack und Hartmuts kleine Alufotokiste übriggeblieben.
Achidi bekommt noch eine große Kiste geschenkt, aus der sich auch Jeanne bedienen darf: Werkzeuge, Medikamente, Kleidung, Bücher etc.
Lediglich einen Koffer haben wir noch vollgepackt mit all dem teuren Zeug und den Andenken, die wir gerne behalten wollen.
Gut verschlossen und beschriftet wartet er jetzt bei Achidi darauf, dass ihn jemand abholt.

Ansich hat uns Dietrich versprochen, wenn er seine Kiste nach Hause schickt (Seefracht von Douala nach Le Havre, 1 Tonne = 200.-DM) unser Zeug mit reinzupacken.

Mal sehen, ob irgendwas irgendwann in Berlin ankommt.

Um 16 Uhr fahren wir zum Flugplatz um unsere Maschine um 18 Uhr zu bekommen.

Jetzt sind wir schon so lange in Afrika, aber an deren Zeitgefühl haben wir uns immer noch nicht gewöhnt.

Unser Flugzeug startet nämlich erst gegen 20,30 Uhr.

Mit allem was sich vorwärts bewegt.

Wir überqueren zum ersten Mal den Äquator.
Der Empfang in Zaire hält leider keinerlei Vergleich mit dem in Kamerun aus.
Um 22 Uhr landen wir in Kinshasa.
Zuerst müssen wir eine Devisen-Erklärung abgeben, denn in Zaire gibt es doch einen Zwangsumtausch: 20 Zaire pro Tag und Person für Kinshasa, 10 Zaire bei Aufenthalt auf dem platten Land.
Für Ehepaare gibt es Rabatt, wir werden aber nicht als solches anerkannt.
Dann müssen wir unsere Devisen vorzeigen, und dabei passiert es.
Der Zoll-Gangster versteht es geschickt, ein bisschen Unruhe zu stiften, indem er erst die Geldscheine nimmt und sie uns dann nach einigem Hin und Her zurückgibt, damit wir sie glätten.
Und beim Nachzählen fehlt dann plötzlich ein 500 FF-Schein (ca. 275.-DM).
Ich will mein Leben lang nur noch Fufu fressen, wenn Mobutus Zollbimbo da nicht lange Finger gemacht hat.
Wir müssen es schlucken, denn wenn wir einen Aufstand gemacht hätten, hätten noch mehr Zoll- oder Polizei-Bimbos ihren Teil einbehalten.
Per Taxi lassen wir uns dann in die Stadt fahren, um ein billiges Hotel zu suchen.
Aber billige Hotels gibt es in Kinshasa nicht und außerdem sind die meisten Hotels voll, weil gerade Staatsbesuch aus Frankreich in der Stadt ist.
So nächtigen wir für zusammen 10 Zaire (=50.-DM) pro Nacht im Hotel Afrique, das immer noch eines der billigsten sein soll.

Der Tag beginnt mit einer warmen Dusche, immerhin ein kleiner Gegenwert für den horrenden Hotelpreis.
Dann fahren wir zum Hafen, um uns um die Schiffsverbindung nach Kisangani zu kümmern.
Aber wir stehen überall vor verschlossenen Türen, denn heute ist Feiertag, weil Giscard d'Estaing in der Stadt ist.
So können wir lediglich erkunden, dass das nächste Schiff am Dienstag Nachmittag abfahren soll.
Dann gehen wir zur Deutschen Botschaft und fragen, ob man von Bukavu ungehindert nach Ruanda ausreisen kann- sie sagen ja.
Ein Botschaftsangehöriger ist bereits mit dem Schiff den Kongo hochgefahren und meint, die Reise sei sehr interessant.
Wichtigster Ausrüstungsgegenstand sei ein Vorhängeschloss, um die Kabine zu sichern.
Auch sonst geben uns die Botschaftsleute noch eine Menge guter Tipps und auch noch Adressen in Bukavu und Ostafrika.
Als Deutscher wird man auf seiner ausländischen Vertretung leider nur selten so freundlich unterstützt wie hier in Kinshasa.
Schließlich geben sie uns noch zwei Adressen, wo wir eventuell billiger wohnen können.

Die erste, eine katholische Mission ist leider belegt.
Auch bei der zweiten haben wir noch kein Glück.
Ein Berliner Drucker, der hier eine Druckerei leitet, ist nicht zu hause.
Stattdessen treffen wir bei der Druckerei einen deutschen Mechaniker, bei dem wir wohnen können- aber er verreist Sonnabend früh nach Kamerun.
Bis morgen will er sich aber bei den Druckereikollegen umhören, ob wir irgendwo unterkommen können.
Bei den hiesigen Lebensunterhaltungskosten (1 Dose Corned Beef kostet 5.-DM) würde uns ein Privatquartier, statt des teureren Hotels, gut zu Gesicht stehen.
Als wir am Nachmittag in unser Hotel zurückfahren, stehen überall an den Straßenrändern Jubel-Effendis.
An manchen Ecken werden große Freudenfeste mit Musik und Tanz gefeiert.
Das gilt natürlich nicht uns, sondern dem französischen Staatsbesuch, der etwas später seine Stadtrundfahrt macht.
Aber immerhin ist es ein Weißer, der hier gefeiert wird.
Das war heute der erste Tag ohne Regen, nachdem es in Douala fast ununter-
brochen geregnet hatte.
Die Regenzeit soll hier erst in ein paar Wochen anfangen.

Giscard kommt uns zum zweiten Mal in die Quere: Ausgerechnet heute muss er eine Dampferfahrt machen, so dass am Flusshafen alles abgesperrt ist.
Die Kartenschalter sollen erst morgen wieder geöffnet sein.
Vorher hatten wir schon 1 ½ Stunden auf der First National City Bank zugebracht.
Solange brauchen die Bimbos, um einen einzigen Reisescheck einzulösen.
Anschließend fahren wir wieder zur Druckerei (Imprimeries de Kinshasa) und treffen dort den Berliner (Siegert) und noch ein paar andere Drucker.
Siegert verdonnert schließlich den Mechaniker, den wir gestern schon getroffen hatten dazu, uns bei ihm wohnen zu lassen, auch in der Zeit, wenn er verreist ist.
Hoffentlich klappt das mit seiner Reise, denn er ist ein ziemlicher Schwätzer und wir hätten dann die geräumige Wohnung (3 Zimmer, Küche, Bad, Air condition) ganz für uns alleine.
Die Druckerei war bis vor einem halben Jahr in deutschem Besitz und hieß Druckerei Concordia.
Dann wurde sie enteignet, und seitdem geht es dort bergab.
Zurzeit produziert sie laut Siegert nicht einmal mehr halb so viel wie früher.
Aber die elf Deutschen, die hier noch arbeiten, leben trotzdem nicht schlecht: Dienstwagen und große, gut eingerichtete Wohnungen.
Und in einer dieser Wohnungen hausen wir jetzt also.
Den Feierabend verbringen wir dann wie jeder anständige Deutsche: Wir sehen uns den „Kommissar" an.
Ein Botschaftsmensch (Hamburger) hat uns zu einem Filmabend in seine Wohnung eingeladen, und wir sind mit dem Drucker hingefahren.
Es gibt gleich zwei Folgen vom „Kommissar", die wir mit viel Bier bewältigen.

*Nachdem er alle Wertgegenstände weggeschafft hat! überlässt uns Hartmann
also seine Bude und fliegt heute früh- ohne auf Wiedersehen zu sagen und
sicherlich voller Ängste, wir könnten trotzdem noch was klauen- nach Kamerun.
Wir aber fahren wieder zum Flusshafen, um die Schiffskarten zu kaufen, aber
zusammen mit hunderten anderen ratlosen Schwarzen stehen wir vor ver-
schlossenen Türen.
Auch als wir nach 1 ½ Stunden Rundgang durchs Stadtzentrum noch einmal zum
Hafen kommen, ist immer noch alles verrammelt- der Himmel und Mobutu weiß
warum.
Dann versuchen wir, einen Kasten Bier zu kaufen- und scheitern.
Wir finden zwar das Bier-Depot (in normalen Lebensmittelläden gibt es kein
Bier), und es ist sogar geöffnet, aber sie rücken keine einzige Flasche raus- weil
wir kein Leergut haben.
Weil Glas knapp ist, gibt es volle Flaschen nur im Austausch gegen leere.
Nicht einmal Bargeld als Pfand akzeptieren sie.*

*Zu Mittag gibt es heute Schweinebraten.
Marco, ein Schweizer und als Lithograph in der Druckerei beschäftigt, hat uns
eingeladen.
Während Hartmut später mit Marco Schach spielt, drehe ich ein paar Runden im
Plastik-Swimmingpool, der im Garten aufgestellt ist.
Am Abend dann die nächste Einladung: Erne Gerbeaux, Linotype-Techniker,
führt uns sehr gelungene Schmalfilme aus Ostafrika vor.
Dazu gibt es jede Menge Suff und in einem Micheal-Gedächtnis-Schlucken leeren
Hartmut und ich eine ganze Buddel Gin.
Nach Spanisch-Sahara-Art etwas mit Cola gestreckt.
Offensichtlich froh, endlich mal zwei neue Gesichter um sich zu haben, lädt Erne
uns dann noch für morgen früh zum Frühstück ein.*

*Um halb neun klingelt unser Telefon und Erne weckt uns fürs Frühstück.
Wir schaufeln ein, wie in besten HillTop Zeiten: Eier, Butter, Käse, Wurst und
Schwarzbrot.
Anschließend musste ich der Sauferei von gestern Abend und der Fresserei von
heute früh leider Tribut zollen und meinen überforderten (weil aus der Übung
gekommen) Magen mit Alka Selzer beruhigen.
Aber schön war`s trotzdem.*
Statt Alka Selzer zu saufen, sollte Axel sich lieber körperlich betätigen und seine
Hosen stopfen, nachdem er sie durchgefurzt hat.

*Am Nachmittag dann Sightseeing: Wir fahren erst zum Palais de la Nation, dem
Parlamentsgebäude.*

*Früher stand davor ein Reiterstandbild von Leopold II, aber im Zuge ihrer
großartigen Nationalisierung haben es die Bimbos abgerissen, jetzt steht nur
noch der Sockel da.*

*Auch die Beschriftung haben sie abmontiert, aber da, wo einmal die Buchstaben
waren, ist der Stein heller und man kann alles noch genauso gut lesen.*

*Anschließend fahren wir zum Mount Stanley (das dortige Stanley-Denkmal ist
inzwischen durch eine Kanaken-Skulptur ersetzt) und besichtigen Mobutus
Amtssitz, zu dem auch ein kleiner Zoo gehört, damit der Staatspräsident seine
ganze Verwandtschaft immer in der Nähe hat.*

*Erst wollen uns der Wach-Bimbos (Leoparden-Hut mit Plastik-Feder drauf) gar
nicht reinlassen, weil sie Hartmut und mich wegen unserer Armeehemden für
Soldaten einer feindlichen Macht halten und fürchten, wir würden den Palast
stürmen + erobern.*

*Aber es gelingt uns schließlich, sie von unseren friedlichen Absichten zu
überzeugen.*

*Am Abend dann das (fast schon) übliche: Wir saufen bei einem der Drucker Gin
und Cola.*

*Dort lernen wir drei deutsche Fernseh-Techniker kennen, die hier in Kinshasa
ein Fernsehstudio einrichten.*

*Sie geben uns die Namen von zwei anderen Deutschen, die gerade in Kisangani
ein Fernsehstudio aufbauen sollen.*

Anschließend fahren wir alle zusammen noch einmal in die Stadt.

*Erne spendiert uns ein ausgezeichnetes Essen und wir revanchieren uns mit einer
Lage Bier, die zum Glück recht billig ist.*

Es ist passiert!
Das Fürchterliche ist eingetroffen!
Wir haben keine Schiffsplätze mehr bekommen.
Und damit nicht genug.
Wir haben auch für nächste Woche keine, sondern erst für den 26.8.!!!
Vierzehn Tage in Kinshasa.
Und das bei den Preisen: Also 14 Tage Wasser, Brot und Ölsardinen?
Ich hoffe aber wenigstens, dass wir irgendwo bei einem von der Druckerei weiter
wohnen dürfen.
Dabei hatten wir sogar noch Glück.
Als wir heute früh zum Hafen kommen, ist alles total überfüllt.
*Wir fragen einen Polizisten, wo es denn die Schiffskarten nach Kisangani gebe,
und dieser bahnt uns durch immer dichtere Menschentrauben den Weg in das
winzige Reservierungs-Büro.*
*Wir reservieren eine Kabine für das Schiff in zwei Wochen, aber unsere Karten
sollen wir erst fünf Tage vor Abfahrt bekommen.*
Am Abend begießen wir unseren Kummer bei Erne.
Und Erne rotiert wieder.

Um halb 9 ruft er uns an, wir sollen rüber zur Druckerei kommen, vielleicht könne man mit den Schiffskarten noch was mauscheln.
Und man konnte.
Der schwarze Werkstattleiter fährt mit unseren Pässen zum Büro der Schifffahrtsgesellschaft und als er gegen 14.30 Uhr zurückkommt, hat er uns eine Kabine für nächsten Montag besorgt!
Also nur eine statt zwei Wochen Wartezeit!
Schwarze Magie oder mit Vetternwirtschaft geht alles!!!
Erne macht dann das Maß seiner guten Taten voll: Er besorgt uns einen Kasten Bier und lädt uns anschließend noch zum Abendessen ein: Sauerkraut mit Würstchen, Schinkenspeck und Kartoffeln.
Unser üppiges Tagewerk besteht aus einem vormittäglichen Besuch bei der Botschaft von Burundi, wo wir Visa beantragen.
Am Samstag sollen sie fertig sein.
Am Nachmittag spazieren wir noch zum gerade im Bau befindlichen Lumumba-Denkmal am Lumumba-Boulevard.
Das Riesenmonument sieht aus wie ein Fernsehturm.
Am Abend geht es zu Heinz, einem aus der Druckerei.
Er wohnt mit einer Schwarzen in einem hübschen Werkshäuschen.
Wir sehen uns wieder Schmalfilme an und nehmen unseren Abendsuff.

Der Tag fängt damit an, dass wir in unserem Haus eingesperrt sind.
Ein Schloss ist kaputt und die Tür lässt sich nicht mehr öffnen.
Also rufen wir in der Druckerei an und werden befreit.
Um 9 bringt uns dann ein Schwarzer, Druckerei-Mechaniker „Papa", zu einem Reisebüro der Amiza, wo wir unsere Schiffsplätze bezahlen.
Morgen sollen wir die Karten abholen.
Hoffentlich klappt alles.
Hartmann ist übrigens letzte Nacht nicht zurückgekommen.
Vielleicht kommt er nächste Woche und wir haben das Haus weiter für uns.
Aber am Abend kommt er doch an.

Heute ist wieder ein Stresstag: Außer das wir unsere Fahrkarte abholen wollen, die aber noch nicht da ist, tun wir nichts außer lesen und am Abend bei Erne gut essen und saufen.
Es kommt wie es kommen musste.
Um halb 11 sind wir wieder zum 3.Mal beim Reisebüro Amiza, um unsere Karten abzuholen, die aber immer noch nicht da sind.
Der Schwarze, mit dem wir dort stets verhandelt haben, ist auch nicht da und kommt bis zum Geschäftsschluss um 11 auch nicht wieder.
Dafür kommt ein anderer Bimbo und klärt uns auf, auf dem Schiff seien keine Plätze mehr frei und deshalb könnten wir auch keine Tickets bekommen!
Scheiß-Kanaken.

*Also werden wir am Montag noch einmal mit „Papa" zur Amiza fahren und
sehen, ob sich doch noch was ausrichten lässt.*
Keine Schwierigkeiten dafür gibt es mit den Visa für Burundi.
Unsere Pässe liegen pünktlich und fertig gestempelt auf der Botschaft bereit.

Am Abend bis Sonntag hinein feiert Jacques, ein Schweizer aus der Druckerei,
seinen Geburtstag.
Wir sind eingeladen.
Es ist sehr schön, mit Grill und Suff.
Auf diesem Fest lernen wir ein belgisches Ehepaar kennen, er ist Sprachlehrer
und unterrichtet u.a. die Europäer, die Lust haben, französisch zu lernen.
Sie laden uns Erne und Marco für Sonntag Abend ein.
So kann es weitergehen.
Ach ja, obwohl ich dachte, dass ich mich nicht mehr unter ein Auto legen müsste,
habe ich heute Nachmittag Marco geholfen, an seinem VW-Bus zu bauen.
Man kann es halt doch nicht lassen.
Er will, wenn sein Vertrag hier zu Ende ist, mit dem Bus nach Hause fahren.

Nach dem gestrigen Fest, erstaunlicherweise, stehen wir und noch ein paar
andere früh auf und fahren 100 km NO an den Schwarzen Fluss.
Axel und ich fahren mit Marco.
Leider hat sein Bus inzwischen eine neue Macke, wir bekommen nur den 2.
Gang rein. Das Fahren ist daher etwas ermüdend.
Einen Fisch haben wir auch nicht gefangen aber dafür ein schönes Picknick
veranstaltet, mit Brathähnchen und Vanillepudding.
Abends sind wir bei den Belgiern.
Es gibt gegrillten Fisch.
Lecker, lecker.
*Unsere bisherige Fotoausbeute (7 Dia + 4 s/w Filme) geben wir Norbert, einem
der drei Fernsehtechniker mit, weil er morgen zurück nach Deutschland fliegt.*
Er soll die Filme meinem Vater schicken.

*Als wir um 10 Uhr mit „Papa" zur Amiza kommen, liegen unsere Tickets fix und
fertig da- kenne sich noch einer mit den Bimbos aus.*
*Nach herzlichem Abschied von Erne, Marco und den anderen Freunden von der
Druckerei klettern wir dann gegen 14 Uhr auf unseren Kahn, die „Colonel
Tshatshi", und machen es uns in unserer Zweibettkabine gemütlich.*
*Außer den zwei Betten passen nur noch ein Waschbecken und ein winziger
Schrank hinein - das Klosett teilen wir uns mit der Nachbarkabine.*

*Unsere 1.Klasse-Kabine liegt im Hauptteil des Schiffes, an das noch fünf andere
Kähne angebunden werden- für die zwei- und drittklassigen Passagiere und ihre
Ziegen sowie Autos.*

Natürlich dauert es ewig, bis der Schub-Verband fertig beladen ist, manche schleppen ganze Wohneinrichtungen mit, so dass wir erst gegen 18,30 Uhr ablegen.

Bevor es losgeht, strahlt der Kapitän mit seinem Suchscheinwerfer noch fünf Minuten die Zaire Fähre im Hafen an.

Um 19 Uhr dann rennt ein Boy durch unseren Schiffsteil und imitiert mit einer Blechklapper einen Essensgong: Atzung für die 1.Klasse im Speisesaal.

Der Service stellt sich beim Bedienen so blöd an, wie es nur geht: Erst wird der ganze Saal mit Kartoffeln versorgt, dann mit Fleisch und Gemüse und am Schluss mit Soße.

Immer schön eines nach dem anderen, so dass man zum Schluss zehn Minuten lang den Kartoffeln beim Kaltwerden zusehen kann.

Aber wenigstens gibt es kein Fufu.

Beim anschließenden Bier im „Salon" lernen wir einen der vier Mit-Weißen auf unserem Schiff näher kennen, einem Belgier, der im Staatsauftrag gegen die Schlafkrankheit kämpft.

Aber da sämtliche werktätigen Schwarzafrikaner von dieser Seuche befallen zu sein scheinen, steht er auf verlorenem Posten.

Kurz vor 22 Uhr beginnt dann die Spätvorstellung.

Die Kähne links vorne und links Mitte lösen sich aus dem Sechser-Verbund und treiben ans rechte Ufer.

Ganze drei Stunden hat also die Kopplungs-Konstruktion gehalten, bevor die Stahlseile mit lautem Krachen ihren Geist aufgeben.

Die beiden verlorenen Kähne liegen also am rechten Ufer auf Grund.

Da sie aber links ans Mutterschiff gehören, muss sich das Restgebilde vorsichtig, um nicht selbst auf Grund zu laufen, an sie heranschleichen, sie in die Mitte des Stromes schleppen, dort loslassen, umrunden und dann von rechts hinten kommend wieder einfangen!

Das alles bei Scheinwerferlicht und viel Geschrei.

Das ganze Manöver dauert über eine Stunde und trägt trefflich zur Unterhaltung der Fahrgäste bei.

Heute Vormittag machen wir eine Informationswanderung über das Schiff.

Der Hauptkahn beherbergt also auf 3 Stockwerken Luxus- und 1.Klasse Kabinen, obendrauf noch die Kommandobrücke.

Hinten links ein einstöckiger, Mitte links und rechts und vorne links zweistöckige Passagierkähne für die 2.(und 3.Klasse) mit entsetzlich winzigen Vierer-Kabinen, in denen aber mehr Schwarze hausen.

Am interessantesten ist der Kahn vorne rechts, auf dem schätzungsweise 120 Leute zwischen Autos und sonstiger Fracht im Freien leben.

Für ihre Versorgung werden an einigen Ständen Brot, Konserven, Seife und Zigaretten verkauft.

Bier gibt es sowieso auf allen Kähnen, in der 1.Klasse übrigens 5 Makuta teurer
als sonst (dort nur 25 Makuta).
Hartmut meint nur, als wir von oben auf den Plattform-Kahn herabschauen:
„Wie im Zoo."

Wenn mich gestern Axel als Rassist bezeichnet hat, so möchte ich mal wissen,
als was er sich heute selbst bezeichnet, nachdem sein Fotoapparat beschlagnahmt
wurde.
Aber ich greife vor, denn das passiert erst am Abend.
Der Tag selbst ist sehr interessant.
Laufend legen Einbäume - eine bis sieben Personen, manche mit Außenmotor,
die meisten ohne - an unserem Schiffsverband an, um zu verkaufen oder
einzukaufen.
Dabei ist es immer eine Frage der Geschicklichkeit der Bootsführer, ans Schiff
ranzukommen, da es ja natürlich die Fahrt nicht verlangsamt.
Alle schaffen es auch nicht.
Gegen 11 Uhr legen wir in einer Bucht an, woraufhin unser Schiff von etwa 50
Pirogen oder Einbäumen umlagert ist, die alle handeln wollen.
Na ja, letztlich kenterte eine Piroge und eine säuft ganz ab.
Es ist schon sehenswert.
Hauptsächlich wollen sie Brot, Bier und Seife und bringen dafür Schildkröten,
Räucherfisch und frischen Fisch - vor allem Welse, und was für gewaltige
Brocken.
Axel und ich kommen in einen Fotorausch.
Leider will Axel am Nachmittag weiter fotografieren.
Was sich daraus ergibt, soll er selbst berichten.
Ich stehe also an der Reling, knipse vor dem Bauch (nicht vorhanden) um nicht
aufzufallen, als ein Wachpolizist der Schiffgesellschaft meine Fotoerlaubnis
sehen will.
Ich habe natürlich keine und bescheide ihm deshalb, es ist alles in Ordnung, er
solle sich trollen.
Der Bulle hat keine Uniform an und ist auch nicht bereit, sich auszuweisen.
So kommt es zu einem Wortwechsel und schließlich zu einem Handgemenge, als
der Bulle, inzwischen unterstützt von anderen Zivilbullen, meine Kamera haben
will.
Ich gebe sie Hartmut, der sich mit ihr in unsere Kabine durchquetscht, um den
Film rauszunehmen und einen leeren dafür rein zu machen.
Inzwischen streite ich weiter.
Als Hartmut mit der Kamera zurückkommt, sind wir kurz vor einer Schlägerei
und so gebe ich jetzt die Kamera dem Bimbo, damit sie nicht kaputt geht.
Nun wollen die Schiffsbullen meinen Pass sehen.
Ich habe meinen zwar in der Tasche, erkläre aber, er sei in der Kabine und laufe
weg, um ihn zu holen.
Hartmut vergisst derweil seine eh nicht üppigen französischen Kenntnisse.

Unterwegs schnappe ich mir den erstbesten uniformierten Cop und marschiere mit ihm zurück.

Aber das nützt nichts.

Es stellt sich heraus, dass die wildgewordenen, nicht uniformierten Bimbos, wirklich Sicherheitsleute der Reederei sind und das das Fotografieren auf dem Kahn wohl verboten ist, obwohl nirgends ein Schild darauf hinweist.

Dann erklären die Bimbos, wir sollen ihnen nun unsere Pässe zeigen, dann bekämen wir die Kamera zurück.

Das ist natürlich gelogen.

Sie notieren die Personalien und sagen anschließend, die Kamera bekommen wir erst in Kisangani zurück.

Vorher müssten sie sich in Mbandaka, wo wir morgen anlegen sollen, Instruktionen von irgendeinem Chef holen.

Abends im Salon bitten wir den die Schlafkrankheit bekämpfenden Belgier um Hilfe.

Er spricht fließend Französisch und die hier gängigen Grunzlaute der Schwarzen kann er auch verstehen.

Er meint, heute Abend sollen wir nichts mehr unternehmen, die Nigger seien alle besoffen.

Aber morgen früh will er sich mit uns um die Sache kümmern.

Ansonsten rät er uns, Zaire so schnell wie möglich zu verlassen.

Hier im hintersten Kongo würden die Eingeborenen alle Weißen für feindliche Söldner halten.

Einige entsprechende Bemerkungen habe er schon gehört, als er das Schiff betrat „Die tarnen sich als Touristen, aber in Wirklichkeit sind es Soldaten".

Zu dieser Meinung tragen allerdings unsere Armeehemden und Hartmuts US-Seesack bei.

Um 9,30 Uhr treffen wir uns mit dem Belgier und gehen zum Kapitän, der auch der Meinung ist, dass wir die Kamera zurückbekommen müssen, höchstens den Film könnten sie behalten.

Wir sollen um 11 wieder kommen, dann habe er Zeit und werde sich darum kümmern.

Einer der Bullen muss uns beim Kapitän gesehen haben - und da er auch weiß, dass sie eine krumme Sache machen - lassen sie es nicht darauf ankommen, sondern rufen uns ganz unauffällig in ihre Kabine und geben Axel den Fotoapparat zurück.

Den Film behalten sie, egal ist ja nun leer.

Gegen 23 Uhr erreicht das Schiff dann Mbandaka, 6 km nördlich des Äquators, den wir damit zum zweiten Mal auf dieser Reise überquert haben.

Ohne Zwischenfall können wir uns heute dem Bord-Trott hingeben:
7 Uhr Frühstück, anschließend Ausruhen, 10 Uhr Vormittagsbier auf dem Vorschiff, anschließend Ausruhen, 12,30 Uhr Mittagessen, anschließend

Mittagsschlaf und denn Ausruhen, 19 Uhr Abendessen, Gute-Nacht-Bierchen, endlich Schlafen gehen.
Einziger Störfaktor ist ein ugandischer Bimbo, der 24 Stunden täglich redet und sich ausgerechnet uns als zuhörende Opfer ausgesucht hat.

An sich ist heute das selbe Programm wie gestern, vor allem den Schwarzen zusehen, wenn sie ihre Bootchen während unserer Fahrt längsseits festmachen und dabei mit einer bewundernswürdigen Rücksichtslosigkeit andere Pirogen unter Wasser drücken- nur um dann selbst dort festzumachen, wo der armdicke Wasserstrahl der Motorkühlung unseres Schiffes dann in ihr Boot spritzt!
Kein Kommentar.
Aber was die Größe der Fische betrifft, die sie hier anbringen, so kommen wir manchmal nicht aus dem Staunen heraus.
Und außer den Fischen bringen heute ein paar auch Fleischspieße mit, mit ganz speziellem Fleisch: Mit gerösteten Engerlingen (den großen weißen mit dem schwarzen Kopf).
Offensichtlich eine Spezialität.
Wen wundert es, wenn wir in unserer Neugier oder grenzenlosen Selbstüberwindung welche probieren.
Na ja, sie schmecken nicht so schlecht, man darf halt nur nicht daran denken, was man isst.
Vorsichtshalber ertränken wir sie anschließend noch mit Bier.

Einige ausgesprochen komische Einlagen der Bimbos, die wieder ihre Pirogen kentern lassen, beleben auch heute wieder das Programm.
Gegen 12 Uhr legen wir in Kisala an, wo unser belgischer Freund das Schiff verlässt.
Ansonsten erfreuen ein paar geröstete Affen, die auf den Kahn gebracht werden, unser Auge.
Sie sehen wieder wie verbrannte kleine Kinder aus, denn sie werden unzerteilt gebraten und erst anschließend zerschnitten.
Das sie ausgezeichnet schmecken, hatten wir ja schon in Bamenda ausprobiert.

Um drei Uhr nachts bis drei Uhr nachmittags Aufenthalt in Bumba.
Sonst das übliche Sauf-, Freß und Schlafprogramm.

Zwei Tage später müssen wir unsere Uhren um eine Stunde vorstellen und kommen gegen 9,30 Uhr in Kisangani an.
Wir gehen erst mal zum Zaire-Palace-Hotel, wo wir die beiden Fernsehtechniker vermuten, die uns von Norbert und Wolfgang in Kinshasa genannt worden waren und für die wir ein Empfehlungsschreiben mithaben.
Im Hotel erfahren wir, dass die beiden tatsächlich dort wohnen, zurzeit aber im Fernsehstudio arbeiten.

Wir lassen uns von einem Schwarzen zum Studio führen und treffen auch Bernd und Peter und ihren hiesigen Chef, einen Diplomingenieur namens Geier.
Mit ihm fahren wir im Laufe des Tages zweimal zu einer Transportfirma, deren Lastwagen nach Bukavu fahren, aber es ergibt sich nichts Konkretes.
Es ist offiziell verboten, Passagiere mitzunehmen, so dass wir morgen früh, wenn die Laster abfahren, mit einem der Fahrer etwas Inoffizielles aushandeln müssen.
Da in Kisangani zurzeit kein Hotelzimmer zu bekommen ist, beziehen wir Quartier in den zukünftigen Büroräumen des Fernsehstudios.
Dort schauen wir Peter, Bernd und Geier bis 22 Uhr beim Montage-Endspurt zu, denn morgen Mittag wollen die drei zurückfliegen.
Sie haben hier ein komplettes s/w Studio mit zwei elektronischen Kameras eingerichtet, aber von allem funktioniert kaum die Hälfte, weil die empfindlichen Geräte 1 ½ Jahre im Freien vor sich hin gerostet haben.
Und die andere Hälfte werden die Bimbos auch bald kaputt bekommen.
Als dann schließlich alles geschafft ist, laden uns Bernd und Peter noch zum Essen ins einzige gute Restaurant Kisanganis ein.

Wells Fargo ist nichts dagegen!
Um 8 Uhr reiten wir in einem LKW vom Hof, und zwar einem großen Kastenwagen.
Dieser ist auf den letzten 1 ½ Metern nur halb beladen und auf dem freien Platz, auf Säcken und Kisten, suchen wir und noch vier Schwarze Halt.
Damit wir nicht ersticken, ist die obere Hälfte der Klapptür nicht ganz geschlossen.
Na und dann geht es los.
Quer durch den Matsch und mit Tempo durch die Schlaglöcher.
Die Straße ist gerade breit genug für einen LKW und wenn ein anderer entgegenkommt, kämpfen die Fahrer um Millimeter, denn am Fahrbahnrand lauert der Sumpf.
Gut, dass wir hinten drin nur wenig von allem sehen, was sich um uns tut.
Und richtig, bald müssen wir einen anderen Mercedes LKW rausziehen, der sich aber bald revanchieren kann, denn nun hängen wir in beängstigender Schräglage am Straßenrand fest.
Eine Weile geht es ganz gut weiter, bis ein Magirus mit Anhänger in der Mitte der Straße repariert wird.
Unser Truck versucht es rechts daran vorbei.
Vergebens, wir fahren uns fest und rutschen ganz in den Graben, obwohl unsere Fahrer gut 5 mm Reifenprofil mit durchdrehenden und stinkenden Reifen verbraucht um dann doch nicht freizukommen.
Inzwischen sind noch einige LKW dazugekommen.
Ein ganz Kluger versucht es nun links am Magirus vorbei. Mit demselben Erfolg wie wir.
Damit ist die Straße endgültig dicht.

Nach weiteren wilden Versuchen, ist unser LKW so weit in den Graben gerutscht, dass die Schwarzen zwischen dem unseren und dem liegengebliebenen Laster eine neue Straße basteln, auf der sich dann zwei Wagen, um Millimeter an uns vorbei durchquälen.

Und siehe an, zum ersten Mal beweist einer der Fahrer Geist.

Sie spannen beide durchgekommenen Laster vor den unsrigen und bekommen ihn nach gut zwei Stunden auch endlich aus dem Matsch und Graben frei.

Weiter geht es also und wir kämpfen um einen einigermaßen bequemen Sitzplatz, trotzdem tut mir der Arsch weh.

Gegen 22 Uhr haben wir etwa 300 km geschafft und beenden den heutigen Tag in einem „Motel".

Einer Kneipe am Straßenrand, mit Zimmern zum Schlafen.

Immerhin billig.

Ich bin neugierig, was sich morgen bei Helligkeit meinem Auge bieten wird.

Mitten in der Nacht, um 5 Uhr geht es weiter, so dass uns der Anblick unsere Motels erspart bleibt, da es noch dunkel ist.

Heute werden uns keine Schlammlöcher geboten sondern eine in Reparatur befindliche Brücke und ein großer Graben quer über die Straße, was uns jedes Mal längere Zeit aufhält.

Dafür haben wir unsere ersten Pygmäen gesehen.

Einige dort, wo wir Mittagsrast machen und den üblichen Reis mit totem Tier essen, dem einzigen Essen gestern und heute.

Einige weitere während der Fahrt durch unsere Luftritze, die wir inzwischen ziemlich vergrößert haben, indem wir die obere Klappe anders festklemmen.

Außerdem sehen wir ein paar Wilde, die sich über und über mit Lehm beschmiert haben.

Leider können wir natürlich nicht anhalten sondern sie nur flüchtig bestaunen.

Die größere Öffnung hinten im Kasten haben wir uns, wie wir feststellen, damit erkauft, dass der ganze Dreck und Staub, den der Laster aufwirbelt, auch nach Innen zieht.

So verdreckt sahen wir, glaube ich, nicht einmal in besten Sahara-Zeiten aus, wie nach der heutigen Fahrt.

Übernachten tun wir heute in Beni in einem „Motel".

Man war das heute ein Tag.

Überschrift: Freud und Leid eines Trampers.

Es fängt damit an, dass unser LKW-Fahrer uns mitteilt, er könne nicht direkt nach Goma fahren, da die Straße zu schlecht sei.

Er fahre einen Umweg über Uganda!

Auf dem Immigrationsoffice rät man uns als Weißen dringend davon ab, mitzufahren.

Also gibt uns unser Fahrer einen Teil des Fahrgeldes zurück (50 von 200 Franz. France) und setzt uns am Markt von Beni ab, wo die Überlandtaxis in Richtung Goma halten sollen.

Dort sitzen wir geschlagene drei Stunden und sehen zu, wie die beiden einzigen Taxis von den Bimbos beinahe breitgetrampelt werden, die auch alle in diese Richtung wollen.

Endlich gegen 12,40 Uhr kommt ein etwas größerer Ford mit Ladefläche, auf der wir Platz finden.

Die Fahrt macht Spaß, da wir auch eine sehr gute Sicht haben.

Dann kommt das erste Schlammloch, an dem ein Transit kehrt macht und alle seine Passagiere auf unseren, an sich vollen Transporter, klettern.

Oh, glückliche Ölsardinen.

Dann kommt ein weiteres, größeres Schlammloch.

Hier macht auch unser Taxi kehrt und wir schleppen unser Gepäck an den auf beiden Seiten wartenden etwa 30 LKWs vorbei und sehen zu, wie diese versuchen, ihre Laster durch den Matsch zu bekommen.

Auf der anderen Seite nimmt uns ein kleiner Toyota Transporter mit, wieder mit offener Ladefläche, zwei Fahrer und etwa 22 Passagiere!

Jetzt fängt es auch noch an zu regnen.

Das Taxi hält an und wir und alle Mitpassagiere, die mit auf der Ladefläche standen, stellen uns unter.

Als der größte Schauer vorbei ist, geht es weiter.

Bis zur nächsten Schlammfalle.

Wieder etwa 30 LKWs auf jeder Seite.

Also Gepäck aufgenommen und losmarschiert.

Am anderen Ende der LKW-Schlange stehen aber keine Taxis.

Ein Stück weiter sei noch ein Schlammloch und erst danach gehe es weiter.

Das Stück sind gut zwei Kilometer - mit Gepäck, auf rutschigem Schlammboden und am Schluss durch fast knietiefen Matsch!!!!

Die Lastwagen haben am zweiten Schlammloch so gewühlt, dass die Fahrspur inzwischen fast zwei Meter tiefer liegt, als das ursprüngliche Straßenniveau.

Von den Wagen sieht man fast nur noch das Dach über den Rand, auf dem wir entlang rutschen und staksen.

Ich schätze, dass sie alle zwei bis drei Stunden einen LKW durch die rund 50 Meter gezogen haben können.

Danach endlich wieder auf ein Auto, einen Toyota-Pritsche.

Ich bin schon auf der Ladefläche, als Axel angeschnauft kommt, aber das Taxi schon Anstalten macht, loszufahren.

Also steckt Axel die Beine auch noch schnell auf die Ladefläche und hält sich an der Planenstange fest und hat einen Gesichtsausdruck, auf keinem Fall mehr loszulassen, auch wenn bis Butembo sein Arsch und der Rucksack auf der Straße hinter dem Auto hergeschliffen werden sollten.

Zum Glück gelingt es aber, ihm den Rucksack abzunehmen und Axel noch hochzuziehen.

Den Rucksack halte ich über die Köpfe der anderen Mitreisenden und lasse ihn los, so dass er irgendwie zwischen sie rutscht und nicht verloren gehen kann.

Natürlich fängt es wieder an zu regnen. Aber diesmal halten wir nicht an,
sondern ziehen eine dreckige Plane über unsere Köpfe.
Wer vorne auf der Ladefläche Platz gefunden hatte, steht nun völlig im Düstern,
während wir wenigstens noch nach hinten etwas rausgucken können.
So kann ich auch mitzusehen, wie ein Bimbo verloren geht.
Er hatte sich im letzten Moment vor der Abfahrt noch draußen angeklammert
und wurde nicht wie ich, noch reingezogen, und irgendwann verlassen ihn die
Kräfte und er fällt in die Scheiße.
Die anderen signalisieren dem Fahrer mit lautem Gejohle den Zwischenfall und
so fahren wir wieder ein Stück zurück und sammeln den leicht ramponierten
Tieflieger wieder ein.
Gegen 16 Uhr erreichen wir dann endlich Butembo - mit ganzen 70 Makuta
(3,50 DM) Zaire Geld in der Tasche.
Ich hatte während der ganzen Fahrt mit dem letzten Taxi Stoßgebete in den
Himmel, den Schlamm und zu Mobutu geschickt, dass wir auch wirklich bis
Butembo durchfahren würden und nicht noch einmal an einem Matschloch
umsteigen müssten - denn für noch ein Taxi hätte unser Geld nicht gereicht.
Seit Kisangani war es wie verhext gewesen: Nie waren wir zwischen 8 und 11
Uhr, den hiesigen Öffnungszeiten, in einer Stadt mit Bank gewesen und vor
Montag ist jetzt auch nichts mehr zu machen.
Da stehen wir also in Butembo ohne Geld, verdreckt und eingeregnet- aber eben
doch nicht vom Glück verlassen.
Wir fragen nach einem Hotel, und ein Schwarzer führt uns zum „Oasis".
Der Laden gehört einem Belgier- Typ Schaufelberger-, und der gibt uns erst mal
bis Montag Kredit.
Also schlagen wir uns die Bäuche voll und nehmen anschließend eine ausgiebige
heiße Dusche - die Wiedergeburt des Menschen in uns.

Im Restaurant, das zum Hotel gehört, treffen wir auch gleich den einzigen
Deutschen in Butembo, einen Entwicklungshelfer namens Hugo.
Er kennt alle unsere „Bekannten" in Bukavu und gibt uns Tipps, wie wir sie am
schnellsten finden können.

Ohne Geld zum Weiterreisen, legen wir heute einen wohlverdienten Ruhetag ein.
Hugo will uns zwar vom Pfaffen, der den hiesigen Schwarzmarkt organisiert, 100
Zaire besorgen, aber der Kirchenmensch ist nicht da.
Jetzt will Hugo ihn morgen früh abfangen, wenn er die Messe liest.
Sonst zieht Hugo den Schwanz ein, als wir ihn fragen, ob er uns mit dem
Landrover etwas die Gegen zeigt.
Wir wollen zum letzten Schlammloch zurück und fotografieren.
Aber Hugo hat Angst, dass uns die Lastwagenfahrer mit Schlamm beschmeißen.
Am Abend trifft dann ein Berliner Missionar im Hotel ein, der auf der Fahrt von
Beni nach Butmbo noch mehr Pech hatte als wir: Er musste 20 km durch den
Schlamm laufen, weil die Straße über Nacht noch schlimmer geworden war.

Der Missionar will auch nach Bukavu, so dass wir vielleicht zusammen weiterfahren werden.

Ich schreibe übrigens zurzeit im Schein der Taschenlampe, denn um 22 Uhr wird in Butembo der Strom abgestellt.
Damit niemand überrascht wird, gibt es eine halbe Stunde vorher bereits eine Vorwarnung: Für 1 Sekunde gehen alle Lichter aus.
Dann verlassen alle Gäste fluchtartig das Lokal, weil sie noch vor der Stromsperre zu Hause sein wollen.

Um 8 Uhr treffen wir Hugo, der uns zum Pfaffen fährt.
Der fromme Belgier tauscht uns 500 FF zu einem sehr guten Kurs.
Anschließend stellen wir uns an die Tankstelle (zurzeit allerdings ohne Benzin) von Butembo und warten auf eine Mitfahrgelegenheit nach Goma.
Nach 1 ½ Stunden nimmt uns ein Lastwagen mit.
Diesmal haben wir Glück.
Es ist ein offener Laster mit Plane, von dem man eine wunderbare Sicht auf die Landschaft hat.
Kurz von Rwindi, wo der Kirunga-Nationalpark anfängt, machen wir gegen 17 Uhr Schluss für heute.
Mach 18 Uhr darf man nämlich nicht mehr durch den Park fahren.
Auch gut: So erleben wir die Parkdurchfahrt morgen bei Licht.
Nur aus statistischen Gründen: Wir überquerten heute zum dritten Mal den Äquator.
Ein gammeliges Schild am Straßenrand markiert die Stelle.

Die Lastwagenfahrt durch den Kirunga- Nationalpark macht großen Spaß.
Anfangs regnet es zwar, so dass wir uns unter der Plane verkriechen müssen, aber danach können wir von unserem donnernden Hochsitz aus Elefanten, Büffel, Flusspferde, Antilopen und Affen beobachten.
Sogar zwei Nashörner.
Unser Fahrer hat inzwischen auch bemerkt, welche Ehre zwei weiße Passagiere für ihn bedeuten.
Er lädt uns zum Tee ein, posiert bereitwillig für ein Foto mit uns hoch auf dem lehmig gelben Wagen und belässt uns stets auf unseren Vorzugsplätzen ganz vorne, während die zwei bis drei Dutzend anderen Passagiere sich streckenweise unter der Plane verstecken müssen, wegen irgendwelcher Kontrollen.
Schließlich fährt er uns noch mitten in die Stadt, nachdem alle anderen bereits am Stadtrand aussteigen mussten.
Um 12 Uhr sind wir in Goma und lassen uns mal wieder vom erstbesten Weißen helfen, den wir treffen.
Es ist ein Rumäne.
Er sagt uns, dass nächste Schiff nach Bukavu gehe erst morgen und fährt uns zur katholischen Mission, wo wir billig übernachten können.

Am Nachmittag besorgen wir uns dann die Schiffskarten nach Bukavu und müssen anschließend betrübt feststellen, dass man in ganz Goma kein Bier kaufen kann.
Scheiß-Kaff.
Ganz so ein Scheiß-Kaff ist es aber dann ab 19 Uhr nicht mehr, dann kann man für 2,5 Zaire in der Nähe der Mission sehr gut Essen und bekommt auch Bier.

Nun sind wir also doch noch in Bukavu angekommen, wenn auch mit einiger Verspätung.
Nicht einmal hier hat man noch mit uns gerechnet, hier bei Jürgen Schwitzke und Familie, dem Schwager von einem Kollegen von Axel.
Wir hatten uns zuletzt von Douala aus gemeldet.
Aber von Anfang an: Um 7,30 Uhr sind wir am Hafen, denn das Schiff soll um 9 Uhr abfahren.
Als sich das Hafen Tor etwas geöffnet wird, um die Passagiere nach Kontrolle der Karten reinzulassen, muss man das erlebt haben, um es zu glauben.
Aus allen Richtungen, mit vollem Sturmgepäck, drängen alle Bimbos gleichzeitig auf die kleine Öffnung zu.
Dabei wird alles, vom Koffer bis zum Kleinkind als Rammbock benutzt, nur um besser drängeln und schneller reinkommen zu können.
Wenn da eine hinfällt, ist er platt.
Axel schüttelt nur noch den Kopf und korrigiert die Wissenschaft in so weit, dass er erklärt: Nicht der Neger stammt vom Affen ab, sondern der Affe vom Neger - was man an der Weiterentwicklung des Geistes erkennen könne.
Nach fünf Stunden erreichen wir also Bukavu und nehmen ein Taxi zur Pharmakina, wo wir die Namen mehrerer dort tätigen Deutschen haben, um uns von denen weiter zu Schwitzke helfen zu lassen, von dem wir nur die Postbox Nummer kennen.
Uns wird auch gleich ein Auto mit Fahrer gegeben, um uns zu Schwitzkes Arbeitsstelle zu fahren.
Selbiger ist aber nicht da, sondern nur ein Herr Schmidt, der uns wiederum zu Schwitzke nach Hause fährt, wo wir erst mal von der Hausfrau empfangen werden und die letzten beiden Bier bekommen.
Zum Glück verspricht Herr Schmidt, noch einen Kasten Bier vorbei zu bringen.
Später kommt dann Schwitzke und es gibt ein ausgezeichnetes Abendbrot und jetzt ist er unterwegs, um zwei Liegen zu besorgen.
Post für uns hat er auch!
Zitat aus einem Brief von meiner Oma:" In Afrika ist doch auch Krieg, wie man so liest. Macht bloß, dass ihr da rauskommt."

Der Tag beginnt mit dem durchaus nicht einfachen Unterfangen, ein neues Fahrtenbuch zu kaufen, denn Hartmut will unbedingt eins haben, das das selbe Format wie die anderen hat und ich bin es, der diese Ordnungsliebe glatt als Pedanterie missversteht.

Weil es kein entsprechendes Heft gibt, kaufen wir schließlich ein größeres und Hartmut schneidet es auf die passende Größe zurecht.
Jetzt passt es wenigstens in meine Hemdtasche.
Weitere Aktivitäten des Vormittags sind, dass wir Hartmuts Stiefel zum Besohlen bringen und auch die Verlängerung unserer Visa beantragen.
Am Nachmittag besuchen wir mit Schwitzkes die Familie Meisenberg, denen wir vom belgischen Lehrer aus Kinshasa Grüße bestellen.
Dort treffen wir zufällig einen syrischen Arzt, der sich bereiterklärt, unsere Impfpässe mit Cholera-Stempeln zu versehen - tatsächlich impfen kann er uns mangels Serum nicht.

Es regnet den ganzen Tag, was uns heute in unseren Aktivitäten erheblich behindert.
So bleiben wir im Haus, lesen und faulenzen.

Erstaunlicherweise sind heute meine Lederstiefel fertig und ordentlich besohlt.
Immerhin haben sie mich ja auch schon bis hierher getragen.
Ich liebe sie, da sie fast bis zum Knie reichen und ich so kaum darauf achten muss, in welche Scheiße ich trete.
Danach fahren wir mit Schwitzkes durch die Stadt, um einzukaufen, was aber seit der Verstaatlichung der Geschäfte nicht einfach ist, da es oft einige Dinge nicht gibt.
Aber Benzin gibt es heute mal.
Am Nachmittag fährt Herr Schwitzke mit uns zu einer riesigen Teeplantage, die als einzige noch von einem Belgier geleitet wird und noch so ist, wie Plantagen früher waren oder sein sollten.
Allerdings können wir zuerst nicht aus dem Auto steigen, da uns eine Meute riesiger Doggen umstellt, bis der Belgier sie zurückpfeift und uns ihnen sozusagen vorstellt.
Gepflegt ist es hier, mit vielen Bäumen als Windfänger und mit einer kleinen Teefabrik.
Auch einen Gemüsegarten an einem Bach, mit Fischteich, ist da.
Fast wie in einem Botanischen Garten wirkt es dort.
Leider ist das Ende der Plantage abzusehen, wie wir später bei einem Tee erfahren.
Der Belgier ist seit Januar nicht mehr bezahlt worden und die Schwarzen wollen lieber die Plantage alleine führen.
Das heißt dann so viel wie rücksichtsloser Raubbau und fällen der Bäume, bringt ja sofort Geld.
Dann wird nur noch geerntet und die Teepflanzen nicht mehr gepflegt und nach 6 Jahren ist Schluss.
Alles verkommen.

Dann ruft man wieder nach den Weißen, die dann die Plantage wieder in Ordnung bringen und wenn alles wieder läuft, werden sie wieder rausgeschmissen und es geht von vorne los.
Genügend Beispiele zeigen das.
Und die Weißen bzw. die ausländischen Regierungen fallen immer wieder darauf rein.
Im Moment ist hier in Bukavu aber der große Auszug der Weißen, die resignieren, weil es nichts mehr gibt und ihnen dauernd Knüppel zwischen die Beine geworfen werden.

Eigentlich wollen wir heute Vormittag mit Schwitzkes sein Farmprojekt besuchen, aber es regnet wieder in Strömen, so dass er die 60 km Pistenfahrt nicht riskiert.
Die Gefahr in den Graben zu rutschen, ist zu groß.
Zum Mittagessen sind wir bei der Familie Schmidt eingeladen.
Schmidt arbeitet im gleichen Projekt wie Schwitzke.
Anschließend fahren wir zum Kaffeetrinken zu Familie von Schönau-Wehr.
So frisst man sich von Entwicklungshelfer zu Entwicklungshelfer durch- wobei diese natürlich auch froh sind, mal andere Gesichter zu sehen und über andere Themen reden zu können.

Eines muss man den Kongolesen lassen: Vom Feiern verstehen sie etwas.
Heute ist Staatstrauer, weil irgendein General tödlich verunglückt ist.
Alle Geschäfte und Behörden sind geschlossen.
So können wir weder unseren für morgen geplanten Besuch im Katuzi-Nationalpark buchen, noch unsere Pässe mit den (vielleicht) verlängerten Visa abholen.
Einzig der syrische Arzt, den wir am Donnerstag kennengelernt hatten, gibt uns so die Cholera-Stempel in die Impfpässe.

Um 7,30 Uhr (es ist übrigens der 9.9.) sind wir schon im Büro des Kahuzi-Nationalparks und es geht alles erstaunlicherweise so reibungslos, dass wir um 9,15 Uhr am Nationalpark-Camp losmarschieren können.
Selbst ein Taxi wurde uns im Büro besorgt, welches uns zum Camp brachte und auch wieder abholen soll.
Mit uns marschieren noch sechs Schwarze als Führer und Spurenleser, davon zwei Pygmäen, die nur mit Lendenschurz bekleidet sind.
Man erzählt uns, dass manche Besucher 4 und mehr Stunden brauchten, bevor sie die Gorillas sahen, wegen denen man ja den Park besucht.
Wir kämpfen uns also durch den dichten Dschungel, vorne weg ein Schwarzer, der den Weg mit der Machete etwas frei schlägt.
Gelegentlich trennen sich die Leute, um den Trampelpfaden der Gorillas in verschiedenen Richtungen zu folgen, in der Hoffnung, eine frische Fährte zu finden.

Wir haben Glück, nach zwei Stunden finden sie die erste frische Spur- von diesem Morgen.

Wir bekommen unsere Anweisungen: Niemals weglaufen, auch wenn ein Gorilla angerannt kommt - auch wenn die Hose voll ist.

Darauf achten, was die Führer machen.

In einem Hochmoor haben die Gorillas das Schilf abgefressen und die niedergedrückten Stellen im Gras sind noch ganz frisch.

Wir folgen also dem Pfad.

Das Moor federt unter jedem Schritt und gelegentlich sinken wir bis über die Knöchel ein.

Wir erreichen einen Bambuswald- und da sind sie.

Zuerst hören wir sie nur, ihr Bellen und Brüllen.

Schließlich sehen wir auch zwei, die im Bambus herumtollen.

Unsere Führer wollen aber nicht näher heran, sie wissen bestimmt warum.

Ein anderer Pygmäe hat aber noch eine andere Gruppe ganz in der Nähe am Rand des Moores gefunden.

Wir gehen also dort hin.

Das Schilf ist mannshoch.

Dann kommen wir an eine freie Stelle und halten an.

Das Schilf auf der anderen Seite, etwa 5 Meter entfernt, bewegt sich.

Wir sehen genau an der Bewegung des Schilfes, wie die Gorillas näher kommen und gelegentlich sie selbst als dunkle Schatten hin und her gehen.

Es ist unglaublich spannend und genau so hatten wir uns das Gefühl in solch einer Situation vorgestellt.

Ein Gemisch aus Neugier, Unsicherheit und Erwartung.

Adrenalin pur.

Die Gorillas haben uns auch bemerkt und ein Riese mit silbernem Rücken springt vor, trommelt auf seiner gewaltigen Brust herum, brüllt, zeigt sein furchteinflößendes Gebiss und will uns vertreiben.

Er ist keine drei Meter von uns entfernt

Gut 1,90 Meter groß mit Muskelbergen, wogegen Schwarzenegger wie ein Mickerling aussehen würde.

Wie war das mit dem weglaufen.

Und was machen die Schwarzen?

Sie beginnen, an den Schilfhalmen zu knabbert und zeigen wohl so ihre friedlichen Absichten.

Ich hätte einen ganzen Heuballen gegessen, um ihn davon zu überzeugen.

Wir knipsen trotzdem vom Bauch aus wie verrückt - mal sehen ob alle Fotos wegen den zitternden Händen verwackelt sind.

Langsam ziehen wir uns rückwärts gehend zurück, was dem Gorilla aber ausreicht.

Wir machen dann einen kleinen Bogen und klettern einen Hang hinauf, von wo wir von oben in das Gorilla-Lager sehen können.

Es ist einfach phantastisch.

Nach rund 5 1 ½ Stunden sind wir überglücklich wieder am Camp.
Unser Taxifahrer fährt uns noch zur Polizei, wo wir unsere Pässe abholen wollen.
Wir bekommen sie auch, allerdings ohne verlängerte Visa.
Sei nicht nötig, da wir ja morgen den Zaire verlassen wollen - und es mache nur
Arbeit, was der Polizeichef aber nicht direkt sagt.

Gleich zwei Länder können wir heute abhaken, Zaire (endlich) und Ruanda.
Um 9,30 Uhr holt uns Freund Schmidt bei Schwitzkes ab und bringt uns im
gekennzeichneten Entwicklungsdienst-VW-Bus über die Grenze nach Cyangugu
in Ruanda- ohne Ausreisestempel und ohne Devisenabrechnung!
Er erzählt den Grenzern, wir würden später wieder mit ihm zurückkommen.
Da unser Gepäck gut versteckt ist und die Entwicklungshelfer öfter die Grenze
überqueren um zum Beispiel einzukaufen, ist das absolut glaubwürdig und den
Grenzern eigentlich wohl auch egal.
Vor allem die nicht nötige Devisenerklärung ist für uns entscheidend, weil wir ja
den Zwangsumtausch umgangen haben.
Schmidt setzt uns dann an der Straße nach Bujumbara (Burundi) ab, von wo uns
nach 1 ½ Stunden ein Peugeot-Pickup mitnimmt.
Zu unserem Schrecken fährt er aber nicht die durch Ruanda verlaufende Straße
sondern die durch den Zaire!
So müssen wir in Uura (Zaire) den Ausreise-Nervenkitzel noch einmal über uns
ergehen lassen - aber niemand fragt nach der Devisenerklärung.
Nach einer Reifenpanne und anschließender zeitraubender Reparatur erreichen
wir gegen 19 Uhr endlich Bujumbura.

Beschwerde: Wie manche Touristen, die sich im Ausland Minishorts über ihre
Schmierbäuche hängen, glaubt Axel jetzt auch, wie der letzte Vogel rumlaufen
zu können, indem er seine engen Jeans bis zur Mitte der Wade hochkrempelt,
was bei Halbschuhen, Söckchen und vor allem zerstochenen und aufgekratzten
Waden ein äußerste erfreulicher Anblick ist.
Aber vielleicht passt er sich nur afrikanischen Modeideen an und ich bin noch
nicht so weit.
Immerhin tragen einige Schwarze bei der Hitze gehäkelte Kaffeekannenwärmer
auf dem Kopf.

Wir wollen zu Botschaft von Tansania, wegen unserer Visa.
Aber es gibt keine Botschaft dieses Landes.
Aber auf der deutschen Botschaft, wo wir stattdessen hinfahren, erklärt man uns,
dass es die Visa an der Grenze gäbe.
Na hoffentlich.
Ferner haben wir uns nach einem längeren Spaziergang auch schon die Schiffs-
karten nach Kigoma besorgt.
Es ist ein Zaire-Schiff.
Das Land lässt uns nicht los!

Wir sitzen gerade beim gemütlichen Nachmittagsbierchen, als wir Besuch bekommen: Der Fahrer, der uns nach Bujumbura kutschiert hatte, erscheint im Hotel.
Er lädt uns ein, mit ihm ins Haus seines Bruders zu fahren.
Dort treffen wir zu unserem großen Erstaunen eine Deutsche aus Weimar (DDR).
Sie ist mit einem Schwarzen verheiratet, der irgendwie mit unserem Fahrer verwandt ist.
Wir verabreden uns für morgen Nachmittag zu einer Stadtrundfahrt.

Als wir heute früh in den Speisesaal unseres Hotels „Paguidas Haidemenos" einmarschieren, empfängt uns „Alte Kameraden".
Der griechische Chef legt uns zu Ehren das Musikkorps der Bundeswehr auf den Plattenspieler, so dass wir beim Frühstück von deutscher Marschmusik begleitet werden.
Es macht doch eben etwas aus, dass Bujumbura 1899 von der deutschen Kolonialverwaltung gegründet worden ist.
Auch auf anderem Gebiet macht sich der deutsche Einfluss bemerkbar: Zum ersten Mal haben wir in dieser Stadt Neger rennen gesehen.
Der Anblick ist für uns am Anfang so ungewohnt, dass wir glauben, es müsse etwas Schreckliches passiert sein.
Aber es stellt sich heraus, dass sie es wirklich nur eilig haben!

Am Nachmittag machen wir dann mit Rosi, der Deutschen aus Weimar, ihrem Mann Caesar und einem Haufen Verwandtschaft eine Stadtrundfahrt.
Am Ufer des Tanganjika-Sees, direkt am Badestrand beobachten wir ein paar Flusspferde im Wasser.
Anschließend fahren wir zur Rosi und Caesar nach Hause, wo wir Rosis sechs Kinder kennenlernen (wenn schon afrikanisieren, dann richtig).
Sieben Jahre hat Rosis Papierkrieg mit den DDR-Behörden gedauert, bevor sie und Caesar die Heiratserlaubnis (Bedingung für ihre Ausreiseerlaubnis) bekamen.
Sogar an den Staatsratsvorsitzenden Walter Ulbricht (damals) hatten sie geschrieben, bevor es endlich klappte.
Caesar war Gast-Student in der DDR.
Wir werden zum Essen eingeladen.
In den riesigen Essenstisch sind an den Sitzplätzen tellergroße Vertiefungen ins Holz geschnitzt, die dann auch tatsächlich als Teller dienen.
Wie praktisch, wenn man viele Münder zu stopfen hat. Kein Abwaschen sondern nur den Tisch wischen.
Vor den sechs Kindern sind fünf schwarz und eines rein weiß?
Rosi gibt zu, und es ist ja auch nicht zu verbergen, dass da mal ein weißer Gast mit im Spiel war.

Caesar akzeptiert das.
Man sieht das hier nicht so eng.
Bei ihrem Hausmädchen wäre ich auch gerne mal mit im Spiel gewesen, aber die Kürze der Zeit, in der wir beide uns verdünnisieren können, reicht gerade fürs Vorspiel, bevor wieder irgendwer kräht und ruft.

Gegen 10 Uhr holen uns Rosi und Caesar am Hotel ab und bringen uns zum Hafen.
Das Schiff nach Kigoma fährt kurz vor 12 ab und erreicht nach drei Stunden Kalundi auf der anderen Seite des Sees, also wieder mal Zaire.
Dort wird uns dann auch unsere „1.Klasse" Kabine zugewiesen, ein winziges Loch mit 2 zweistöckigen Betten, also für 4 Personen.
Aber immer noch entschieden besser, als die Nacht als Deckpassagier zwischen den Schwarzen und ihren Ziegen zu verbringen und am Morgen ohne Gepäck aufzuwachen.
Dieses Vergnügen leistet sich ein amerikanischer Tramper, den wir auf dem Schiff kennenlernen.
Das heißt, den wertvollsten Teil seines Gepäcks überlässt er vorsichtshalber uns zwecks sicherer (?) Aufbewahrung in der Kabine.
Nach fünfstündigem Aufenthalt in Kalundi tuckern wir endlich weiter in Richtung Kigoma.

Während man überall auf dem Schiff auf schlafende Schwarze trat, verbrachten wir die Nacht relativ bequem in der Kabine.
Um 14 Uhr erreichen wir endlich Kigoma.
Die Zoll- und Visaabfertigung findet auf dem Schiff statt, in dem ziemlich keinen Aufenthaltsraum.
Das heißt, dass sich hier an die hundert Leute, natürlich alle gleichzeitig, auf die Beamten stürzen.
Erst begraben sie den Visa-Officer und dann den Health-Officer unter sich.
Bei uns verkompliziert sich dann die Angelegenheit, da wir natürlich kein Tansania Geld bei uns haben.
Also sollen wir schließlich beim Zoll Büro an Land warten.
Wir warten also.
Der Visa-Beamte fährt zwischendurch noch mit seinem Auto weg, versichert uns aber, dass er gleich wieder zurück sei.
Wir warten also.
Gegen 17 Uhr endlich können wir denn Hafen verlassen, nachdem man unsere Pässe behält, damit wir morgen, nachdem wir Geld gewechselt hätten, unsere Visa bekommen.
Da stehen wir also am Sonntag ohne Geld, um wenigstens essen zu können.
Auch den Zug können wir folglich nicht nehmen, mit dem der Ami gleich weiterfährt.

Zum Glück finden wir ein Hotel, wo man uns Kredit gibt, bis die Banken morgen aufmachen.
Auch Reis mit Fleisch können wir dort essen, aber Bier gibt es wieder mal keins.
Wir gehen ziemlich erschüttert durch die Stadt, als wir einen Weißen vor einem Laden sitzen sehen.
Wir quatschen ihn an, und da er sich als Deutscher entpuppt, weiß er auch, wo es noch Bier gibt.
Er macht hier Urlaub (welch zauberhafter Urlaubsort) und fährt auch Dienstag mit dem nächsten Zug weg.
Er gibt uns 100 Schilling (33.-DM), damit wir nicht ganz ohne Geld dastehen.
Wir sollen es ihm morgen nach dem Wechseln wiedergeben.
Anschließend gehen wir zusammen essen und Bier trinken.
Der Tag ist gerettet.

Es klappt alles unerwartet reibungslos.
Um 8 gehen wir zum Immigration-Office, holen unsere Pässe, dann tauschen wir auf der Bank Tansania-Shilling und bekommen anschließend die Visa.
Wir reservieren unsere 2.Klasse-Plätze im nächsten Zug nach Tabora, Abfahrt morgen Abend, und ziehen schließlich noch um: Vom Mapinduzi-Hotel ins halb so teure Community-Center.
Am Abend gehen wir mit dem deutschen Touristen, den wir ja gestern getroffen hatten, am Tanganjika-See angeln.
Er ist von Beruf Bergforellen-Zuchtmeister, aber das hilft ihm nichts, er fängt keinen Fisch.
Die Nacht verbringen wir ohne Mückenbiss, dem im Community-Center (Preis fürs Doppelzimmer keine 10.-DM) gibt es erstmals auf dieser Reise Moskitonetze über den Betten.

Heute gehen wir auf Nummer sicher.
Nach unserem gestrigen Angelerfolg kaufen wir auf dem Markt ein paar Fische und braten sie mittags auf offenem Feuer am Tanganjika-See.
Hartmut nimmt auch zusammen mit unserem Forellen-Spezi ein Bad- in der Hoffnung, dass es hier keine Bilharziose-Würmer gibt.
Seit unseren Kongo-Erfahrungen erscheint mir jetzt jede Winzigkeit von geglückter Organisation erwähnenswert: Am Nachmittag hängt auf dem Bahnhof die Liste mit den Abteil-Reservierungen aus und unsere Namen stehen drauf, sogar richtig geschrieben.
Und so sitzen wir jetzt in unserem 2.Klasse Abteil (Liegewagen für 6 Leute) und warten auf die Abfahrt- planmäßig in 5 Minuten um 18,45 Uhr- und darauf, dass um 19 Uhr der Speisewagen aufmacht.
Und der Zug fährt pünktlich auf die Minute ab!

African Wildlife

Gegen 9 Uhr kommen wir in Tabora an und gehen ins Bahnhofshotel frühstücken.
Eine Platzreservierung für den Zug nach Mwanza, der um 18 Uhr abfahren soll, gäbe es erst ab 16 Uhr.
Wir machen einen kleinen Stadtrundgang, finden aber weder das Stadtzentrum noch ein anderes Hotel, da wir uns offensichtlich auch mal dämlich anstellen.
Da uns das Bahnhofhotel zu teuer ist, beschließen wir, auf alle Fälle weiter zu fahren, egal in welcher Klasse- wenn es sein muss auch in der dritten, zermahlen zwischen zwei dicken Mamis mit Ziegen auf dem Schoß.
Als wir gegen 16 Uhr unsere Plätze reservieren wollen, vertröstet man uns auf nach dem Eintreffen des Zuges, was nun aber erst gegen 22 Uhr sein soll.
So sehen wir uns ein Fußballspiel der Stadtjugend an.
Ein Anruf vom Hotel zum Bahnhof informiert uns dann, dass die Zeit von 22 Uhr für die Abfahrt auch AST gewesen sei.
Das heißt African Standard Time, denn der Zug soll nun erst um 23 Uhr kommen.
Wir sind jedenfalls doch gegen 22 Uhr am Bahnhof und erhalten sogar noch ein 2.Klasse Ticket.
Dafür kommt der Zug dann aber erst um 24 Uhr und fährt um 2 weiter.
Dafür haben wir unser Abteil für uns alleine.

Kurz vor 13 Uhr erreichen wir Mwanza und beziehen ein Zimmer in einem Jugendhotel.
Am Nachmittag wollen wir uns dann um ein Mietauto für die Fahrt nach Arusha kümmern.
Aber der einzige Autoverleih ist geschlossen, da der hiesige Vertreter der Firma gerade auf Safari ist.
Hoffentlich kommt er morgen zurück.

Er kommt spät, aber er kommt.
Die Angebote, die uns der Mensch von Victoria Tours dann aber macht, liegen alle ein paar Preisklassen zu hoch.
Beispiel: 3 Tage Mwanza- Serengeti- Ngorongoro- Manyara See- Arusha per Landrover für 4000.- Shilling alles inklusive, mit Fahrer.
Ein Auto zum Selbstfahren gibt es gar nicht.
Weil uns das zu teuer ist, machen wir schließlich mit ihm ein privates Arrangement.
Der Victoria Tours Mensch fährt uns mit seinem Privatwagen in drei Tagen von Mwanza zum Lake Manyara, Preis 2500.-Shilling, Eintrittsgelder eingeschlossen, für Essen und Unterkunft müssen wir selber sorgen.
Sonntag früh, also Übermorgen, wollen wir losfahren.

Am Abendspazieren gehen dann Hartmut und ich zum exklusiven „Mwanza Yacht Club", dessen hübsches Gelände am Victoria See wir schon gestern entdeckt hatten.

Unter Missachtung der Schilder „For Members Only" entern wir das Klubhaus und ordern Bier, das uns aber unter Hinweis auf besagte Schilder verwehrt wird.

Als wir dann vergeblich um eine vorübergehende einstündige Mitgliedschaft ersuchen, erklärt uns ein indischer Member für zwei Tage zu seinen Gästen.

Solches darf er laut Satzung einmal pro Monat tun.

Also werden wir als Gastmitglieder ins Clubbuch eingetragen und vom Inder auch gleich noch zum Bier eingeladen.

Anschließend lädt uns dann ein isländisches Ehepaar ein, so dass man von einem sehr gelungenen Einstand sprechen kann.

Unsere 2 tägige Mitgliedschaft voll ausnutzend, kaufen wir dann auch gleich noch zwei Eintrittskarten für das morgige große Clubfest, auf dem uns für 12 Shilling pro Person „Dinner and Dance" geboten werden soll.

Vorgeschmack auf die große Safari: Wir fahren mit einem kleinen Motorboot auf die 800 Meter vor Mwanza im Victoria See gelegene Saanane Insel.

Dort hat man ein Zwischending von Zoo und Reservat eingerichtet.

Die gefährlichen Tiere hinter Gittern, ein paar harmlose laufen frei herum.

Wir machen etliche echt wirkende Wildnis-Fotos (Krokodile, Hyänen, Kaffernbüffel, fußkranke Antilopen).

Anstatt wegzulaufen, wie es doch Antilopen Art ist, verfolgt mich sogar eine noch ein paar hundert Meter, nachdem ich sie ausgiebig fotografiert habe.

Immerhin, ein Rudel Pfaue läuft auch frei herum, darunter ein ganz weißer.

Die Knipse im Anschlag, versucht Hartmut, den Weißling durch eigenartige Tänze? zum Radschlagen zu bewegen.

Aber so blöd ist der Vogel dann doch nicht.

Am Abend genießen wir dann „Dinner and Dance" im Yachtclub, wo aber der Dance mangels Beteiligung ausfällt.

Aber den Eintrittspreis fressen wir gut ab.

Kurz vor 6 Uhr holt uns Igbal, unser Fahrer (indische Eltern, aber in Tansania geboren) am Hotel ab.

Sein Auto (Datsun 1600) fährt sonst als Taxi und er hat noch einen Fahrer mitgebracht, der sich dann bei einigen Pannen als sehr nützlich erweist.

Gegen 9,30 Uhr erreichen wir den westlichsten Serengeti-Eingang gleich am Victoria See.

Die vielen Spenden für den alten Grzimek (Tierforscher und Gründer des Serengeti N.P.) haben sich wirklich gelohnt.

Große Herden von Gnus und Zebras, jede Menge Giraffen, unzählige Antilopen, Geier usw...

Igbal fährt oft von der Piste runter, weit in den Busch hinein, damit wir noch näher an die Tiere herankommen.

Teleobjektiv überflüssig.
So macht es jedenfalls viel mehr Spaß, als mit einer organisierten VW-Bus-Safari.
Hartmut setzt sich dann auf das Autodach auf den Reservereifen und während wir quer durch die großen Herden fahren, fotografiert er die nach allen Seiten flüchtenden Tiere.
Gegen Mittag erreichen wir die Serengeti-Lodge, trinken ein paar Bier und bestaunen ein paar Dutzend amerikanische Touristen - auch eine sehr komische Spezies.

Wir fahren dann weiter zum Ngorongoro-Krater.
Hier hört der Spaß dann leider auf.
Da uns die Lodges viel zu teuer sind, arrangiert Igbal für uns eine Übernachtung im Fahrer-Hostel.
Da das aber offiziell für Touristen nicht erlaubt ist, sollen wir erst nach Einbruch der Dunkelheit einziehen.
Also fahren wir erst noch auf ein Bier in die Forest-Lodge- und da schlägt Afrika wieder einmal zu - oder die späte Rache Mobutus.
Während wir drinnen in der Lodge sitzen, wird aus dem Auto unsere Fotokiste geklaut, darunter 3 schon belichtete Farbfilme und 15 sw Filme, davon 3 belichtet. Gerade die tollen Fotos aus dem Kongo, nämlich die Schifffahrt und die Gorilla-Pirsch !!!!!!!!!!!!!!!!!!!!
Sowie Blitzgerät, Kamera-Batterien und halt die gute wasserdichte Kiste.
Glück im Unglück: Die Fotoapparate vergisst der Dieb.
Wir durchsuchen sofort die Hütten der in der Lodge beschäftigten Bimbos, aber ohne Erfolg.
Morgen früh wollen die Lodge-Leute selber auf die Suche gehen.
Unsere Hoffnung ist, dass der Dieb wenigstens die belichteten Filme wegwirft und sie gefunden werden.

Nach dem Schreck von gestern Abend, genehmigen wir uns in der luxuriösen Ngorongoro-Wildlife-Lodge ein gutes Frühstück und besehen uns den Krater noch einmal von oben, bevor wir dann hinabfahren.
Dazu muss man für 370 Shilling (ca. 135.-DM) einen Landrover mit Fahrer mieten, mit Privatwagen darf man nicht runter.
Wir haben Glück und treffen eine deutsche Jugendgruppe, die noch zwei Plätze in ihrem Landrover freihaben, so dass wir nur ein Drittel des Mietpreises zu bezahlen brauchen.
Unter im Krater gibt es dann auch jede Menge Viehzeug - wir können endlich auch Nashörner und Löwen abhaken.
Die Löwen liegen allerdings bloß faul in der Gegen herum und lange bevor man einen selbst sieht, kann man ihn schon an den 4 bis 5 Landrovern orten, die ihn umstellen.

Auch beim Fotografieren hat man die Schwierigkeit, dass einem ständig Landrover durch den Hintergrund fahren und die Illusion von der „unberührten" Natur zerstören.
So wird man - anders als in der Serengeti - während der vierstündigen Kraterfahrt das Zoo-Gefühl nie so ganz los, obwohl Landschaft und Tierreichtum natürlich großartig sind.

Am Nachmittag fahren wir dann wieder zur Forest-Lodge, aber unsere Fotokiste ist natürlich nicht wieder aufgetaucht.
So melden wir den Diebstahl der Polizei, wo ein prächtiges Protokoll, halb in Englisch, halb in Suaheki, aufgesetzt wird.
Anschließend weiter zum Lake Manyara Nationalpark.
Im dortigen Luxushotel finden wir einen Amerikaner, der uns einen Farbdia-Film verkauft.
Wir hatten die letzten Bilder im Krater verknipst und stehen sonst jetzt ohne Farbfilm da.
In der Lodge und im Souvenir-Laden haben sie keine Farbfilme.
Also sage keiner mehr etwas gegen amerikanische Touristen!
Als wir bei der Polizei den Diebstahl meldeten, erkundigten wir uns noch nach einem Ausflug zum benachbarten Embagasi-Krater.
Leider hätte aber unsere Zeit nicht gereicht, obwohl der Abstecher lohnend gewesen wäre, da dort erstens die Touristen fehlen und zweitens die Straße oft von Elefanten blockiert sein soll.

Endlich wieder mit einem Farbfilm in der Kamera fahren wir gleich morgens in den Lake Manyara Park, der zwischen See und Berg geklemmt und teilweise sehr waldig ist.
Die dort berühmten Löwen, die auf den Bäumen schlafen sollen, sehen wir zwar nicht, aber dafür Mengen Elefanten, vor denen wir auch einmal mit durchdrehenden Reifen Reißaus nehmen müssen.
Das ist dann auch gleich eine gute Übung für unseren Fahrer, denn kurz danach, er knüppelt den Weg ziemlich entlang, steht plötzlich eine Nashorn-Mutter mit Kind fast auf der Straße.
Igbal tritt also die Bremse voll durch, damit wir ein gutes Foto machen könnten.
Da er etwas schnell ist, kommt er erst kurz hinter dem Nashorn zum stehen, was die Nashornmutter so erschreckt, dass sie sofort zum Angriff übergeht, was wiederum Igbal so erschreckt, dass er nun das Gaspedal fast durch den Autoboden tritt.
Die Fotoszene geht mehr oder weniger im Staub unter, wir entkommen und auch das Nashorn scheint zufrieden.

Wir haben das Auto ja bis Manyara gemietet und wollen von hier aus mit dem Bus nach Arusha weiterfahren.

Schon gestern löcherte uns Igbal, ob er uns nicht bis Arusha fahren könne.
Allerdings will er einen Fahrpreis, der viel höher als der Bus wäre. Wir werden
folglich also nicht einig und steigen in den Bus um, während Igbal nach Mwanza
zurück fahren will.
Und nun sitzen wir in Arusha in einer Kneipe und trinken Bier.
Und wer kommt herein?
Der Beifahrer von Igbal.
Also ist der Idiot nicht nach Hause zurück, sondern lieber leer nach Arusha
gefahren, als uns mit dem Preis entgegen zu kommen.
Bimbo bleibt Bimbo, auch wenn es ein Inder ist.
Aber die Busfahrt war nicht so übel.
Es waren sehr viele Massai mit im Bus, die Frauen mit ihren schönen Perlen-
kragen und auch die Männer mit den großen Gehängen in den Ohren, die
dadurch völlig ausgeleiert sind.
Einer hatte im Ohrloch eine Filmbüchse, aus der er dann das Kleingeld für die
Busfahrt nahm.

*Am Vormittag gehen wir ins hiesige Hauptquartier der Ngorongoro-Forest-
Lodge und informieren die Herrschaften über den Diebstahl in ihrer noblen
Herberge.*
Wir sollen irgendwann noch mal nachfragen.
*Anschließend treffen wir per Zufall unseren Fahrer Igbal wieder, der so tut, als
seine Schoofeligkeit, uns nicht im Auto bis nach Arusha mitzunehmen, das
Natürlichste der Welt.*

*Nach dem Frühstück schmeißen wir uns in den nächstbesten Bus in Richtung
Moshi.*
*Die Abfahrt verzögert sich aber gut eine Stunde, da der Fahrer noch nicht genug
Passagiere zusammen hat.*
*Also kurvt er etliche Male hupend und schreiend um den Busbahnhof, fährt auch
mal quer durch die Stadt, bis er die Mühle endlich voll hat.*
*Mit uns fährt Peter, ein englischer Tramper, der im gleichen Hotel wie wir
übernachtet hatte.*
*Mittags erreichen wir Moshi am Südfuß des Kilimanjaro, der meist von Wolken
verhüllt ist.*
Aber manchmal können wir den schneebedeckten Gipfel sehen.
*Wir wollen im YMCA-Hostel absteigen, aber dort verlangen sie 45 Shilling pro
Nacht und Person, so dass wir in ein billigeres (12 Shilling) Guesthouse gehen.*
*Am Nachmittag organisieren wir dann die Kilimanjaro-Besteigung. Peter und
ich, die wir im Gegensatz zu Hartmut Sportsleute sind, wollen nämlich rauf,
Hartmut bleibt unten und besieht sich den Berg auf den entsprechenden
Bieretiketten.*
*Die billigste Besteigung organisiert YMCA, und so mieten Peter und ich dort
einen Führer und einen Träger.*

Morgen früh soll unsere 5-Tages-Tour beginnen.

Also marschieren wir am Morgen wieder vom Guesthouse zum YMCA Hostel, wo wir unseren Führer treffen.
Hartmut zieht für die nächsten Tage ins YMCA um, weil unser Billig-Guesthouse für einen längeren Aufenthalt doch allzu schäbig ist.
Unser Führer will uns partout noch einen weiteren Träger aufschwatzen (der eine, den wir mieten müssen, trägt nur die Klamotten vom Führer), aber die 120 Shilling Aufpreis sind Peter und mir zu viel.
Also schleppen wir unseren Proviant, Schlafsack und warme Kleidung selber.
Zumindest heute haben wir das ohne Schwierigkeiten überstanden.
Um 9 Uhr fahren wir von Moshi per Bus nach Marangu, dem Ausgangspunkt der Bergbesteigung.
Dort marschieren wir um 10.15 Uhr ab, die ersten 1 ¾ Stunden bis zum Eingang des Kilimanjaro-Nationalparks auf guter Straße.
Bis dahin begleitet uns auch Hartmut, der dann umkehrt.
Durch dichten Wald geht es dann auf einem recht bequemen Pfad weiter bis zur Mandara Hütte (9000 feet), die wir um 15.30 Uhr erreichen.
Hier oben ist es schon lausig kalt.
Um 17.30 Uhr friere ich trotz Pullover und heißem Kaffee.
Aber da der Hüttenwart Bier verkauft werde ich die Nacht ohne Probleme überstehen.
Am Abend dann zum großen Fest.
Drei Norweger haben zusammen mit einem Haufen Schwarzer die neue Hütte gebaut, deren Fertigstellung heute gefeiert wird.
Dazu haben die Schwarzen kübelweise Bananenbier und sogar einen Plattenspieler noch oben geschleppt.
Das Bananenbier sieht genauso aus, wie das Hirsebier, das wir in Ghana probiert hatten, und es schmeckt auch so ähnlich.
Das Bauholz für die neue Hütte haben die Schwarzen auf ihren Köpfen nach oben getragen, der Stärkste schaffte 50 kg auf einmal.
Das Übernachten in der neuen Hütte wird künftig 30 Shs kosten, in der alten nur 5 Shs.

Um 8 Uhr starten wir zur zweiten Etappe, die ersten 1 ½ Stunden in strahlendem Sonnenschein.
Aber dann beginnt ein lausiger, kalter, immer heftiger werdender Regen, manchmal mit Hagel vermischt.
Um 13 Uhr erreichen wir, immer noch bei strömendem Regen, die Horubu-Hütte (12335 feet).
Es ist saukalt, der Rucksack durchgeweicht, auch der Schlafsack hat ein paar feuchte Stellen, und wir haben nicht einmal einen Kamin in unserer Hütte.
Am Abend wird es aber dann doch noch gemütlich.

Wir sitzen mit unserem Führer Elias, seinem Träger und dem Hüttenwart in der Bimbo-Hütte, in der es im Gegensatz zur Touristenhütte sogar eine Feuerstelle gibt, und trinken Tee.
Das Feuerholz hat unser Träger allerdings hochschleppen müssen, denn die Hütte liegt oberhalb der Baumgrenze.
Noch ein Vorteil der Bimbo-Hütte: Hier schläft man auf Stroh (Elias: Like a dog), während Peter und ich auf knallharten Holzpritschen nächtigen müssen.

Als Elias uns mit heißem Tee weckt, ist der Tau auf der Hütte noch gefroren.
Um 7.30 Uhr dann Abmarsch zur Kibo-Hütte, die wir um 11.45 erreichen.
Das letzte Stück vor der Hütte ist viehisch.
Man kann die Hütte schon lange vorher sehen und der letzte Kilometer scheint ganz harmlos zu sein.
Aber denkste.
Die dünne Luft macht uns fertig.
Anfangs wundere ich mich ernsthaft, woher die dumpfen Negertrommeln kommen könnten, die ich dauernd höre. Bis ich merke, dass es mein Herzschlag ist.
Um 11.45 sind wir also bei der Hütte und normalerweise ruht man sich hier aus, und der Aufstieg zum Gipfel beginnt am nächsten Morgen um 2 Uhr.
Aber die für den nächtlichen Gang wegen der Kälte notwendigen Gesichts-masken sind nicht vorrätig, obwohl wir sie bezahlt haben - und so überredet uns Elias zum sofortigen Weitermarsch.
Nach 45minütiger Teepause stiefeln wir um 12.30 Uhr weiter- und auf dem Zahnfleisch krauchend kommen wir um 17.10 Uhr am Gillmann`s Point, dem Normalverbraucher-Gipfel an.
Von hier aus kann man noch 1 ½ Stunden zum absoluten Gipfel weitergehen, aber weder Peter noch ich haben noch einen Trieb dazu.
Mit vor Kälte und Erschöpfung zitternden Fingern kritzele ich meinen Namen unleserlich ins Gipfelbuch und zwinge mich zu ein paar Fotos- es kostet jedes Mal gewaltige Überwindung, die Handschuhe auszuziehen.
Nicht einmal der eigens für die Gipfelfeier mitgebrachte 60%ige Konyagi schmeckt, so abgeschlafft sind wir.
Nach vielleicht einer Stunde beginnen wir mit dem Abstieg und sind gegen 20 Uhr wieder in der Kibo-Hütte.
Ich torkele wie sonst nur nach intensivem Leistungssaufen, aber vor lauter Müdigkeit kann ich meine Beine kaum noch unter Kontrolle halten.
Wir genehmigen uns noch einen Tee (oberhalb der 2.Hütte gibt es kein Wasser mehr, man muss alles hochschleppen) und kriechen halbtot in unsere eisigen Schlafsäcke, natürlich vollkommen bekleidet, denn die Nacht würde etliche Grade unter Null bringen.
Ich ziehe 2 Paar Socken an, darüber noch einen Plastikbeutel, aber ich hatte trotzdem die ganze Nacht kalte Füße.

Afrika, ein paar Kilometer südlich des Äquators: Heute früh ist uns der Honig gefroren, vor dem Frühstück müssen wir ihn auftauen.
Die Höhe macht sich immer noch bemerkbar, selbst beim Kacken komme ich außer Atem.
Um 8 geht es dann weiter abwärts, Teepause in der 2.Hütte (endlich wieder Wasser), bis runter zur 1.Hütte (14 Uhr, endlich wieder Bier).
Dort treffen wir auf ein riesiges deutsches Touristen-Rudel (3 Wochen Safari + Kili + Baden), das von einer Hundertschaft Trägern nach oben gezerrt werden sollen.
Es ist ein schönes Gefühl, es hinter sich zu haben, und Typen zu begucken, die es noch vor sich haben.
Wir bewältigen rasch den letzten Teil des Abstiegs und sind zum Mittagessen wieder in Moshi, wo Hartmut unsere gewaltige Leistung bewundert (?).

Ich hatte also die beiden Gipfelstürmer bis zum Eingang des Nationalparks begleitet und dann das Glück, einen Traktor zurück bis zur Bushaltestelle zu erwischen, wobei wir noch ein paar Touristen mitnahmen, die vom Gipfel kamen und auch einsahen, dass es zwar gut ist ein Sportsmann zu sein, aber noch besser, einen Traktor zu haben, der einen mitnimmt.
Wieder im YMCA, dem hiesigen Hilton-Verschnitt, erholte ich mich dann am Swimmingpool, für das auch noch Eintritt genommen wird.

Am nächsten Tag tauschte ich dann Geld.
Dabei habe ich einen deutschen VW-Bus getroffen.
Die Fahrer hatten ihre Reise in Südafrika begonnen und waren jetzt im Osten an der Zaire-Grenze gescheitert.
Sie wollen über Indien ausweichen, erzählen aber, dass in Nairobi einige Leute ihre Fahrzeuge verkaufen würden.
Was also im Westen Douala, ist im Osten jetzt Nairobi, nämlich Endstation der Afrika- Durchquerer
Als ich mich später wieder dem Pool widmen wollte, war dort Massenwässerung einer Schule. Ich ging daher lieber gut essen.
Ein Anruf bei der Forest-Lodge wegen unserer Filme war leider erwartungs- gemäß ergebnislos.
Der Stress macht einen fertig.
Den ganzen nächsten Tag verbrachte ich am Pool und verfolgte Axels Gipfeltour auf dem Bieretikett, denn dort ist der Kilimanjaro abgebildet.
Am Abend ging ich mit ein paar Leuten, die ich hier kennengelernt hatte, essen.
Es war eine internationale Gruppe: Kareen (England), Anton (Holland), Linda (USA) und ich (Deutschland).
Auch den letzten Erholungstag ohne Axel verbrachte ich geruhsam.
Vormittags ging ich mit Linda und Gum, einer Schwedin in die Stadt.
Dabei trug Gum einen afrikanischen Wickelrock, den sie aber irgendwann, ohne es zu merken, verlor.

Die Landung eines Raumschiffes hätte bei den Bimbos nicht mehr Aufmerksamkeit wecken können. Sie sprangen fast aus den Hosen.
Später schenkte ich Gum im Hotel auf ihrem Zimmer eine Sicherheitsnadel, die ich auch persönlich anbrachte, nachdem sie den Rock nach langer Zeit und Zwischenintermezzo wieder anzog.
Na ja, und später kamen Peter und Axel zurückgekrochen.
Wir werden heute Abend wieder ins billigere Hotel umziehen und wollen morgen nach Nairobi weiterfahren.
Peter will gleich nach Sambia weiter.
Vielleicht können wir ihn mit Linda verkuppeln, da sie, wenn sie hier keine Arbeit findet, auch dorthin will und einen Reisepartner sucht.

Nach ca. 8 stündiger Busfahrt erreichen wir Nairobi gegen 17 Uhr und sind erst mal angeschissen.
Die Einfuhr von Kenia-Shilling ist verboten und an der Grenze gab es keine Wechsel-Möglichkeit.
Also sind wir ohne Geld- und die Banken haben schon geschlossen.
Der Versuch, im Hilton Hotel zu tauschen scheitert, sie machen das nur für Gäste.
Also machen wir uns mit vollem Marschgepäck auf die Suche nach einem billigen Hotel, wo man uns bis morgen Kredit geben würde.
Wir finden keins: Entweder ausgebucht oder kein Kredit.
Nach zwei Stunden Latscherei landen wir schließlich im YMCA-Hostel, wenigstens die frommen jungen Männer können mit dem Geld bis morgen warten.
Allerdings müssen wir in einem 12 Bett Zimmer nächtigen.

Heute beginnt dann der geschäftliche Teil unseres Nairobi Besuchs.
Wir tauschen Geld, beehren die deutsche Botschaft mit einem (wie erwartet fast ergebnislosen) Informationsbesuch und holen die post-lagernden Liebesworte unserer Verwandtschaft ab, in denen uns mitgeteilt wird, was für versoffene Rassisten wir wären.
(Schwitzke, der Spastiker hat in Deutschland erzählt, das wir schlimmer als die Buschneger aussähen. An sich besagt das nichts, denn er hatte ja auch an seinen Kollegen nie ein gutes Haar gelassen.
Wenn man den ganzen Mist weglässt, den er zuhause erzählt haben muss, so wissen wir wenigstens, dass unser Paket, das wir ihm mitgegeben hatten, angekommen ist.
Von unseren Filmen, die wir in Kinshasa mitgegeben hatten, hat man aber noch nichts gehört?!?!).
Wie es sich also für solche Saufböcke gehört, richten wir uns dann im Heim der christlichen jungen Männer für die nächsten Tage häuslich ein: Gegen geringen Aufpreis können wir bis Montag in einem Zweibettzimmer wohnen.
Auszug aus der Heimordnung: Alkohol und Damenbesuche sind streng verboten.

Am Nachmittag rennen wir wieder durch die Stadt und informieren uns über die Visa und sonstige Geschichten für Tansania, Sambia und Madagaskar- uns steht in den nächsten Tagen heftiger Papierkrieg ins Haus.
Schließlich besuchen wir die Redaktion der „Daily Nation", um unsere hiesigen Journalisten-Freunde, vermittelt von Gwellem etc., zu besuchen, aber sie sind alle ausgeflogen, zur „Nairobi Show", einer großen Ausstellung am Stadtrand.

Um 8,30 Uhr treffen wir zwei der Journalisten vom „Daily Nation".
Wir plaudern etwas und verabreden uns für morgen früh, um dann gemeinsam zur Nairobi Show zu gehen.
Dann fahren wir zur deutschen Botschaft, da wir, wie mir geschrieben wurde, noch eine eidesstattliche Erklärung wegen unserer in Ghana gestohlenen Reiseschecks, brauchen.
Sie sind inzwischen in Westdeutschland eingelöst worden!
Die Gauner in Teshi scheinen internationale Beziehungen zu haben.
Nachdem wir wieder alle Sicherheitsvorkehrungen vor der deutschen Botschaft passiert haben, geht es erstaunlich schnell, dabei hatten wir mit mindestens einem Tag Bearbeitungszeit gerechnet.
Aber oh Wunder, der Mann, zu dem wir geschickt werden, setzt sich gleich selbst an die Schreibmaschine und nach einer Stunde haben wir die Erklärung.
Überhaut geht heute alles beunruhigend reibungslos, so dass wir auf den Tiefschlag warten.
Vielleicht fällt uns ja heute noch der Himmel auf den Kopf.
Jedenfalls gehen wir anschließend zur Commercial Bank, um uns Geld schicken zu lassen.
Da diese Bank mit der deutschen Commerzbank zusammenarbeitet, dauert der Antrag etwa 15 Minuten.
Reibungslos.
Das Geld soll in drei Tagen, also Montag, da sein.
Das Visum für Tansania, welches wir anschließend beantragen, wird uns sofort in die Pässe gestempelt und auch auf der Botschaft von Sambia gibt es keine Probleme, die Visa sollen auch Montag da sein.
Völlig verdattert von der neuen Art Afrika, die wir heute in Kenia kennengelernt haben, erholen wir uns am Nachmittag am Pool des YMCA.
Eine gehörige Portion Kapitalismus und Neckermann scheint den Afrikanern ganz gut zu tun.

Um 8,30 Uhr treffen wir uns wieder mit Constantine Owuor vom „Daily" und besuchen zusammen die Show, eine internationale Landwirtschafts- und Industrieausstellung, die aber nicht sehr aufregend ist.
Constantine besorgt uns dann Presse-Plaketten, mit denen wir in die „Arena" dürfen, wo parallel zur Ausstellung ein Unterhaltungsprogramm abläuft.
Höhepunkt ist der Auftritt einer Tanz- und Musikgruppe aus Zaire, die ausdauernd ihren Mobutu hochleben lassen.

Zaire verfolgt uns immer noch.
Wenn wir nach Deutschland zurückkommen ist Mobutu bestimmt gerade auf
Staatsbesuch bei uns.
Immerhin findet Constantine, der uns auch ausreichend mit Bier versorgt, den
Mobutu-Kult genauso lächerlich wie wir.
Ach so: Beinahe hätte Hartmut auf der Ausstellung einen Jeep gekauft- wir
hatten bloß gerade nicht genug Kleingeld in der Tasche.

Außer einem Fotospaziergang durch Nairobi haben wir heute nichts getan.
Das Kongressgelände, welches wir uns noch ansehen wollen, ist aber am Sonntag
zu.
Der Neubau ist auch von außen sehr schön.
Vor allem hat man auch hier, wie bei dem Bau in Kinshasa, das Gebäude von
außen mit Pflanzenwuchs verziert.
Ich finde es toll, wie bei dieser Architektur die Natur mit einbezogen wird.
Am Abend spiele ich noch ein paar Runden Billard mit einem Ami.

Wir sind wieder den ganzen Tag geschäftlich unterwegs.
Erst bemühen wir uns vergeblich um Unterkunft im Heim der christlichen
Mädchen (hört, hört), da uns die frommen Knaben von heute an in den
Massenschlafsaal verbannen wollen.
Dann holen wir unsere Sambia-Visa ab.
Schließlich erkundigen wir uns bei der Commercial Bank of Africa nach unserem
in Berlin bestelltem Geld.
Sie haben zwar schon ein Antwort-Telex der Sparkasse, aber das ist irgendwo
nicht korrekt und so müssen so noch einmal kabeln.
Dauert also noch.
Als wir mittags ins YMCA zurückkommen haben sie plötzlich doch noch ein
Zweibettzimmer für uns, so dass uns der Penn-Kral erspart bleibt.
Den Nachmittag verbringen wir damit, das Konsulat von Madagaskar zu suchen,
was sich als schwieriges Unterfangen erweist.
Die im Nairobi Führer angegebene Adresse liegt im äußersten Norden der Stadt,
jenseits aller Stadtpläne.
Also müssen wir uns durchfragen und werden prompt von einem halben Dutzend
Schwarzer in 6 verschiedene Richtungen geschickt, welche nur das eine
gemeinsam haben, dass sie alle falsch sind.
Schließlich finden wir das Konsulat mit Hilfe eines Weißen, der uns in seinem
Landrover mitnimmt, doch noch- aber das Konsulat war gar keins, sondern nur
die Residenz des Konsuls.
Das Office, so sagt man uns, sei in der Stadt, ganz in der Nähe vom YMCA.
Also marschieren wir zurück und finden das Büro sogar und beantragen endlich
unsere Visa.

Heute Vormittag holen wir schon unsere Visa für Madagaskar ab.

Anschließend erkundigen wir uns wegen des Treetop-Hotels.
Es ist ein Hotel in der Nähe des Mount Kenia, das in die Wipfel von Bäumen gebaut wurde.
Wir buchen schließlich fürs nächste Wochenende.
Da wir nicht mit einer Reisegruppe hinfahren wollen, gehen wir auch gleich zum Busbahnhof und machen uns schlau, wann die Fahrzeiten sind.
Es kommt so auch einiges billiger.

Heute, Mittwoch, 8.10. ist irgendein Feiertag in Kenia.
Ich weiß zwar nicht weshalb, aber einen Grund zum Feiern finden die hier immer.
Gefeiert wird das Ende vom Ramadan.
Obwohl nur 3-4% der Bevölkerung zum Islam gehört, hatte Kenyatta den Tag für alle zum öffentlichen Feiertag erklärt.
Also machen wir am Vormittag auch nichts.
Aber dafür legen wir einen Bildungsnachmittag ein.
Wir gehen ins Nationalmuseum!
Es werden ausgestopfte afrikanische Tiere gezeigt.
Ferner gibt es für Schulklassen oder bildungswillige Bimbos eine sicher gute Abteilung mit Modellen von Fischen, einem Walgerippe und vielen Schmetterlingen.
Auch die Menschheits-Entwicklung wird dargestellt, mit Modellen und Fotos der Funde hier aus der Gegend.
Und es gibt natürlich auch eine Fotoausstellung des ach so glorreichen Mau Mau Befreiungskrieges gegen die die arme Bevölkerung ausnehmenden Herrscher / Weißen.
Wie doch jetzt alles so ganz anders geworden ist?
Nach diesem Bildungsausflug gehen wir noch in eine Schlangenfarm.
Dort werden Giftschlangen zur Gift-Gewinnung gezüchtet.
Unter anderem gibt es ein großes Freigehege mit Pflanzen, in denen Eidechsen, Schildkröten und Mengen von Schlangen sind, so dass wir noch ein paar Schlangenfotos machen können, die wirken, als wären sie in freier Wildbahn aufgenommen.
Zum Glück sind wir ja in der freien Natur noch keinen Schlangen begegnet.

Kein sehr erfolgreicher Tag.
Unser Geld aus Berlin ist immer noch nicht eingetroffen, obwohl die Commercial nun schon das dritte Telex an die Sparkasse geschickt hat.
Bei den hiesigen Journalisten scheint es sich inzwischen herumgesprochen zu haben, dass wir im Lande sind.
Erst wollen wir einen beim „Standard" besuchen, der arbeitet jetzt aber in einem entlegenen Außenbüro und ist dort telefonisch nicht erreichbar.

Am Nachmittag versuchen wir es dann im Informations-Ministerium, aber der dortige Gwellem Freund hat sich vorsichtshalber 200 km weit ins platte Land versetzen lassen.
Am Abend erreichen wir dann doch den Reporter vom „Standard" telefonisch in seiner Wohnung und verabreden uns für morgen Abend.

Na endlich: Unser Geld ist da.
Da Nairobi kein allzu sicheres Pflaster ist (in den Zeitungen wird jeden Tag von mindestens drei Morden berichtet), lassen wir die 5000.-DM Reiseschecks aber bis zu unserer Weiterreise auf der Bank.

- Endlich mal wieder angesoffen: Pünktlich um 18,30 Uhr AST (also kurz nach halb acht), holt uns Joram Amadi im YMCA ab, und wir fahren gleich saufen.
Aber wir sind ja fast nichts mehr gewöhnt.
Lächerliche vier Halbe pro Person reichen aus, um Hartmut und mich abzu-füllen.
Was soll Herta in Berlin von uns denken, wenn wir ihr dermaßen außer Training unter den Weltlaterne- Zapfhahn treten.

Jetzt haben wir es also geschafft:
Wir reisen mit einem Rudel seniler Geldsäcke, und es ist lediglich unserer Jugend zu verdanken, dass das Durchschnittsalter der Gruppe noch eine zweistellige Zahl ist.
Um 8 Uhr fahren wir per Bus von Nairobi nach Nyeri, zum Outspan Hotel, dem Ausgangspunkt für Besuche von TreeTops.
Nach einem üppigen Mittagessen werden wir dann- zusammen mit der Friedhofsbesatzung- zum TreeTops-Hotel gekarrt.
Der Fahrer des Kleinbusses passt zu dieser Gesellschaft: Er muss schon gelebt haben, als man im TreeTops noch Dinosaurier begucken konnte.
Aber trotzdem haben alle mächtigen Respekt vor ihm, denn er hat ein Gewehr bei sich und wird offiziell „Hunter" genannt.
Unser aller Leben hängt also davon ab, dass er uns vor den Bestien der Wildnis beschützt.
Er versäumt es auch nicht, uns eindringlich auf die zwar unsichtbaren, aber gerade deswegen so heimtückischen Gefahren dieser Safari hinzuweisen.
Eine Fotoserie, ausgehängt im TreeTops dokumentiert, wie unser Hunter in prähistorischer Zeit einen randalierenden Elefanten mit einem Schuss erledigt hat.
Er bringt uns also - Gott sei Dank! - sicher zum TreeTops, wo noch vor dem Kaffeetrinken die erste Büffelherde zur Tränke und vor die Knipsen getrieben wird.

Danach dann also die Kuchenschlacht und anschließend haben die Tiere Pause bis zum Abendbrot, was aber durch die Öffnung der Bar ausgeglichen wird.

Beim Abendessen sitze ich neben einem Herrn Riderfield (so die Tischkarte), der
ständig neuen Rotwein ordert, solange bis schließlich die Vorräte des Hauses
erschöpft sind.
Auf der Rückseite der Speisekarte ist eine Strichliste vorgedruckt, auf der man
die gesehenen Tiere abhaken und zählen kann.
Eine Amerikanerin trägt in die Rubrik „Sonstiges" prompt „Rabbit" ein, als so
ein einsamer Karnickel über die Lichtung hoppelt.
Außer dem Kaninchen kommen dann im Laufe des Abends noch jede Menge
Büffel, eine Elefantenherde, ein halbes Dutzend Nashörner, diverse Antilopen
und Warzenschweine zum TreeTop-Tümpel, der seit Einbruch der Dunkelheit in
Flutlicht getaucht ist.
Leider ist es aber trotzdem zum Fotografieren noch recht dunkel.
- Inzwischen ist es Mitternacht und außer mir sind nur noch 3 unentwegte
Amerikanerinnen auf Posten.
Unten am Tümpel sind noch vier Nashörner und eine Büffelherde beim Salz-
schlecken.
Salz, neben der Tränke auf den Boden gestreut, ist nämlich der TreeTops Trick,
um die Viecher bei der (Stativ-)Stange zu halten.

Nach dem Tee werden wir gleich um sieben vom TreeTops abgeholt und zum
Frühstück ins Outspan Hotel gebracht.
Immerhin stehen jetzt unsere Namen im TreeTops Gästebuch, fast- na ja nicht
ganz- neben dem Signum der englischen Königin.
Nach dem Frühstück begeben wir uns zum Bus nach Nairobi.
Hier an der Busstation erleben wir dann die immer wieder in Variationen
stattfindende Show bis der Bus abfährt:
1. Akt: Der Busfahrer lässt den Motor alle Sekunde laut aufheulen, um
zu zeigen, dass er sofort loszufahren gedenkt.
Ein gelegentliches Hupen (alle zwei Sekunden) soll die weiteren möglichen
Passagiere zusätzlich darauf hinweisen.
Das Ganze dauert rund eine halbe Stunde.
2.Akt: Der Fahrer spielt mit der Kupplung, indem er alle 30 Sekunden so tut, als
führe er nun endgültig los und nichts könnte ihn mehr aufhalten
Dauer auch etwa eine halbe Stunde.
3.Akt: Einer der beiden Beifahrer oder Schaffner beschließt, dass der Bus nun
voll genug sei und gibt das Zeichen zur Abfahrt, woraufhin der andere das
Zeichen zum Anhalten gibt, da er noch einen Platz im Bus erspäht hat.
Das geht nun hin und her, wobei die Anreißer, Auflader und sonstige ganz
wichtige auf dem Platz herumlungernde Bimbos sich nun in zwei Lager spalten
und den Bus entweder losfahren oder nicht losfahren lassen wollen, bzw. ihn an
einen anderen Ort dirigieren wollen, der aber höchstens zwei Meter weiter weg
sei darf.
Sonst würden sich die immer noch vor dem Bus herumstehenden Passagiere sich
ja verlaufen.

Dauer etwa eine halbe Stunde.

4. Akt: Der Bus wird endgültig gefüllt.

Dabei stürmen alle Anreißer, Auflader und sonstige sich wichtig fühlenden Bimbos auf jeden zu, der das Pech hat, so auszusehen, als suche er einen Platz in einem Bus, und praktizieren ihn in den Wagen.

So manche Oma wird schon ganz woanders hin gefahren sein, als sie wollte, da sie erst im falschen Bus wieder zur Besinnung gekommen ist.

Inzwischen sind auch alle anderen Passagiere ganz gemächlich eingestiegen und der Busfahrer hat seine Kupplung, seine Hupe und sein Benzin fast verbraucht. Es kann losgehen.

Nach etwa zehn Metern muss aber noch einmal angehalten werden, um nun auch den letzten Passagier noch reinzulassen, die Kinder noch einmal pinkeln zu schicken und auch den letzten fliegenden Händler aus dem Bus zu befördern. Aber dann !!

Meistens jedenfalls.

Auch wir fahren irgendwann mal los, um gegen 13 Uhr in Nairobi anzukommen. Allerdings nicht mit unserem ersten Fahrer.

Der hatte irgendwann einen Polizisten übersehen, der den Bus Stoppen wollte. 5km später wird der Bus von zwei Polizisten mit Auto gestoppt.

Diese ungeheure Missachtung der Polizei konnten sie ja nicht auf sich sitzen lassen und es nützt unserem Fahrer auch nichts, dass er beteuert, den ersten Polizisten nicht gesehen zu haben.

Er wird aus dem Bus gezerrt, ins Polizeiauto gestoßen und weg fährt man.

Oh glückliches Volk, das seine Unabhängigkeit darin zu spüren bekommt, dass es nicht mehr von Weißen unterdrückt, sondern nur von schwarzen Polizisten verprügelt wird.

Am Abend treffen wir uns dann noch einmal mit Constantine von der „Daily Nation" auf ein paar Bier.

Er gibt uns die Adresse und ein paar Namen vom „Nation"-Büro in Mombasa, damit man uns dort weiterhelfen kann.

Am Vormittag absolvieren wir unseren geschäftlichen Nairobi Endspurt und holen die 5000.-DM Reiseschecks von der Bank ab.

Die ganze Prozedur mit diversen Formularen und den Unterschriften auf den Schecks dauert fast 1 ½ Stunden.

Nach einem kurzen Besuch bei Constantine holen wir dann den letzten Heim-reise-Appell von der Post ab, der diesmal Hartmut betrifft

(von Muttern: Es soll sofort zurückkommen, auf ihn wartet eine Arbeitsstelle), nachdem ich ja bereits mehrmals brieflich von Vatern zur Rückkehr aufgefordert worden war.

Sie werden sich wohl noch gedulden müssen.

Um sechs Uhr klingelt der Wecker, um 6,30 marschieren wir, frühstückslos, ab zum Busbahnhof, wo pünktlich! um 7,30 Uhr der Bus nach Mombasa abfährt und planmäßig um 18 Uhr dort ankommt.

Man bemerke die beiden Worte „pünktlich" und „planmäßig".

Erwähnt sei noch, dass ich heute Nacht in unserem Massenschlafsaal, wo wir doch gelandet sind, einen Bimbo aus seinem Bett kippen musste, weil er so schnarchte.

Nicht das ich davon wach geworden wäre, sondern wecken tat mich Axel, der mit seinem unterentwickelten Gehör glaubte, ich schnarche.

Wo ich doch nie schnarche.

Bloß an das alkoholisierte Schnorcheln von Axel gewöhnt, konnte ich nicht mehr einschlafen.

Warum suchen wir uns für unsere Schiffsreisen eigentlich immer Ziele aus, zu denen kein müder Pott hin schippert?

Wir beginnen unsere Suche nach einem Schiff Richtung Madagaskar im hiesigen Büro der „Daily Nation", wo wir Henry Chui treffen, einen Freund von Constantine.

Chui hängt sich ans Telefon und findet ein einziges Schiff heraus, das nach Madagaskar geht: Es soll am 26.Oktober in Mombasa ankommen(heute ist der 15.10.).

Anschließend klappern wir dann sämtliche Reisebüros und Schiffsagenturen incl. - in Memoriam Douala - auch noch den Hafen ab.

Ergebnis: Eben dieser eine Frachter am 26. und noch ein weiterer am 4.11.

Vorausbuchung ist in beiden Fällen nicht möglich.

Wir müssen warten, bis die Schiffe in Mombasa sind und dann mit dem Kapitän verhandeln.

Am Nachmittag besichtigen wir dann die Stadt und beweisen unsere fromme Gesinnung durch einen ausgiebigen Besuch des Fort Jesus.

Wenig später treten wir den Beweis erneut an....

Nach dem Abendbrot treffen wir uns mit Chui zum Bier, wobei er sich als echter Journalist erweist und eine Saufstory nach der anderen ablässt.

Als wir schließlich zu unserem Hotel zurücklaufen wollen, lauert schon die Sünde auf uns, hakt sich unter und kommt mit zur Herberge.

Aber wir denken an all die guten Worte aus der Heimat und daran, dass wir uns bessern wollen, und sagen mannhaft (?): Nein, sowas tun wir nicht!

Ich glaube, Hartmut war nur zu besoffen.

Um 9 Uhr fährt der 8 Uhr Bus nach Malindi ab, wo wir gegen 13 Uhr ankommen.

Auf der Suche nach einem Hotel, werden wir erst einmal zu einer ziemlichen Bude gebracht, wo wir unser Gepäck bei einer Schwarzen aus Mombasa, mit dem Namen Elisabeth, abstellen.

Dann erkunden wir die Stadt und finden direkt am Strand ein Hotel mit
Doppelzimmer, Dusche, Klo und Balkon mit Blick aufs Meer für etwa 20.-DM,
incl. Frühstück!
Also holen wir unser Gepäck von Elisabeth ab und ziehen am Strand ein, eine
sehr enttäuschte Elisabeth zurück lassend.
Dafür holen wir sie dann am Nachmittag zu einem Bad am Strand vor unserem
Hotel ab.
Auf meine Bitte hin bleibt Axel länger am Strand, während ich Elisabeth unser
Zimmer und Anderes zeige.

Malindi ist fest in deutscher Hand.
Welche Wohltat: Anstelle des üblichen Negergejaules singen die Eingeborenen
„Humba humba tätärä", die Geschäfte sind deutsch beschriftet (Spezialist für
Damen und Herren), und jedermann ist der deutsche Gruß geläufig:
„Neckermann macht`s möglich".
Aber alles noch ein bisschen deutscher als zuhause.
- Da wir aber den Schwarzen auch dann nicht trauen, wenn sie deutsch sprechen,
führt uns der erste Weg heute zur Bank, wo wir unsere Reiseschecks deponieren.
Sicher ist sicher.

Um 9 besteigen wir dann ein Verkehrsmittel, für das sich in Suaheli die treffende
Bezeichnung „Glasbodenboot" gebildet hat.
Wir fahren zum Unterwasser-Nationalpark am Casuarina Point, unmittelbar
südlich von Malindi.
Schnorchel und Schwimmflossen sind natürlich an Bord, so dass wir- wie es der
Reiseführer auch nennt- „unvergessliche Eindrücke beim Goggling" gewinnen
können.
Spaß hat der 3-Stunden Ausflug gemacht.
Gemütlicher Faulenz-Tag mit Baden und Strandwandern.
Der Schwarze, der uns die Glasbodenboots-Fahrt vermittelt hat sagte, heute
Abend käme eine Dhau (arabisches Segelschiff) in Malindi an, mit der wir zur
Insel Lamu fahren könnten.
Wenn nicht, wollen wir morgen früh per Bus und Fähre nach Lamu.
Am Abend kommt dann tatsächlich ein Boot an, aber im Dunkeln ist nicht zu
erkennen, ob es „unsere" Dhau ist oder nicht.

Sie ist es nicht.
Jedenfalls ist der Kahn schon wieder abgefahren, als um 6,30 Uhr unser Wecker
klingelt.
Ich kann mich nicht erinnern, dass ich den Wecker zu Hause auch nur annähernd
so oft benutzt habe, wie auf dieser Reise.

Der Bus nach Lamu fährt um 8 Uhr in Malindi ab.

Teilweise haben wir richtig schöne Sandstrecken und Hartmut und ich hoffen inständig, der Bus würde stecken bleiben, damit wir den Bimbos beim Rausschaufeln zusehen könnten.
Ist aber nicht.
Stattdessen müssen wir selber mit zupacken, als auf einer Autofähre der Tana-River überquert wird.
Die Fähre hat nämlich keinen Motor.
Dafür ist ein Seil quer über den Fluss gespannt, an dem die Fahrgäste die Fähre selber übers Wasser ziehen.
Entsprechend lange dauert es.
Um 13,30 Uhr kommen wir auf der Festland-Endstation gegenüber von Lamu an und fahren dann mit einem Motorboot zur Insel rüber.
Auf Lamu gibt es so gut wie keine Autos- ich habe heute kein einziges fahren sehen, nur zwei Landrover standen rum.
Wir ziehen in ein Billig-Hotel (Doppelzimmer 5.-DM) direkt am Hafen, wo man vom Balkon einen schönen Blick aufs Wasser hat- besonders jetzt in der Nacht, weil nämlich gerade Vollmond ist.
Was ein schöner Geburtstag! Yomo Kenyatta feiert seinen hundertsoundsovielsten, und natürlich ist der Tag zum Nationalfeiertag, bescheiden „Kenyatta Day" getauft, erklärt worden.
Hier in Lamu ist natürlich mächtig was los.
Es beginnt am Vormittag mit einer Militärparade auf dem Schulhof der hiesigen Primary School.
Die Soldaten hat man extra per Boot vom Festland rübergebracht, denn die Lamu-Armee ist für solche Einsätze zu schwach an Zahl.
Am Nachmittag dann der volkstümliche Teil des Festes.
Es gibt ein Dhau-Wettsegeln rund um die Insel, ein Wettschwimmen, viel Musik und Tanz auf den Straßen.
Unbestreitbarer Höhepunkt der Geburtstagsfeier ist ein Esel-Rennen auf der Uferpromenade (die selbstverständlich Kenyatta Road heißt), rauf und runter, wobei jeder der zahlreichen Abwürfe von den Zuschauern stürmisch bejubelt wird.
Es ist jetzt kurz vor halb zehn abends, und der letzte unentwegte Trommler scheint auch langsam müde zu werden.

Nach einem letzten Rundgang durch die engen Gassen von Lamu warten wir jetzt auf unser Boot, das uns wieder zum Bus nach Malindi bringen soll.
Die zwei Tage Lamu haben völlig gereicht, um die Insel kennen zu lernen, wobei wir noch das Glück mit dem Kenyatta-Day hatten, sonst wäre es sicher langweilig geworden.
Wie wir also gemütlich im „Petley's Inn" sitzen und unseren Stärkungstrunk nehmen, taucht plötzlich in der Masse der vorbeiziehenden Neckermänner ein uns bekanntes Gesicht auf, setzt sich an unseren Tisch, verwickelt uns in ein Gespräch und schmeißt schließlich eine Lage Bier.

*Nach langem Rätseln und entsprechend vorsichtigem Taktieren im Gespräch
kommen wir endlich drauf, dass es sich um den Botschaftsmenschen aus Nairobi
handelt, bei dem wir die eidesstattliche Erklärung abgegeben hatten.*
*Er wird Mitte Januar nach Durban /Südafrika versetzt- vielleicht können wir ihn
dort besuchen.*
Um 13 Uhr endlich fahren wir dann zum Festland zurück.
*Wir hatten auch in Lamu vergeblich versucht, eine Dhau zu bekommen, aber
zurzeit spielt sich an der Küste anscheinend überhaupt kein Bootsverkehr ab.*
*Weder die professionellen Touristenschlepper, noch die Leute vom Zoll Büro und
auch nicht die Polizei konnten uns helfen.*

*Kurz nach 18 Uhr sind wir daher wieder in Malindi, wo wir in „Gilanis Hotel"
wieder unser altes Zimmer mit Meeresblick beziehen*
Baden, Vormittagsbier, Mittagessen, baden, Nachmittagsbier usw.
Ein reiner Erholungstag.
Um mal die andere Seite des Reisens zu betrachten, trinken wir unser
Nachmittagsbier im Lawford Hotel, welches fest in der Hand von Neckermann
ist.
Wir erkundigen uns auch, was es als Abendmenü zu essen gibt.
Als Besonderheit ist „african food" angekündigt.
Wahrscheinlich ist dem Koch irgendwas misslungen.
Wir jedenfalls schenken uns diese Spezialität und essen wieder in unserem Hotel,
was wir schon jeden Abend dort gegessen haben:
Leckeres Hühnchen mit Reis.
Lediglich das Nachtbier genehmigen wir uns wieder im Lawford und hören dem
Geschwafel der anderen Gäste zu.
Als wir gegen 21 Uhr nach Hause gehen, lauert schon wieder die Sünde auf uns,
in Form von zwei Touristennutten, die am Ausgang des Hotels ihre Netze
gespannt haben.
Sie haken sich unter und versuchen uns zu verführen.
Wenn ich jetzt behaupte, ohne Erfolg, glaubt das wieder kein Schwein.
Aber es stimmt.
Als ich schließlich sage, dass sie uns gefälligst bezahlen sollen, da sie sich nur
hinlegen und uns die Arbeit machen lassen, verschwinden sie ziemlich schnell.
Also keine Aufbesserung unserer Reisekasse.

*Die lange Kette von kulturellen Höhepunkten unserer Reise wird heute wieder
um ein Ereignis reicher.*
*Wir fahren per Bus nach Gedi (16 km südlich von Malindi) und besichtigen die
dort ausgegrabenen Reste einer Araberstadt des 15.Jahrhunderts.*
*Es ist natürlich alles reichlich kaputt, aber die Trümmer sind ansehnlich in die
wuchernde Vegetation eingebettet und es findet sich auch manch schattiges
Plätzchen zum Ausruhen.*

*Am Nachmittag setze ich dann das Kulturprogramm intensiv fort und wasche
meine Socken.*
Heute Abend wollen wir wieder ins Lawford.
*Nicht wegen der dort lauernden Sünde, sondern Hartmut will endlich einmal
sehen, wie Huhn dort schmeckt, nachdem er seit unserer Ankunft in Malindi
jeden Abend den Flattermann a la Gilani genossen hat.*
Das Huhn schmeckt ganz gut, das Beste ist aber die Käseplatte.
Als Fortsetzung der Kultur dieses Tages gibt es im Hotel eine Filmvorführung.
Eine Uraltkopie eines schlechten Films über die Serengeti.
Wir verdrücken uns vorzeitig.

Die Regenzeit scheint uns mal wieder eingeholt zu haben.
Jedenfalls ist es heute den ganzen Tag wolkig und ab und zu regnet es.
*Aber dafür treffen wir endlich mal Auto lose Leidensgenossen: Ein deutsches
Pärchen, die wie wir ihren Wagen in Westafrika verkauft hatten.*
*Sie waren dann von Lagos nach Nairobi geflogen und latschen jetzt mit schwer
bepackten Rucksäcken durch Kenia.*
Allerdings wollen sie nächste Woche nach Hause fliegen.

Malindi hat auch einen Schlangenpark.
*Einen ziemlich gammeligen zwar, aber heute Nachmittag ist Fütterung und wir
besehen uns das Schauspiel gemeinsam mit einer Neckermann-Abordnung.*
*Hauptsächlich werden Küken verfüttert, was die Neckermänner und -frauen zu
entrüsteten Kommentaren über derartige Tierquälereien veranlasst.*
*Dass sie selber gestern Abend aber Dutzende von Hühnern zum Dinner
eingeschaufelt hatten, ist vergessen.*
Meinem Vorschlag, die Schlangen zukünftig mit Grießbrei zu füttern, bringt man
auch kein Verständnis entgegen.

Nach einem Vormittagsbad und nachdem wir unser Geld aus dem Bank-
Schließfach geholt haben, nehmen wir gegen Mittag den Bus zurück nach
Mombasa und kehren dort in unser altes Hotel ein.
Dann machen wir unseren Nachmittags-Inspektionsgang durch Mombasa.
Später treffen dabei einen alten Bekannten aus Nairobi: Einen gut deutsch
sprechenden Schwarzen namens Joseph, der davon lebt, für Touristen Fahrten zu
organisieren und der bei uns ein paar Mal ins Leere gestoßen war.
Wir gehen zusammen ein paar Bier trinken in dem Hotel, wo er wohnt.
Da er schon ziemlich voll ist, fängt er eine Streiterei mit den Geldwechslern an.
Im Hotel lernen wir dann den Besitzer kennen, der auch „Edelsteine" an
Touristen verkauft, für einen günstigen Preis.
Günstig für wen ?
Bei ein paar weiteren Bier heuert er uns jedenfalls an, ihm Touristen „zuzu-
leiten"- bei einer 10% digen Beteiligung am Gewinn für uns.

Außerdem lernen wir, wie man mit Auto-Metallic-Lack aus wertlosen Quarz-kristallen „echte" Edelsteine macht!!
Nach diesem Einblick in die Halbwelt von Mombasa ist es Zeit für uns, ins „Rainbow" zu gehen, wo wir um 19 Uhr mit Henry von der Daily Nation verabredet sind.
Aber Henry kommt nicht.
Dafür kommen im Laufe der Zeit sieben Nutten zu uns, zwischen scheintot und ganz hübsch.
Aber wir wollen unsere Reisekasse nicht vervögeln.
Wie sagt doch eine:" Go upstairs, make bums".
Wir bleiben beim Bier als Lustgewinn.

Am Vormittag besuchen wir Henry in seinem Büro.
Seine Entschuldigung dafür, dass er uns gestern Abend sitzengelassen hatte, war die übliche Journalistenausrede: Es sei fürchterlich besoffen gewesen.
Vom Büro aus rufen wir im Hafen an und erkundigen uns nach der „Roy Bank", die heute ankommen und nach Madagaskar fahren soll.
Sie ist natürlich noch nicht da und soll nun morgen ankommen.
So bleibt uns dann nichts anderes am Nachmittag übrig, als - nach einem Sightseeing Spaziergang durchs brütend heiße Mombasa - unsere Langeweile zu kultivieren.
Wir setzen uns auf die Terrasse des „Castle-Hotels" und trinken Bier.
Sehr angenehm hier, denn die Souvenirverkäufer und andere Quälgeister dürfen die Terrasse nicht betreten und belagern sie nur von der Straße aus.
Am Nachbartisch sitzen zwei andere Typen und beschlucken sich ebenfalls.
Pelle, ein schwedischer Seemann und Lynn, Ölsucher aus Australien.
Lynn holt uns an ihren Tisch und mimt den Gönner: Frei Suff auf seine Kosten!
Also schlagen wir zu.
Pelle ist schon abgefüllt und desertiert alsbald, bei uns geht das ja nun mal nicht so schnell.
Ein schöner Nachmittag: Lynn erzählt, was für ein Weltmann er sei, und wir hören ihm geduldig zu, weil er ständig neuen Suff ordert.
Auch Lynn ist zufrieden, denn er lädt uns zum Abendessen ins Oceanic-Hotel ein, das teuerste Haus am Platze und verspricht uns die größten Steaks unseres Lebens.
Die Sonne ist schon- genau wie wir- am Untergehen, als wir Lynn in ein Taxi verfrachten und selbst zu unserem Hotel zurückmarschieren, um uns für den Abend wieder fit zu machen.
Pünktlich um 19,30 Uhr sind wir im Oceanc, aber von Lynn keine Spur.
Als Hartmut ihn in seinem Zimmer anruft, meldet er sich auch nicht.
Schließlich geht Hartmut mit einem Etagenkellner zu Lynns Zimmer und erweckt unseren Gönner von den Toten: Vollrausch.
Immerhin kann er sich noch an sein Versprechen erinnern, und lässt prächtige Steaks auffahren.

*Er erholt sich überhaupt erstaunlich schnell und nach einem üppigen Abend-
essen folgt ein schöner Abendsuff.*

*Wir vernichten die Vorräte des Hauses an „Mount Kenya", einem kräftigen
Kaffee-Likör und kommen über Brandy und Rum schließlich zu Gin und Cola-
Michael (Spanisch Sahara) ist unvergessen.*

*Lynn erzählt den ganzen Abend. Einziges Thema: Er selbst- „The amazing
Mister Blundon".*

*Begnadete Schriftsteller wie wir sind, sollen wir seine Lebensgeschichte zu einem
Buch („world bestseller") verarbeiten.*

Lynn will uns dazu Tonbänder mit seiner Story schicken.

*Als das Hotel-Restaurant endlich dichtmacht, ziehen wir ins benachbarte
Spielcasino und frequentieren die dortige Bar.*

Irgendwann hat Lynn dann aber doch genug und kündigt seinen Rückzug an.

*Aber er schafft es nur bis in die Hotelhalle, denn dort bietet sich der Nacht-
wächter an, neuen Suff zu besorgen.*

Also geht es weiter

*Mir wird Lynns Geschwafel schließlich doch zu blöd und gegen 1 Uhr fahre ich
in unser Hotel zurück.*

Hartmut leistet Lynn noch etwas länger Gesellschaft.

Heute sollte ja unser Schiff im Hafen einlaufen, der aber sehr viel größer ist, als
der von Douala, den wir uns ja schon erlaufen hatten.

Der Kai nimmt und nimmt kein Ende und unser Schiff ist auch nicht da.

Nach diesem Marathonlauf in brütender Hitze haben wir uns ein Bier verdient,
welches wir natürlich auf der Straßenterrasse des Castle einnehmen.

Nach nicht langer Zeit kommt Pelle mit einer schwarzen Perle, die er ganz
offensichtlich für einsame Spitze hält, die aber nichts anderes ist als eine jüngere
Elisabeth (Herbs Anhang in Douala) und deren bescheidenen deutschen Sprach-
schatz niederzuschreiben sich der Kugelschreiber sträubt.

Irgendwann beweist sie aber dann ihre Menschenkenntnis.

Sie riecht an Axels Hemd, welches zu überleben es einer Bimbo Nase bedarf,
und klassifiziert ihn als Hippie.

*Hartmut konnte sie sogar mit einem akzentfrei ausgesprochenen deutschen Wort
charakterisieren: Arschficker.*

Allmählich belebt sich unsere Tischrunde, indem sich Joseph, unser Bekannter
aus Nairobi, mit einem Freund zu uns gesellt und last but not least erscheint auch
Lynn wieder.

Und dann passiert das, was das Leben schön macht.

Unser ganzer Tisch liegt unter dem Tisch vor Lachen.

Halt, nicht alle, Pelles Perle nicht, denn über die lachen wir ja.

Sie hatte mit Pelle rumgeschäkert und dabei versucht, ihm in den Finger zu
beißen.

Pelle zog den Finger weg und mit ihm verschwand ein Plastikzahn der Schönen,
womit ihr Lächeln etwas an Reiz verlor.

Wie gesagt, wir bepfeifen uns vor Lachen und auch Joseph reißt sein Maul auf und zeigt sein Gebiss, welches aber vorne oben nicht mehr vorhanden ist.
Daraufhin wird die Perle richtig sauer, dass jemand, der selbst keine Zähne im Maul hat, über sie lacht.
Wir lachen noch mehr.
Langsam löst sich unsere Tischrunde auf und wir gehen essen.

Als wir uns etwas erholt haben, marschieren wir erneut ins Castle- für die Nachmittagsrunde.
Etwas anderes kann man in Mombasa einfach nicht machen, wenn man die Moscheen und Tempel erst einmal abgehakt hat.
Wieder bleiben wir nicht lange allein.
Lynns Ölsucher-Mannschaft, die wir gestern schon kurz im Oceanic kennen-gelernt hatten, ist fündig geworden und auf Bier gestoßen.
Lynn selbst ist nicht dabei, aber dafür seine bessere Hälfte: „Sie ist wie ein Engel", hatte er sie uns gestern schon beschrieben- er möge uns verzeihen, wenn wir sie nicht gleich erkannt haben: Eine resolute, kleine, dicke, fröhliche, sympathische Person, der ich jederzeit zutraue, dass sie Lynn unter dem Tisch vorziehen und nach Hause schleifen kann, ohne sich sonderlich anstrengen zu müssen.
Vielleicht war sie in solchen Situationen schon öfters der Rettungsengel für Lynn, aber wenn man sie schon partout mit einer Himmelserscheinung vergleichen will, so dürfte Kugelblitz vielleicht treffender sein.
Sie lädt uns jedenfalls ein, morgen Abend wieder ins Oceanic zu kommen, wo die Ölsucher-Mannschaft das Ende ihres Mombasa-Urlaubs begießt - sie fahren dann wieder in ihr Camp im Süden von Tansania.
Lynn und sein Engel allerdings bleiben noch eine Weile in Mombasa, so dass wir keine Angst zu haben brauchen, falls unser Schiff noch länger auf sich warten lässt.
Wir haben einen Fehler gemacht, im Hafen haben sie einen Fehler gemacht, wie auch immer, jedenfalls ist unser Schiff nach Madagaskar schon gestern abge-fahren und das Schiff, auf welches wir warteten, war das falsche, es hieß nur ähnlich, nämlich nicht Roy Bank sondern Thai Bank !
Da Mombasa aber wirklich außer Nutten nichts zu bieten hat, fahren wir wieder nach Malindi an den Strand bis zum 4.11., um dann unser Glück zum letzten Mal mit einem Schiff nach der Insel hinter dem Wind zu versuchen.
Dieses soll am 7.11. ankommen, wir sollen aber schon am 5. bei der Reederei sein.
Und die Tage dann in Mombasa reichen allemal, um sich zu Tode zu langweilen oder zu saufen.
Da Axel die Reisekasse hat, fällt eine dritte Möglichkeit der Freizeitgestaltung flach, auch wenn sie mit flachlegen zu tun hat.
Aber so kommen wir finanziell bis Südafrika.

Ansonsten treffen wir nach der Hafenpleite Lynns Mannschaft im Castle, schwatzen wie die Weltmeister und trinken Bier.

Solide wie wir sind, liegen wir um 21 Uhr alleine im eigenen Bett und der Wecker für morgen ist auch schon gestellt.

Es steht Hartmut völlig frei, seinen Anteil an der Gemeinschaftskasse ins Puff zu tragen.

Hier gibt es Nutten für 30 Shs, eine Flasche Bier kostet 3,80 Shs, so dass er für einen Stoß lediglich auf 8 Bier verzichten müsste.

Wenn er am Bier nicht sparen will, könnte er auch unsere nächste geplante Glasbodenfahrt horizontal anlegen.

Hat er Angst um seinen Schwanz oder stößt es ihn genauso wie mich ab, wie die Neckermänner hier die schwarzen Frauen behandeln?

Nicht das sie einfach verschwinden, nein, auch wenn sie sich in Deutschland nicht mit einer schwarzen Frau auf der Straße sehen lassen würden, hier geschieht das unter lauten Witzen und Kommentaren der anderen, damit es ja auch jeder mitbekommt.

Gehört wohl zum Pauschalangebot dazu.

Nachdem uns also das Schiff durch irgendeinen Trick, den ich immer noch nicht durchschaue, entwischt ist, fahren wir per Bus wieder nach Malindi ins Gilani-Hotel, wie gehabt und von dessen Balkon man immer noch den gleichen schönen Blick auf den Indischen Ozean hat.

Auch sonst hat sich in Malindi nichts verändert: Im Lawfords beim Nachmittags-bier sehen wir die gleichen Gesichter wie vor einer Woche, auch wenn sie vielleicht neuen Touristen gehören.

Nach all dem Stress der vergangenen Tage haben wir uns einen Ruhetag verdient.

Wir deponieren unsere Reichtümer wieder bei der Bank, womit der aktive Teil des Tages abgeschlossen ist.

Der Rest besteht aus Baden, Lesen, Faulenzen und gelegentlich einem Bierchen dazwischen.

Am Abend hebt im Lawford wieder das donnerstägige Kulturprogramm an, das diesmal aus einem entsetzlich geschwätzigen Zauberer besteht.

Natürlich war es ein deutscher Tourist, der „zufällig" seinen Klimbim im Reisekoffer dabei hat und dann dem langen Flehen der Direktion nicht hat standhalten können.

Da es ihm aber nicht gelingt, unsere leeren Biergläser voll zu zaubern, verlassen wir die Vorstellung vorzeitig.

Heute gibt es im Lawford Hotel sehr gutes Essen, und so gönnen wir uns mal wieder eine Abwechslung von Gilanis Einheitsmenue und gehen abends zu Neckermanns.

Anschließend findet ein großer Tanz statt.

Gute Diskomusik zur Verabschiedung einer Gruppe, die morgen zurück fährt.
Axel und ich sitzen am Swimmingpool und besehen uns das Ganze bei einem Bier.
Patrick, der Assistent Manager, sitzt gelegentlich bei uns und gibt eine Runde aus.
Seit er uns als Journalisten eingeordnet hat, ist er geradezu rührend.
Er muss auf seiner Hotelschule mal was von Pressearbeit gehört haben und ist nun sehr besorgt, dass wir irgendwas Schlechtes über das Hotel schreiben könnten.
Später bringt er seine Freundin und deren Freundin an unseren Tisch, damit wir uns um sie kümmern.
Er hält es vielleicht für eine Gefälligkeit, aber beide sind gewaltige Maschinen, eine von Beruf Gefängnis-Wärterin.
Wir unterhalten uns lieber mit einem deutschen, den wir aus Nairobi kennen und einem Iren, der sich inzwischen zu uns gesetzt hat.
Gelegentlich schwinge ich das Tanzbein
Etwa um 24 Uhr zieht sich Axel zurück, da er seinen gewaltigen Bierkonsum nicht durchs Tanzen abgebaut hatte.
Auch die Gefängniswärterin muss in der Zwischenzeit gewaltig getankt haben, jedenfalls fällt sie irgendwann mit einer Bierflasche die Stufen zur Bar hinunter.
Dabei schneidet sie sich ins Handgelenk und blutet wie ein Schwein.
Ich verarzte sie mit einem Taschentuch und mache wohl- wie es ja eigentlich nicht meine Art ist - einige Bemerkungen.
Jedenfalls flippt unser Assistent völlig aus, da er in seiner Alkohol-Phantasie bereits in der internationalen Presse die Schlagzeilen über dieses Blutbad sieht.
Lieber macht er alle Zeugen besoffen.
Gegen drei, unsere Tischgesellschaft hat öfter gewechselt, lediglich der andere Deutsche sitzt noch beharrlich, wenn auch schnarchend, auf seinem Stuhl, wird der Tanz beendet.
Die meisten sind sowieso mit ihren Bettpartner, was wiederum wohl selten gleichbedeutend mit Ehe- oder Reisepartner ist, verschwunden.
Obwohl ich finde, dass Hartmuts Darstellung der nächtlichen Ereignisse einige Lücken aufweist will ich das nicht zu sehr vertiefen, zumal seine Berichterstattung, soweit sie mich betrifft, korrekt ist.
Ich jedenfalls ging fast noch in der Nacht, an den Strand und schlief dort weiter. Was war der Grund?
Hartmut kam mit einer Schwarzen in unser Zimmer, mehr noch in unser Doppelbett geschwankt und fing an, Turnübungen zu machen.
Ersten fragte er mich nicht, ob ich mitmachen will und zweitens war ich dazu inzwischen nicht mehr besoffen genug und überhaupt.
Außerdem fiel er dauernd auf Grund dessen, dass sich seine Betthälfte offensichtlich immer drehte, dauernd von ihr herunter.

Angeblich hat es ihn jedes Mal geweckt, wenn ich von Margret auf seine Betthälfte fiel.
Als er dann schimpfend verschwindet, ist ja genug Platz.
Und morgens nach dem Aufwachen macht es sowieso am meisten Spaß.

Jedenfalls rührt Hartmut heute bis zum Einbruch der Dunkelheit keinerlei Alkohol an, nicht einmal Bier, was bei mir beträchtliche Heiterkeit auslöst, da mich gestern mein rechtzeitiger Aufbruch vor derartigen Folgen bewahrte.
Heute haben wir dann mal wieder Waschtag, auch auf die Gefahr hin, dass sich der Eimer auflöst.
Ich halte das eigentlich für kaum erwähnenswert, aber Hartmut meint, eine diesbezügliche Bemerkung im Fahrtenbuch könnte einen guten Eindruck hinterlassen.
Jetzt hat jeder von uns wieder zwei saubere Hemden, so dass wir das nächste Vierteljahr nicht mehr waschen müssen.

Heute Vormittag machen wir eine Strandwanderung.
Es ist Ebbe und in den Resttümpeln an der Steilküste können wir allerhand Getier sehen, vor allem Mengen Krebse.
Ich sehe auch noch eine gelb-schwarz geringelte Korallenschlange und eine junge Muräne.
Axel sieht vor allem irgendwann die vielen Seeigel und da er barfuß ist, beendet er unsere Wanderung fluchtartig.
Am Abend sind wir dann wieder im Lawford, wo heute Tänze der Giriama aufgeführt werden.
Es macht Spaß zuzusehen und vor allem die Musik ist klasse.
Vor der Show hatte ich einen Frosch eingefangen und gebe ihn bei der Begrüßung Patrick in die Hand, was bei ihm völlige Entgeisterung auslöst.
Besonders, da er auch heute einen antialkoholischen Tag hat, ist er dem nicht gewachsen und zieht sich fluchtartig zurück.
Besser halten sich zwei Touristinnen, die wir vom Freitag kennen.
Selbst als mir das Untier entweicht und einer auf den Schoß springt, kreischt sie nur pflichtgemäß.
Es sind überhaupt zwei mutige Personen, sie spielen nämlich mit dem Gedanken, mit dem öffentlichen Bimbo-Bus nach Mombasa zu fahren.

So, jetzt ist es endlich an der Zeit, „Es" zu würdigen.
„Es" treibt sich zwar in der letzten Zeit irgendwo anders rum und ist nicht mehr so oft zu sehen, aber vielleicht hat es gerade seine Wanderzeit und bewegt sich dann, teilweise sogar aufrecht gehend, mit seinen Stock in 0,5 km/h Geschwindigkeit durch die Gegend.
„Es" macht oft Rast, inspiziert alles und freut sich der Natur.
Normalerweise sitzt „Es" an einem Platz im Stadtzentrum und ignoriert die Zeit.
„Es" ist schwarz, rabenschwarz und hüllt sich teilweise in ein eben-solches Tuch.

Wasser kennt es bestimmt nur zum Trinken.
Sein Geschlecht ist nicht bestimmbar, wird aber auf männlich geschätzt.
Gerüchten zu Folge soll „Es" sich um ein menschliches Wesen handeln
Und doch, wenn es nicht im Park ist, fehlt „Es" einem.

Auch an diesem Abend gehen wir wieder zum Tanz ins Lawford.
Auf dem Weg von unserem Hotel zu den Neckermann-Hotels am Ufer entlang,
sind unzählige Souvenirstände.
Man kennt uns schon und nervt nicht mehr, vielmehr werden wir begrüßt, man
flackst rum und wenn wir wollen können wir wieder Geld verdienen, indem wir
den Neckermännern von der Qualität der dortigen Antiquitäten vorschwärmen.
(Wie kommt das „Made in Taiwan" Schild an den echten Elefantenzahn?)
Man will im Lawford Eintritt haben, aber wir rufen nach Patrik und kommen so
rein.
Eigentlich ähnlich wie am Freitag, auch Axel geht wieder etwas früher.
Was Hartmuts Alkoholkonsum angeht, war es genauso wie Freitag.
Er war wieder voll wie eine Seegurke, die in ein Bierfass gefallen ist und spielt
am nächsten Morgen seine Lieblingsrolle vom Leiden Christi.
Es ist doch gut, einen mitfühlenden Freund zu haben, wenn man im Sterben liegt.
Wenigstens schnarcht er nur und versucht diesmal nicht rumzuturnen.

Nachdem ich Hartmut von den Toten erwecke, brechen wir unsere Zelte zum
zweiten Mal in Malindi ab und verlegen unseren Amtssitz wieder nach Mombasa,
wo wir uns morgen nach dem Madagaskar-Dampfer erkundigen sollen.
Wir sind mit den beiden Neckerfrauen, die dem Frosch-Anschlag so tapfer
getrotzt hatten, im Castle-Hotel verabredet, weil wir ihnen eine neue Ladung
Filme mitgeben wollen.
Sie sind schon heute in aller Herrgottsfrühe mit dem Taxi nach Mombasa
gefahren- mit dem öffentlichen Bus haben sie sich nicht getraut.
Als wir sie dann im Castle treffen, bereuen sie diesen Entschluss bereits, denn ihr
Fahrer sieht wie ein Zuhälter aus.
So wollen sie unbedingt noch vor Einbruch der Dunkelheit nach Malindi zurück,
sie vergehen fast vor Angst.
Mal sehen, was die beiden Abenteuerinnen mit unseren Filmen anstellen. Die
bekommen es fertig und schmeißen sie aus dem Flugzeug, weil sie Angst haben,
es könnt heiße Ware sein.
Ansonsten vermissen wir beim Nachmittagsbier im Castle Lynn und Joseph, aber
ich bin sicher, sie in den folgenden Tagen noch oft genug zu sehen.

Nach einer geräuschvollen Nacht, wir haben diesmal in unserem Hotel in
Richtung Busbahnhof geschlafen, gehen wir zur Agentur wegen unseres Schiffes.
Aber nichts Neues.
Wir sollen am Freitag, also in zwei Tagen, wiederkommen, wenn das Schiff im
Hafen sei.

Ansonsten halten wir unsere Bürostunden im Castle ab.
Am Abend haben wir uns wieder mit Henry im Rainbow verabredet, aber er kommt wieder nicht, wie üblich.

Mombasa ist auch nicht mehr das, was es war.
Keine Spur von Lynn, keine Spur von Joseph.
So verlaufen unsere Bürostunden im Castle, wo wir von 11-13 Uhr und 16-18 Uhr den Publikumsverkehr bewältigen, recht eintönig.

Anstatt auf dem Weg nach Madagaskar sind wir wieder mal in Malindi.
Als wir heute Nachmittag zur Schiffsagentur Mitchell Cotts+Company kamen, hatten sie statt der Tickets nur ein neues Telex vorzuzeigen: Die „Sambirano" soll nun erst am Sonntag in Mombasa einlaufen, und wir sollen uns Montag früh wieder bei der Agentur einfinden.
Also noch drei Tage Wartezeit, und die lassen sich in Malindi allemal besser verbringen, als in Mombasa.
So ziehen wir wieder ins „Gilani-Hotel"- unser altes Zimmer ist noch frei - und schon zum Nachmittagsbier sitzen wir wieder im Lawfords, wo Patrick unser Assistent-Manager, bei unserem Auftauchen einen reichlich entgeisterten Eindruck macht.
Wir treffen auch unsere beiden Neckerfrauen wieder, die die Rückfahrt von Mombasa nach Malindi mit ihrem Zuhälter-Fahrer wider Erwarten heil überstanden hatten.
Wir genehmigen uns ein Abendmenue im Lawfords, was sich besonders deshalb als ganz vorzüglich erweist, weil die Bimbos das Kassieren vergessen.

Am Vormittag fahren wir zum zweiten Mal zu den Ruinen von Gedi. Nicht, dass uns der große Kulturtrieb gepackt hätte - vielmehr wollen wir Ruth und Dragica, den beiden Neckerfrauen, ein bisschen Nervenkitzel verschaffen, indem wir sie in den Bimbo-Bus setzten und zu den Ruinen schleifen.
Nach langem Zureden hatten sie sich auf dieses gewagte Unternehmen eingelassen.
Wir bringen sie heil zurück.

Im Lawfords scheinen sie uns jetzt endgültig für Gäste des Hotels zu halten.
Jedenfalls reiht sich Hartmut beim abendlichen Barbecue in die Reihe der Neckermänner ein und braucht prompt wieder nichts zu bezahlen.

Wieder einmal fahren wir nach Mombasa um ein Schiff zu bekommen.
Ich hoffe diesmal endgültig, obwohl man in Malindi sicher schon wieder auf uns wartet.
Nun scheint es doch noch zu werden.
Um 8 Uhr früh sind wir schon bei der Reederei, wo man uns immerhin sagen kann, dass die „Sambirano" heute Nacht um 2 Uhr eingelaufen ist.

Als wir um 11 zum zweiten Mal zur Reederei kommen, haben sie auch endlich erklärt, dass der Kahn Passagiere mitnimmt.

Also bezahlen wir unsere Tickets und hoffen nun, dass es morgen endlich weitergeht in Richtung Madagaskar.

Am Nachmittag verschlucken wir im Castle-Hotel dann unsere letzten Schillinge und treffen auch noch Joseph wieder.

Aber er hat wie üblich kein Geld, um einen auszugeben, so dass wir uns nicht lange mit ihm aufhalten.

Wo der Pfeffer wächst

Endlich sind wir auf dem Schiff.
Es liegt zwar noch im Hafen und wird beladen, aber es ist unser Schiff, und irgendwann wird es auch ablegen.
Oder besser nicht?
Am Vormittag erledigten wir mit dem dafür in Afrika nun einmal nötigen Zeitaufwand die Formalitäten: Zoll und Ausreise.
Als wir endlich fertig waren, schulterten wir unser Gepäck und marschierten den Kai entlang.
Unser Schiff, die Sambirano, sollte auf Position 7 liegen.
Der ganze Hafen lag voller richtiger Schiffe, bloß auf Position 7 war ein großes Loch.
Erst als wir genau hinsahen, entdeckten wir ein winziges Bootchen, kaum größer als ein Schlepper.
Der Name war wegen des überall am Schiff nagenden Rostes kaum noch zu lesen, aber früher muss mal „Sambirano" draufgestanden haben.
Die paar Mann Besatzung sind alles Schwarze und einer von ihnen erklärte sich zum Kapitän und zu unseren Diensten.
Passagierkabinen gibt es auf der Sambirano nicht, so dass wir auf dem Deck schlafen müssen, mitsamt drei weiteren Passagieren: einem Franzosen (auch schwarz) und zwei Komoranern.
Kaum haben wir uns von unserem ersten Schrecken erholt, da erklärt der Kapitän, das Schiff würde gar nicht heute, sondern erst morgen auslaufen.
Also fahren wir wieder am Nachmittag noch einmal per Bus in die Stadt, tauschen im Castle (die Banken haben schon zu) noch etwas Geld und kaufen Medizin gegen die Seekrankheit: Zwei Buddeln Gin.
Schließlich, wir trinken im Castle gerade unser Mombasa-Abschiedsbier, stößt eine alte Bekannte zu uns: „Angle", Lynns bessere Hälfte.
Lynn, so erzählt sie uns, ist inzwischen wieder in Tansania.
Wie verzichten auf eine weitere Rund Bier, die uns „Angel" in Aussicht stellt, denn wir wollen lieber noch vor dem Dunkelwerden zu unserem Schiff zurück.
Nachdem uns ja bereits ein Kahn weggefahren war, wollen wir lieber auf Nummer sicher gehen, falls der Kapitän nach Bimbo-Art neue Entschlüsse gefasst haben sollte bezüglich der Auslaufzeit.
Aber langsam, wie es ja noch mehr Bimbo-Art ist, sind sie immer noch am Beladen.
Inzwischen ist es 20 Uhr, sie beladen noch immer, nach neuesten Gerüchten soll der Kahn morgen Mittag auslaufen, und wir haben inzwischen mit dem Gin angefangen.

Die Nacht will ich erst im Essensraum neben der Kombüse verbringen, flüchte dann aber vor dem Gequietsche und Gepolter der Ratten zu Axel aufs Ruderhausdach.

Am nächsten Morgen (Mittwoch, 12.11.) wird gemütlich weiter beladen.
Anschließend ist Pause und endlich gegen 16,30 Uhr legen wir ab.
Inzwischen haben wir schon mit der Mannschaft gegessen.
Zum Frühstück Wasserreis ohne alles (Brrrrrr....).
Nach langem Disput mit dem Kapitän kommt dann heraus, dass jeder Passagier
sein Essen selbst an Bord bringen muss, der Koch würde es dann auf Wunsch
zubereiten, lediglich der Reis sei umsonst (Kreisch!!!).
Wir sehen uns schon Reis während der ganzen Fahrt essen und dazu die
Lebensmittel-Bilder im „Stern-Magazin" ansehen.
Schließlich geben wir dem Kapitän 100 FF und essen jetzt mit der Mannschaft
deren Beilage.
Das ist heute Mittag ausgekochte Fischköpfe mit Reise.
Wahrscheinlich die Reste vom Kapitänsmenü.
Zum Abendbrot gibt es Reis (natürlich) und Brühe mit ausgekochtem Spinat.
Axel isst schon fast nichts mehr und ich mache das „Mahl" wenigsten scharf mit
irgendwelchem Zeug, das auf dem Tisch rumsteht, damit es nach etwas
schmeckt.
Zum Glück retten anschließend zwei Apfelsinen unser Leben.
Zum schlafen gehen wir aufs Vordeck, wo aus einer großen Plane, die über einen
waagerechten Hebearm gehängt ist, ein Zelt für die Deckpassagiere gebaut
worden war.
Inzwischen sind es außer uns, fünf Passagiere geworden.
Es schläft sich ganz gut.
Inzwischen hatten wir auch gesehen, dass dieses Wrack mal bessere Tage
gesehen haben muss: Es ist nämlich die ehemalige „MS Lippe", die 1956 in
Wilhelmshaven gebaut worden war, 300 BRT.
Sicher nur für den Küstenverkehr.
In einem Punkt muss ich meine abfälligen Bemerkungen über unser Schiff
zurücknehmen. Der Maschinenraum ist tip top.
Das lässt ja hoffen.

*Ansonsten tuckern wir halt so langsam (6 Knoten) durch die Gegend, die
allerdings nur aus Wasser besteht.*
Aber das ist hier immerhin tiefblau.
*Morgens, mittags und abends fressen wir unsere Reisration mit irgendwas
Scheußlichem dazu.*
*Zum Glück hatten wir im Lawford noch etliche Bücher und Zeitschriften
mitgehen lassen, so dass wir die Zeit zwischen den „Mahlzeiten" mit Lesen
überbrücken können.*
Außerdem verfügen wir dadurch über ausreichende Vorräte an Klopapier.
*Leichte Anzeichen bei mir von Seekrankheit kann ich tapfer unterdrücken
(vielleicht sind es auch die Fischköpfe).*

Heute gibt es für uns kein Frühstück.

Wir haben sicher nichts Köstliches versäumt, aber ein leerer Magen ist auch nichts.

Wir sind wohl etwas spät erschienen, der Koch ist schon bei den Mittagsvorbereitungen und dann für uns ein Stück Brot abzuschneiden, oder so was, außerhalb der Reihe, geht über sein Vermögen.

Der Tag selbst bringt nichts Neues.

Am Abend kommt aber schlechtes Wetter auf, mit Regen und starkem Seegang. Unser Kahn schaukelt ganz gewaltig und da er bis zum absoluten Gehtnichtmehr beladen ist, kommen die Wellen seitlich gut über.

Der Pott schwimmt noch!

Zum Frühstück gibt es heute nur zwei trockene Scheiben Brot- morgen fresse ich den Koch.

Es ist uns ein Schiff begegnet.

Ein richtiges Schiff.

Mit japanischer Küche und weiblicher Mannschaft. Oder so ähnlich.

Jedenfalls mit einem Schiff wie dem unsrigen, fährt dort der Koch in der Kartoffelschüssel spazieren.

Am Abend spitzt sich unsere Lage dramatisch zu: Die erste Flasche Gin ist alle!

Heute gibt es ein richtiges Sonntagsfrühstück.

Erst bringt uns der Steward in seiner „schicken, schmucken, weißen" Uniform zwar nur wieder 5 Scheiben trockenes Brot und etwas Nescafe, aber dann macht Hartmut Stunk, marschiert mit dem Frühstück zum Kapitän und erklärt ihm, davon können zwei erwachsene Männer nicht satt werden.

Der sieht das natürlich auch ein und gibt dann den Befehl, uns noch eine sechste Scheibe Brot zu bringen.

Da haben wir uns dann die Bäuche vollgehauen.

Dem nächsten, dem es nicht passt, wenn ich Bimbos oder etwas Schlechtes über Bimbos sage, dem spendiere ich eine 14tägige Reise mit der Sambirano.

Am Abend erreichen wir die Komoreninsel Mayotte, der ersten Zwischenstation auf dieser Fahrt.

Vor dem Hafen von Dzaoudzi geht die Sambirano vor Anker, es ist schon dunkel und der Kapitän will vermutlich lieber im Hellen anlegen.

In unmittelbarer Nähe liegen 2 französische Kriegsschiffe.

Diese setzen dann ein paar kleine Boote aus, und man sieht sich die Sambirano von allen Seiten an.

Solch einen Kahn bekommen Marinesoldaten sicher auch nicht jeden Tag zu sehen.

In der Nacht träume ich vom morgigen Landgang.

Von einer gemütlichen Hafenkneipe, kühlem Bier und riesigen Steaks.

Außerdem bin ich schwer krank.

Schon seit 4 Tagen kann ich nicht mehr kacken. Deshalb habe ich vor dem Schlafengehen zwei Abführtabletten genommen.

Also erstmal: Dulolax, oder wie das Zeug heißt, ist große Scheiße- die kommt nämlich immer noch nicht.
Großer Spaß beim Frühstück: Der Steward-Bimbo bringt uns die Trockenbrot-Ration.
Es ist der Rest eines Brotes, noch in Papier eingewickelt.
Der Bimbo pellt also das Papier ab und zählt die verbleibenden Scheiben: fünf.
Eine ist etwas dicker als die anderen, die prüft er noch einmal. Aber es bleiben fünf.
Dann beweist er, dass er seine Lektion von gestern gelernt hat: Seine schmuddeligen Finger fahren flink durch seine schmuddelige Schürze, und mit lässiger Gebärde schmeißt er eine sechste Scheibe auf den Blechteller.
Menschen wie du und ich.
Der Hafen von Dzaoudzi ist wohl für Großraumfrachter und Ozeanriesen wie die Sambirano nicht tief genug.
Jedenfalls legt unser Schiff auch bei Tageslicht nicht an.
Wir verändern die Position noch ein wenig, und dann wird die für Dzaoudzi bestimmte Fracht auf kleine Boote verladen, die sie ans Ufer bringen (400t Zement und Erfrischungsgetränke)
Wir jedenfalls haben Landgang.
Endlich wieder Bier (aber teuer, Dose 3.-DM).
Ein Steak mit Kartoffeln und endlich wieder Bier.
Es wimmelt hier von französischem Militär und Fremdenlegionären.
Bei einer Volksabstimmung hatten sich nur 3 der 4 Komoren-Inseln für die Unabhängigkeit ausgesprochen, diese hier, Mayotte, will bei Frankreich bleiben.
Und die Soldaten sollen ihnen nun die weitere Zugehörigkeit zur Grande Nation garantieren.
Ein deutscher Legionär aus Mainz mit dem schönen Namen Jakob Pflaumen-kuchen, lädt uns zum Schnaps ein.
Er ist 35, sieht aber aus wie 50, und er ist seit 16 Jahren bei der Legion.
Aber was 'n Schwätzer! Da war Michael noch aus ganz anderem Holz geschnitzt.

Da es heute zum Frühstück nur eine Scheibe Brot für jeden von uns gibt, gehen wir wieder an Land und in ein Hotel frühstücken, das uns der Söldner empfohlen hatte.
Das Frühstück ist nicht sonders erwähnenswert - aber nach dem Schiffsfrüh-stück!
Anschließend spazieren wir durch den Ort und sehen am Kai den Arbeitern zu, die die Zementsäcke aus den kleinen Booten laden, die zwischen unserem Kahn und dem Ufer pendeln.
Da dabei so mancher Sack kaputt geht, sehen die Neger abenteuerlich in allen Farbschattierungen zwischen schwarz und weiß, aus.
Gegen 17 Uhr ist das Entladen beendet und dafür kommen jetzt ganze Bimbo-Familien mit ihrer gesamten Habe an Bord, um nach Moroni auszuwandern, da

hier auf Mayotte offensichtlich, wegen der geplanten Unabhängigkeit, Unruhe herrscht.
Die andere Version, die wir hören, ist die, dass hier Hunger herrschen soll?
Wir werden es uns jetzt aber verkneifen, auf dem Deck zu schlafen, sondern bleiben lieber aus dem Dach des Ruderhauses.
Leider können wir aber noch nicht abfahren, sondern der Kapitän ist an Land, um den Papierkrieg für die schwarzen Deckpassagiere zu führen.

Natürlich klappte es mit dem Papierkrieg gestern Abend nicht mehr, er wurde auf heute Vormittag verschoben.
Um 11 Uhr endlich verlässt die Sambirano den Hafen von Dzaoudzi, nachdem auch noch der letzte nachzügelnde Bimbo samt seiner kompletten Hütten-Ausstattung an Bord gehievt wurde.
Ich schätze, dass es rund 25 Passagiere sind (incl. Babys und Greise), die von Mayotte nach Grande Comore übersiedeln wollen und sich ausgerechnet unseren Kahn dazu ausgesucht haben.
Das ganze Gepäck ist auf dem Deck gestapelt wie Kraut und Rüben, aber leider wird über die Idylle eine Plane gestülpt - sonst würde es aussehen, wie auf unserem seligen Kongo-Dampfer.
Immerhin: Heute Vormittag haben zwei Mamis Teile ihres Hausrates wieder vorgekramt und Maniok gestampft.
Am Abend dann das Entsetzliche: Der Gin ist endgültig alle.

Es fängt so gut an: Schon um 8.30 Uhr erreichen wir Moroni auf Grande Comore.
Aber aus unerfindlichen Gründen ankern wir erst mal vor dem Hafen.
Erst um 15 Uhr macht die Sambirano endlich am Kai fest.
Wir gehen in die Stadt und können uns gerade noch von unserem Restgeld aus Dzaoudzi jeder eine Dose Bier leisten.
Die Bank hat schon geschlossen.
Also ein sehr trockener Landgang.
So ganz scheint man sich hier auf Grande Comore noch nicht über die eigene Unabhängigkeit klar zu sein.
Unser Kahn hisst zunächst die Komoren-Flagge (Halbmond und 4 weiße Sterne auf grünem Grund), holt sie aber dann wieder ein.
Auch ein französischer Frachter, der neben uns im Hafen liegt, zeigt keine Gastland-Flagge.
Die zwei Dutzend Umsiedler Bimbos sind glücklicherweise von Bord, aber ihr ganzer Schrott liegt noch auf Deck.
Mit dem Ausladen wird heute noch nicht begonnen.

Wieder großer Spaß beim Frühstück: Unser Steward, allgemein nur Garcon genannt, bringt uns den letzten Rest Nescafe und ein bisschen Zucker.
Wir rühren also aus der kärglichen Ration unser Morgenplörre an.

Kaum das wir fertig sind, erscheint Garcon wieder mit seinem eigenen Pott voll heißem Wasser, um sich selbst einen Kaffee zu brauen.
Als er feststellt, dass wir ihm nichts mehr übriggelassen haben, wird er richtig böse und beschwert sich: Wir würden zu viel essen und trinken!
Dabei habe ich noch nie so wenig gegessen und getrunken wie auf diesem Kahn.
Wir gehen wieder an Land, tauschen Geld und legen einen Gesundheitstag ein: Wir trinken etliche Biere (zwecks Nieren- und Seelenspülung) und verabreichen uns zum Mittagessen auf dem Markt von Moroni einen Vitaminschock, indem wir uns Tomaten, Ananas, Mangos und Bananen in die Bäuche laden.
Außerdem decken wir uns für die letzte Sambirano-Etappe nach Madagaskar mit entsprechenden Vorräten ein: 2 Ananas, 2 Kokosnüsse, etliche Mangos und Bananen- und die Hauptsache: 10 Dosen Bier.
So werden wir vielleicht auch die abendlichen Fischköpfe noch ein paar Tage überleben.
Und um 18 Uhr fahren wir tatsächlich ab.
Wir haben allerdings schon vorher ein paar Mal damit gerechnet, da der Laderaum zu gemacht wird.
Wir können ja nicht ahnen, dass dies nach jedem Schub Ladung passiert, auf das beim nächsten Schub die Stauer erst wieder alles auf machen müssen.

Wieder mal den ganzen Tag nur Wasser um uns herum.
Immerhin können wir nun die Mahlzeiten mit unserem Bier- und Obstvorrat erträglich gestalten.
Auf dem Vordeck unter dem Zelt haben sich wieder einige Familien häuslich eingerichtet, so dass wir lieber wieder auf dem Ruderhaus schlafen.

Nachdem gestern nichts Erwähnenswertes geschah, hat es uns in der Nacht fast vom Ruderhaus geblasen und im Moment haben wir den schwersten Seegang bis jetzt.
Und damit es uns nichts ausmacht, gibt es zum Frühstück eine Spezialität aus der Dose.
Ich kann zwar nicht lesen, was draufsteht, aber etwas in der Art: „Inhalt in Wasser auflösen und das mit Ungeziefer befallene Holz dick einstreichen", so hat es jedenfalls geschmeckt.
Es ist aber sehr sättigend.
Axel hat schon nach einem Happen genug.
Und mich tröstet die Gewissheit, dass es die letzte Mahlzeit auf diesem Kahn sein wird - sein sollte???
Um 10,30 Uhr erreichen wir Diego Suarez, der nördlichste Hafen auf Madagaskar.
Wir wollen die Sambirano hier verlassen und auf dem Landweg per Bus oder Pick-up weiter in den Süden fahren.
Aber erst einmal kommen die Formalitäten.

*Unser Kapitän lässt die gelbe Quarantäne-Flagge hissen, und so kommt außer
der Immigration-Truppe auch noch ein Gesundheits-Funktionär an Bord.*
*Aber dank unserer in Bukavu auf Cholera frisierte Impfpässe haben wir keine
Schwierigkeiten.*
*Wir sind schon fast durch, als der Immigration-Bimbo noch eine Idee hat: Wo
denn unsere Rückfahrscheine seien?*
Wir haben natürlich keine.
*Das wir genug Geld haben, um welche zu kaufen, genügt ihm nicht- ohne Retour-
Tickets keine Einreise.*
*Er will unsere Pässe behalten, bis wir in der Stadt Rückflugscheine gekauft
hätten.*
*Ich erkläre ihm, dass wir die Pässe aber brauchen, um erst mal Geld zu
tauschen.*
Das sieht er ein und gibt uns die Pässe mit Einreisestempeln zurück.
*Wir sollen am Nachmittag ins Polizeibüro kommen und ihm die Pässe
wiederbringen.*
Na mal sehen.
Inzwischen ist es 11 Uhr durch, und die Bank hat geschlossen.
Wir müssen bis 14 Uhr warten.
*Als es endlich soweit ist und wir unser Geld tauschen wollen, sagt der Bank-
Bimbo nein.*
*Wir müssen erst eine Devisenerklärung abgeben und vom Zoll stempeln lassen -
ohne Erklärung sei kein Umtausch möglich.*
*Also marschieren wir zum Zoll, warten dort auf den zuständigen Chef und
bekommen endlich den Wisch.*
*Dann wieder zurück zur Bank, und jetzt dauert es nur noch eine knappe Stunde
und schon haben wir Madagaskar-Geld.*
*Mit einem dicken Bündel hässlicher, stinkender Scheine fahren wir zum Büro der
Air Madagaskar und kaufen doch Flugscheine (Tananarive- Dar es Salaam).*
*Wir haben uns ohnehin entschlossen, zurück zu fliegen, denn eine Tour auf einem
Kahn wie der Sambirano ist allemal genug.*
*Wir zeigen unsere getürkten Professoren-Brief und unsere abgelaufenen
Studenten-Ausweise und bekommen 20% Preisnachlass auf die Tickets.*
Ersparnis 160.-DM.
*Anschließend präsentieren wir die Flugscheine noch bei der Polizei, und der
Immigration-Kummer löst sich in Wohlgefallen auf.*
*Die Busstation ist gleich in der Nähe und so wollen wir uns nach den Abfahrt-
zeiten für die Busse in Richtung Süden erkundigen.*
*Wir finden die Station erst gar nicht, weil kein einziger Bus dasteht, aber ein
paar Schwarze zeigen ihn uns.*
Ich frage einen rumsitzenden Bimbo: „Ist hier die Busstation?" -
„Ja, aber jetzt fährt keiner mehr." -
„Und, wann fährt der nächste?" -
„Nächstes Jahr."

Regenzeit.
Die einzige Straße nach Süden ist gesperrt, weil nur in der Trockenzeit befahrbar!!!
Nach Süden geht es nur noch per Flugzeug- und per Sambirano!!!
Du Scheiße !!!!!!!!!!!!!!!!!!!!!!!!!!!!
Also schiffen wir uns wieder ein.
Wir hatten ja ohnehin bis Majunga bezahlt.
Der Kapitän erklärt uns, dass er uns nicht weiter verpflegen kann - aber auf den Schiffsfraß ist geschissen.
Wir fahren noch einmal in die Stadt und kaufen Lebensmittel ein.
Dann gehen wir in ein gutes Restaurant und genehmigen uns prächtige Steaks zum Abendbrot - es war mal wieder nötig.
Um 19 Uhr sollte die Sambirano wieder auslaufen, aber die Mannschaft hat heute großes Ausbumsen.
Alle haben sich in Schale geschmissen - selbst Garcon stinkt, als sei er in eine Tonne 4711 gefallen - und eine Hafennutte nach der anderen (aber was für Maschinen) kommt aufs Schiff.
So dauert es bis 23 Uhr, ehe wir wieder losmachen.
Hartmut und ich sind jetzt die einzigen Passagiere an Bord und auf der hoffentlich letzten Etappe.
Es wird uns ungewohnter Luxus zuteil: Wir bekommen eine Kabine.
Ein winziges Loch zwar nur, das sonst als Rumpelkammer und Reislager dient, aber noch den letzten beiden stürmischen Nächten auf dem Dach des Ruderhauses, wissen wir es trotzdem zu schätzen.
Außerdem ist ein Doppeletagenbett drin.
-Nebenbei haben wir heute eine der „wundervollsten Hafenstädte" in der „schönsten Bucht der Welt nach Rio" (Prospekt) abgehakt.
Aber so berauschend war Diego nun wirklich nicht.
Wir hielten es nicht einmal eines Fotos für wert.

Weiter geht es also auf unserem Luxusliner.
Um wenigstens gelegentlich mal was Festes zwischen die Zähne zu kriegen, hat die Mannschaft der Sambirano ein paar Leinen mit Ködern über Bord gehängt.
Sie haben Glück: Mehrere Fische beißen an, darunter auch ein Riesending von fast zwei Meter Länge.
Hartmut hält es für einen Dorsch? Ich weiß es nicht.
Jedenfalls lässt der Kapitän ein schönes Stück für uns abschneiden und Garcon brät es uns zum Abendbrot.
Da wir gestern bei unseren Privateinkäufen in Diego Suarez auch eine große Flasche Rum besorgt hatten, wird es ein sehr gelungenes Menü mit zwei Gängen.
Beim Stöbern in unserer „Kabine", die ja sonst als Rumpelkammer dient, entdeckt Hartmut unter Anderem drei schöne Kreiselkompasse. Als er den Kapitän fragt, ob er einen haben könne, weiß der nicht einmal etwas von den Dingern.

Aber schenken will er Hartmut trotzdem keinen, nur verkaufen.
Hartmut bietet ihm einen Tausch an: Seine olle Windjacke gegen den Kompass.
Der Kapitän will es sich überlegen.
Wir haben halt eine gute, aber für Afrika völlig falsche Erziehung genossen.
Wenn ich das Ding einfach eingepackt hätte, hätte nie ein Hahn danach gekräht,
denn wenn die Kompasse für irgendwen einen Wert gehabt hätten, wären sie
eingeschlossen gewesen, nicht umsonst ist alles auf dem Schiff, was nicht niet-
und nagelfest ist, eingeschlossen, vom Essen bis zum Blechteller.

Ich möchte jetzt noch berichten, wie es dem Bankangestellten gestern gelang -
welchen zu ermorden ich das dringende Bedürfnis hatte - unsere Reiseschecks in
einer Stunde zu wechseln.
- Zuerst betrachtete er die Schecks von allen Seiten.
- Dann zählt er sie.
Ich hatte 20 Schecks zu 50.-DM.
- Nun verglich er die einzelnen Schecks miteinander.
- Dann zählte er sie und nahm einen Zettel um schriftlich auszurechnen, wie viel
20x50 wohl sei.
- Anschließend zählte er die Schecks und machte ein ordentliches Häufchen aus
ihnen, welches er akkurat auf dem Schreibtisch ausrichtete.
- Jetzt nahm er einen Formularblock, legte drei Blaupapiere ein und richtete den
Block ordentlich auf dem Tisch aus, um anschließend die Schecks zu zählen.
- Dann sah er in einem Ordner nach, ob die Schecks in Ordnung sind, wobei er
jede Seite des dicken Ordners genauestens studierte.
- Zur Sicherheit zählte er die Schecks noch einmal.
- Das komplett selbe passiert anschließend mit Axels Reiseschecks.
- Am Ende der Prozedur hatte er auf dem Schreibtisch mehrere genauestens
ausgerichtete Stapel, um festzustellen, dass er die falschen Formulare genommen
hatte.
- Also suchte er den richtigen Block, und las, als er in diesen das Blaupapier
eingelegt hatte, vorsichtshalber jede Seite durch, um sich sicher zu sein, diesmal
die richtigen Formulare zu haben.
- Dann zählte er die Schecks und sorgte für Ordnung auf seinem Schreibtisch.
- Nun wartete er auf den Chef, damit dieser den Tausch genehmigt.
Als dieser wieder zufällig mal vorbei kam und diesmal fragte, was das für
Schecks seien, fragte dann auch der Angestellte, ob er sie wechseln dürfte.
Er durfte.
- Also zählte er die Schecks und gab sie uns zum Unterschreiben.
- Danach zählte er die Schecks und füllte anschließend die Formulare aus, ließ
sich unsere Pässe geben und besah sich erst einmal unsere Pässe und alle Visa.
- Dann zählte er die Schecks und prüfte die Unterschriften.
- Anschließend zählte er die Schecks, machte Ordnung auf seinem Schreibtisch
und verschwand dann mit allem.

- Und danach, ob man es glaubt oder nicht, zählte er die Schecks nicht noch einmal, sondern sorgte nur für Ordnung auf seinem Tisch und zahlte anschließend unser Madagaskar Geld aus!
Ich hatte inzwischen meine letzten Haare ausgerissen und Axel eine Topfpflanze gefressen.

Inzwischen haben wir bis auf wenige Ausnahmen eine weiße Mannschaft.
Nachdem in den letzten Tagen das Oberdeck grün, die Reling und das Unterdeck schwarz gestrichen worden sind - das Schiff wird langsam wieder - sind heute die Aufbauten in weiß dran.
Die Arbeit wird mit so viel Freude und Aktivität betrieben, ein Eimer fiel auch um, dass inzwischen, außer einem Fisch, der noch auf Deck liegt, auch alle andersfarbigen Teile des Schiffes mehr oder weniger ganz weiß oder doch zumindest weiß gesprenkelt sind.
Ein grün - weißes Oberdeck, ein schwarzes Unterdeck mit weißen Fußabdrücken usw.
Die einzige Chance, dass das Schiff ordentlich aussehen würde, ist offensichtlich, es nur in einer Farbe anzustreichen.

Während der ganzen Fahrt hatten wir auf dem Dach einen Einbaum mit Ausleger mitgeschleppt und heute Nachmittag wird er heruntergeholt und aufs Ladedeck geschafft, nebst allerlei Säcken und Kisten.
Inzwischen ist es dunkel geworden und kurz vor Majunga verlangsamen wir die Fahrt, lassen das Boot zu Wasser, es wird beladen und verschwindet mit zweien der Mannschaft in der Dunkelheit.
Sollte unser Kapitän schmuggeln???
Wenn ich ihn morgen noch einmal wegen dem Kompass frage, werde ich diese meine Beobachtungen mit einfließen lassen.

Und nun zum Abenteuer des Tages:
Ich vermag es nur mit zitternden Fingern zu schreiben, da es mich persönlich betrifft.
Wir hatten uns unseren Abendkaffee Spezial (mit Rum) gebraut.
Als meine Tasse leer war, wollte ich sie in den Essensraum zurück bringen.
Ich betrat also selbigen Raum, knipste das Licht an.
Eine große Ratte, die mitten im Raum saß, geriet in Panik und flüchtet!
Wohin?
In mein linkes Hosenbein !!!!!
Innen raste sie mein Bein hoch und als es nicht weiter ging, spurtet und zwängt sie sich über meine liebsten Körperteile und dann das rechte Bein runter!!!
Auf diesem letzten Stück Weg schlug ich dann mit der Blechtasse schon auf sie ein und so fiel sie betäubt aus der Hose, wo ich sie dann tot trat und über Bord warf. Meine Beine waren von den Krallen zerkratzt.

Ich genehmigte mir anschließend einen ziemlich großen Schnaps, nicht nur, um mein Jagdglück zu feiern.

Gegen 20,30 Uhr erreichen wir dann Majunga.
Wegen Hartmuts immer noch zitternden Knien, schaffen wir es nur bis zur erstbesten Hafenspelunke, wo Hartmut nun die in seinen Gedanken immer noch an seinen Weichteilen knabbernde Ratte, zu ertränken versucht.
Die weiblichen Gäste der Kneipe zeigen das gleiche Berufsbild, wie die im Rainbow von Mombasa, so dass es ein lustiger Abend wird.
Die Nacht verbringen wir noch einmal- zum allerletzten Mal- auf der Sambirano, ich übrigens alleine auf dem Dach des Ruderhauses.
Hartmut braucht die Kabine für sich und wie sie auch immer heißt.
Er will sich überzeugen, dass die Ratte wirklich keinen Schaden angerichtet und was abgebissen hat.

Wir haben abgemustert (Donnerstag, 27.11.), endlich und diesmal endgültig!
Die Fahrkarten nach Tananarive haben wir auch schon gekauft.
Morgen früh um 5 Uhr geht`s los - per Auto, ohne Ratten und ohne Garcon.
Dieser Oberbimbo hatte uns heute früh nicht einmal mehr heißes Wasser für einen Kaffee gemacht.
Er ist halt auch nur eine von den vielen Ratten auf dem Schiff.
Die hiesigen Menschen wie du und ich, haben es heute früh überhaupt mal wieder drauf angelegt.
Frühstück in unserem Hotel: Wir bestellen Kaffee, Tee, ein Steak und zwei Spiegeleier.
Mit den Getränken klappt es noch, aber Steak und Eier vergisst der Kellner auf dem langen Weg zur Theke wieder.
Stattdessen bringt er irgendwann die Rechnung.
Als ich ihn dabei an das noch immer ausstehende Essen erinnere, schlurft er ohne Erklärung oder Entschuldigung in die Küche, brutzelt, und kommt schließlich mit zwei Steaks wieder.
Den kleinen Lapsus (statt der Spiegeleier noch ein Steak) reklamieren wir gar nicht erst, denn erstens wäre es sowieso sinnlos, und zweitens sind wir froh, überhaupt was zu kriegen.

Beim Abendbrot kommt es dann noch besser.
Gewitzt vom Frühstück frage ich erst einmal: "Haben sie Eier?"
„Ja".
Ich mache den Fehler zu übersehen, dass diese eine reine Höflichkeitsantwort ist.
Denn erstens hat der Kellner ja keine Ahnung, ob vielleicht Eier in der Küche sind, zweitens hofft er, falls keine da sind, dass man nur so gefragt hat und gar keine Eier will, und drittens ist es ihm sowieso egal.
Aber ich bestelle prompt 4 Spiegeleier und 2 Steaks.
Ob wir die Steaks mit Salat oder Kartoffeln haben wollen, werden wir gefragt.

Mit Kartoffeln.
„ Und 4 Spiegeleier? "
„ Ja, zwei für mich und zwei für meinen Freund. "
Er bringt endlich für jeden zwei, also insgesamt 4 Steaks mit Salat natürlich.
Aber diesmal reklamieren wir: „ Wir wollten 4 Eier, nicht 4 Steaks. "
„ Eier sind keine da. "
„ Und die Steaks mit Kartoffeln und nicht Salat. "
„ Kartoffeln sind keine da. "
Also essen wir jeder 2 Steaks mit Salat.

Es hat nichts mit Rassismus zu tun, wenn ich nach acht Monaten Afrika erkläre, dass die Schwarzen -zig mal fauler, unzuverlässiger und vor allem dämlicher als Weiße sind- ich halte sie deswegen ja noch lange nicht für schlechtere Menschen. Vielmehr erkenne ich die Überlegenheit der Schwarzen gegenüber den Weißen auf anderen Gebieten ausdrücklich an: Beispielsweise können sie viel schneller auf Bäume klettern.

Ansonsten haben wir uns um 15 Uhr mit dem Kapitän in einem Hotel verabredet, wo er den Kompass hinbringen will.
Wir haben unsere Lexion immer noch nicht gelernt.
Wir sind um 15 Uhr dort, natürlich vergebens.
Aber heute Abend bin ich noch einmal zum Hafen gefahren, um mit ihm zu reden.
Für 150.-DM könne ich den Kompass haben, dann würde es nichts ausmachen, das er ja Eigentum der Reederei ist und überhaupt zusammen mit den anderen vergammelten Seenotrettungs-Gegenständen in die Rettungsboote oder zumindest in Griffnähe gehöre.
Ich verzichte auf den Kompass.
Allerdings bin ich sicher, dass der Kapitän, jetzt wo er weiß, dass er so etwas an Bord hat, nach und nach alles sowieso verkaufen wird.
Mitten in der Nacht werden wir wieder einmal vom Wecker aus den Träumen gerissen.
Um 3 Uhr !!!
Um 5 soll nämlich unser Taxi nach Tananarive abfahren.
Wir rechnen also mit einer Abfahrt um 6 Uhr und vorheriger Fahrgastjagd.
Aber siehe da!
Die Taxis sind staatlich und daher organisiert.
Platzverteilung auf die Taxis nach Liste und pünktliche Abfahrt.
Man wird also wieder ganz optimistisch, da die Leute hier auch schon sehr viel polynesischen Einschlag haben und alle sehr freundlich sind.
Aber wir stellen dann doch bald fest, dass auch ihnen zu viel Sonne auf den Kopf scheint.
Jedenfalls können auch sie nicht vorausdenken.
Um von einer Reifenpanne zur nächsten zu denken, grenzt hier an Futurismus.

Da wir auf der Fahrt sechs Platten haben, immer aber nur der kaputte Reifen repariert wird, während der kaputte Reservereifen kaputt bleibt, müssen wir zweimal lange Zeit auf ein anderes Taxi warten, dass unseren Fahrer und einen kaputten Reifen mit zur nächsten Werkstatt nimmt und einmal müssen wir sogar mit einem geliehenen Reifen zurück fahren.

Daher kommen wir erst um 20,30 Uhr in Tana an.

Suchen ein Hotel, gehen gut essen und hauen uns aufs Ohr.

Nun ist es passiert: Am Vorabend des 1.Advent haben uns Straßenhändler die ersten Weihnachtsmänner angeboten- wir sitzen gerade beim Abendbier in einem Straßencafé an Tananarives Hauptboulevard (natürlich nach der Unabhängigkeit benannt).

400 France (5.-DM) sollen die 20cm großen Scheußlichkeiten mit ihren weißen Wattebärten kosten.

Wir haben keinen gekauft.

Ansonsten haben wir uns heute Tana erlaufen.

Informations- und Orientierungsrundgang am Vormittag und Touristenbüro, wo sich zwei ebenso nette wie ratlose Mitarbeiter ziemlich vergeblich abmühen; Nicht einmal einen Stadtplan haben sie.

Nachmittags dann großer Foto-Spazierlauf: Rova-Hügel mit mehreren Palästen und Königsgräbern: Prächtige Säle, Kunst, alles noch gut erhalten- bloß am Eingang musste man den Fotoapparat abgeben.

Anschließend Anosy-See mit Toten-Denkmal.

Zwischendurch immer wieder schöne Aussichten von den oder auf die vielen malerischen Hügel, auf denen Tana gebaut wurde.

Endlich mal wieder eine schöne Stadt, die oft an Paris erinnert.

Nicht einmal der Sozialismus hat bisher Schlimmes ausrichten können.

Die Stadt ist lebendig, auch abends noch, es gibt alles zu kaufen, die vielen Geschäfte sehen gut sortiert aus.

Vielleicht liegt es daran, dass es hier- jedenfalls im Straßenbild- noch eine ganze Menge Weiße mehr gibt, als in anderen Städten vorher.

Nach unserem kleinen Stadtrundgang, der also allseits gute Eindrücke hinterlassen hat, zweckentfremdet Hartmut das Bidet in unserem Hotelzimmer, indem er sich seine qualmenden Füße darin kühlt.

Es spricht für die außerordentliche Qualität des verwendeten Materials, dass das Becken dabei nicht in tausend Teile sprang.

Da Axel nachher seine Socken auch darin waschen will, wird es aber wohl dann passieren.

Wie es unsere unnachahmliche Art ist, haben wir den 1.Advent voll und ganz der Kultur gewidmet.

Am Vormittag fahren wir per Bus nach Ambohimanga (21km NO auf der Straße nach Anjozorobe), einem 700 Einwohner-Dorf, das den früheren Königen der Hova-Monarchie als Sommerresidenz und heiliges Dorf diente.

Wieder alles sehr hübsch, außen wie innen, und deshalb dürfen wir in den Palästen auch nicht fotografieren.
Zum teuren Mittagessen in einzigen nennenswerten Restaurant des Dorfes gibt es dafür noch Folklore-Getanze, aber das ist läppisch im Vergleich zu den Giriama-Tänzen in Malindi beispielsweise.

Am Nachmittag besichtigen wir dann die „heiligen Häuser" und pipapo in Ambohidratrimo (14km auf der Straße nach Majunga), aber außer einer schönen Aussicht vom heiligen Hügel ist von dem einstigen Palast nicht mehr viel übrig geblieben- hätte man sich schenken können.
Zurück nach Tananarive versuchen wir es mal mit Autostopp, und es klappt auch: In zwei Etappen kommen wir jedenfalls bequemer zurück als mit dem Bus.
Es sind beides Mal weiße Franzosen, die uns mitnehmen.

Der Tag beginnt mal wieder mit Brrrrrrrr um halb sechs.
Um 7 Uhr fährt der Zug nach Tamatave ab.
Unser Gepäck lassen wir größtenteils in unserem Hotel zurück- hoffentlich ist es in drei Tagen noch da.
Laut Prospekt ist die Eisenbahnfahrt nach Tamatave ein „Muss" für den Madagaskar-Besucher. Na ja.
Es ist also ein richtiger Bimbo-Express:
Die meiste Zeit brechend voll.
Für die 375 km braucht er 13 Stunden, incl. einer einstündigen Pause wegen eines entgleisten Gegenzuges.
Wir fahren 2.Klasse (halb so teuer wie die 1.).
Da wir keine reservierten Plätze haben (woher wissen, dass es so etwas hier überhaupt gibt), müssen wir froh sein, wenigstens noch zwei Sitzplätze zu bekommen- an Fensterplätze ist nicht zu denken.
So bekommen wir von der zweifellos sehr schönen Landschaft durch die wir fahren, nur gelegentlich ein bisschen zu sehen.
Wesentlicher Eindruck von dieser „Muss"-Fahrt bleiben dann auch unsere durchgerittenen Ärsche.
Zurück nach Tana wollen wir stattdessen ein Taxi nehmen.
Der Tag beginnt damit, dass wir ein Taxi für morgen erkunden, die Schönheit der Stadt ansehen und eine Kneipe finden wollen.
Alles misslingt.
Taxis fahren erst Übermorgen und auch dann ist nicht sicher, dass man einen Platz bekommt, da sie schon von irgendwoher kommen.
Also kaufen wir wieder zwei Bahnkarten.
Zum Plätze reservieren ist es leider zu spät, schon alles ausgebucht.
Dann wollen wir die Stadt besichtigen, aber es gibt nichts zu sehen, die breiten Straßen sind leer und es ist nichts los.
Da es heute mal wieder extrem heiß ist, suchen wir eine Kneipe, oder so was.
Nach langem Suchen finden wir ein teures Restaurant.

Zum Mittag gehen wir in das einzige einheimische Restaurant, dass wir bei unserer langen Stadtwanderung gesehen hatten.

Es gibt ein Gericht.

Garcon Gedächtnis-Essen. Reis mit Fleisch und etwas Soße.

Axel ist kaum zu bremsen.

Ja, und damit ist Tamatave abgehakt und man kann bestimmt sagen, dass sich der 13-stündige Ritt auf der Eisenbahn, und das auch wieder zurück, nicht gelohnt hat.

Um sechs Uhr früh soll der Zug abfahren und wir sind diesmal schon kurz nach vier dort.

Trotzdem steht vor der Sperre bereits eine Menschenschlange.

Obwohl Madagaskar nie englische Kolonie war, haben die hier das Schlange stehen gelernt, am Bus, am Zug und überall und es klappt meistens.

Allerdings haben die Madagassen das Schlange stehen perfektioniert.

Jeder, der halbwegs vorne steht, steht dort nicht einfach so für sich selbst, nein, er repräsentiert mindestens noch 2 Dutzend Andere, für die er mittels auf die Sitzbänke geworfener Lumpen oder Gepäckstücke gleich abteilweise die Sitzplätze reserviert.

Ein paar ganz pfiffige verkaufen diese Plätze später auch wieder an hintere Schlangenglieder weiter.

Und so drängelte sich Axel als zivilisierter Mensch, als die Sperre geöffnet wird, vorne rein, während ich hinter die Stellung halte,

So ist Axel auch einige Zeit vor mir im Zug und reserviert zwei Plätze am Fenster.

Daher ist die Fahrt viel angenehmer, da wir viel von der Landschaft sehen. wenn auch nach 13 ½ Stunden der Spaß keiner mehr ist.

Auf einem der Bahnhöfe lernen wir eine neue Spezialität kenne, die dort von einer der vielen „Fliegenden Händler" verkauft wird: Geräucherte Banane für 50 France (60 Pfennig).

Sie sehen aus wie verschrumpelte kleine Würstchen und schmecken den Engerlingen im Kongo nicht unähnlich.

Wir kosten ein paar und verschenken den Rest.

In Tananarive angekommen, gehen wir erst mal essen und dann in unser Hotel.

Mit dem Taxi fahren wir heute Vormittag ins 130 km von Tana entfernte Dorf Ampefy- laut Prospekt im Herzen der Vulkan-Zone.

Die knapp 3-stündige Fahrt führt durch sehr schöne Landschaft und macht Spaß.

Da unser schlauer Prospekt in der näheren Umgebung mehrere sehenswerte Punkte aufführt, u.a. den Itasy-See, einen Wasserfall und einen Kratersee und eine 6 Meter große Maria-Statue in den Lavafelsen, wollen wir am Nachmittag ein Auto mieten und eine Rundfahrt machen.

Nach zwei vergeblichen Mietversuchen, die an den überhöhten Geldforderungen der Fahrer scheitern, werden wir schließlich mit einem 2CV-Fahrer einig.

Für 2000 France (25.-DM) will er uns mit seiner Lieferwagen-Ente drei Stunden durch die Gegend fahren.

Erstes Ziel sind die Lidy Wasserfälle, aber wir kommen nicht mal bis dorthin.

Kurz vor den Wasserfällen beendet ein großer Stein das Dasein der Hydraulik-Federung, und die Ente beginnt hinten links zu lahmen.

Wir laufen dann noch zu Fuß zu den Fällen und stellen fest, dass sie zwar ganz hübsch sind, aber ein kaputtes Auto denn doch nicht lohnen.

Unser Auto schafft es mit Mühe und Not zurück nach Ampefy, aber aufs Weiterfahren will sich unser Fahrer nicht einlassen.

Vergeblich versuchen wir, eine andere Fahrgelegenheit aufzutreiben, und schließlich landen wir in der einzigen Bar des Ortes.

Aber sie haben kein Bier.

Auch sonst gibt es in Ampefy nirgendwo Bier.

Wir kaufen stattdessen 2 Colas und machen sie mit Rum genießbar.

Jetzt sitzen wir auf der Veranda unseres hiesigen Hotels, schlucken Cola+Rum und beglückwünschen uns zu dieser Entscheidung, denn es gewittert und gießt in Strömen- ein Glück, dass wir jetzt nicht irgendwo in der Landschaft herum kraxeln.

Es saut weiter, bis wir uns schließlich irgendwann des Nachts in unser Bungalow begeben und den Flachmann machen.

Weil wir heute den Zoma, den nur freitags stattfindenden, berühmten Markt von Tananarive, besuchen wollen, fahren wir am Vormittag zurück, ohne die restlichen Sehenswürdigkeiten Ampefys gesehen zu haben.

Der Markt entlang der Hauptstraße ist dann auch tatsächlich ganz malerisch, vor allem, weil sich die Madagassen ganz gern fotografieren lassen.

Vorher hatten wir noch bei der Air Madagaskar unsere Flüge nach Dar es Salam für Sonntag, den 14.12. fest gebucht.

Wir wollten eigentlich schon Donnerstag fliegen, aber den Donnerstag-Flug gibt es nicht mehr.

In den nächsten 8 Tagen bis zum Abflug, wollen wir uns den Süden Madagaskars ansehen.

Mit Nikolaus war nichts.

Vielleicht hätten wir unsere Schuhe doch lieben putzen sollen.

Aber meine würden dann wohl endgültig auseinander fallen.

Wir deponieren den Großteil unserer Habe wieder im Anjary-Hotel und fahren 170 km nach Antsirabe.

Diesmal nicht per Peugeot-404-Taxi, sondern mit dem Bus.

Ich habe Glück, sitze in der ersten Reihe, wo es nur zwei Beifahrersitze gibt, und genieße die schöne Berglandschaft mit Flüssen, Seen und terrassenförmig angelegten Reisfeldern

Hartmut sitzt irgendwo hinten mitten im Getümmel der Bimbos und ihrer Hühner.

Er gibt nur gelegentlich schwach Lebenszeichen von sich, bis endlich nach der Hälfte der Strecke der Opa neben mir aussteigt und so auch Hartmut in die erste Reihe vorrücken kann.
Gegen 13,30 Uhr erreichen wir Antsirabe.
Den Nachmittag nutzen wir zur Stadtbesichtigung.
Wir suchen und finden das Syndikat d'Initiative Tourisme, aber es ist restlos ausgestorben.
Schließlich mieten wir für 300 France (2,70 DM) pro Stunde eine Rikscha und lassen uns durch die Gegend ziehen, die aber kaum aufregend ist.
Wir haken die im Prospekt erwähnten Thermalquellen ab, die genauso aussehen, wie Thermalquellen überall, nämlich wie ein Sanatorium.

Heute haben wir Antsirabe und Umgebung komplett abgehakt.
Alle im Prospekt erwähnten Sehenswürdigkeiten werden besucht.
Gleich morgens fahren wir per Bus nach Betafo.
Dort gibt es historische Gräber und einen See zu sehen, was aber beides nichts Tolles ist.
Auch die Antafofo Wasserfälle sind eher bescheiden, aber der Spazierweg dorthin, durch die Reisfelder ist sehr schön.
Auf diesem Weg laufen wir, zum ersten Mal in Afrika, gleich drei Schlangen über den Weg.
Grün mit einem gelben und einem schwarzen Längsstreifen.
Ich will eine fangen, aber sie entwischt, und als wir einen Ast mit Gabelung zurechtgeschnitzt haben, kommt keine mehr.
Zum Mittag sind wir zurück in Antsirabe und mieten uns für die letzte Sehens-würdigkeit, den Tritriva-Kratersee, ein Taxi.
Es soll die einzige Möglichkeit sein, dorthin zu gelangen.
Es ist sehr teuer, aber dafür ist der See auch sehenswert.
Vor oben betrachtet, hat er witziger Weise die Form von Madagaskar.
Schon eigenartig.
Nachdem wir schon auf dem Hinweg den Reservereifen gebraucht haben, geht uns prompt auf der Heimfahrt auch noch ein Reifen kaputt.
Während Axel und der Fahrer auf eine Eingebung warten, lockt mich aus einer kleinen Dorfkirche Orgelmusik an.
Ein Schwarzer sitzt an einer Uralt-Orgel mit Fußblasebalg und spielt.
Um ihn herum steht ein Haufen Kinder und hört zu.
Ich geselle mich dazu, was Aufregung verursacht, da die Kinder immer bemüht sind, die Orgel zwischen sich und mich zu bringen.
Der Spieler bietet mir an, zu spielen und so dürfte zum ersten Mal das deutsche Kinderlied „Summ, summ, summ, Bienchen summ herum", von den Klängen einer Orgel getragen, durch eine Kirche geklungen sein.
Es ist das einzige Lied, das ich spielen kann.
Zu Abschluss spielt der Schwarze dann noch ein paar Lieder.

Unser Auto ist noch nicht repariert, als ich zurückkomme.
Aber wir haben Glück, ein Weißer, der mit seinem Citroen vorbei kommt, nimmt uns mit nach Antsirabe.
Wir statten noch dem Park de l`est eine Stippvisite ab und kommen gerade noch vor dem heutigen großen Regen in unser Hotel.

Axel sitzt x-beinig und blass auf dem Stuhl und will sich das Scheißen bis morgen früh verkneifen, wenn wir in ein teures Hotel frühstücken gehen.
Hier in unserem Hotel kann man nämlich nicht, es sei denn, man watet bis zu den Knöcheln durch die Scheiße, dauernd in der Gefahr, auszurutschen und im Loch im Boden zu verschwinden.
In einer Woche spätestens ist das Klo endgültig zugeschissen, wenn nicht das Dach vorher einstürzt und der Regen alles in die Gegend spült.

Wieder einmal ein großer Ritt:
Nach dem Frühstück greifen wir uns den Bus nach Fianarantsoa und klemmen uns in die Letzte Reihe.
Nach 8 ½ Stunden Achterbahn sind wir endlich am Ziel.
Zwischendurch haben wir eine intensive Polizeikontrolle heil überstanden.
Die Polizisten haben nicht nur den Feuerlöscher des Busses, sondern auch die Papiere sämtlicher männlicher Insassen überprüft.
Die Personalien schreiben sie auf einen Zettel.
Als der eine des Alphabets mächtigen Bullen bei unseren Pässen zur Rubrik „besondere Kennzeichen" kommt, weiß er mit dem deutschen Eintrag nichts anzufangen und überträgt deshalb vorsichtshalber „keine" wörtlich in sein Protokoll, das er ansonsten in Madagasy anfertigt.
Immerhin finden wir in Fianarantsoa noch ein brauchbares Hotel (Hotel des Voyageurs), begucken uns vor dem Abendbrot sogar noch die hiesige Kathedrale und erholen uns schließlich von Dom und Dauerritt bei einem guten Abendbier.

Heute Vormittag besichtigen wir ein fürchterliches Marienstandbild, welches etwa 6 Meter groß ist und am Berg über Fianarantsoa steht. Leider hatte ich keine Lust, meinen Fotoapparat mitzunehmen.
Da der Blick von der Statue aber sehr schön ist, bestrafe ich mich für meine Faulheit und steige, nachdem wir wieder im Hotel sind, noch einmal mit Knipse hinauf.
In meinem üblichen schnellen Schritt tobe ich nach oben, wo es mich dann auch prompt niederhaut und ich einige Zeit brauche, um wieder zu mir zu kommen.

Am Nachmittag wollen wir dann per Zug nach Manakara fahren.
Der Zug hat natürlich 1 ½ Stunden Verspätung.
Ich nehme hiermit alles Gute, das ich über das Schlange stehen der Madagesen gesagt hatte, zurück.

Ich erlebe den Sinn einer hiesigen Schlange heute auf dem Bahnhof, und da ich vorne stehe, erlebe ich es am eigenen Körper.

Kaum öffnet sich die Sperre, löst sich die Schlange in einen wild vorwärts-drängenden Haufen auf.

Da ich aber außer meinem Blechköfferchen kein Gepäck habe, kann ich meinen Platz behaupten.

Eine im Nahkampf gestählte Matrone, die geschickt ihre Stangenbrote in alle im Weg befindlichen Weichteile rammt, schmiere ich ans Geländer.

Nur bei einer Mutter, die ihren brüllenden Säugling in die Menge haut, nehme ich etwas Rücksicht auf das arme Wurm.

Trotzdem sind, als ich den Zug betrete, bereits alle Fensterplätze durch Gepäck-stücke belegt.

Aber ich bin durch das lange Warten und den Kampf gerade so richtig in Fahrt und staple das Gepäck einfach um, mein Killerblick erstickt fast jeden Protest.

So sitzen wir also während der Fahrt am Fenster und es ist eine schöne Fahrt durch die Berge und durch dichten Dschungel.

Zu der Verspätung, mit der der Zug abgefahren ist, kommen bis Manakara noch einmal 1 ½ Stunden hinzu, so dass wir dort erst um 20,30 Uhr eintreffen.

Das Nest macht im Dunkeln einen traurigen Eindruck, nicht einmal ein Taxi steht am Bahnhof (aber wenn die Taxis auf den Zug warten würden, ständen sie ja stundenlang sinnlos herum).

Wir finden schließlich doch noch eins und lassen uns durch meist unbeleuchtete Straßen zum besten Hotel der Stadt fahren- jedenfalls macht es von außen diesen Eindruck.

Der Eindruck täuscht.

Der Frosch im Waschbecken ist ja noch ganz niedlich, aber der Moskitoschwarm in unserem Zimmer erweist sich im Laufe der Nacht doch als recht lästig.

Unerklärlich die großen Pisseflecken auf Laken und Bettdecke, denn für regelmäßige Reinigung sorgt doch der Regen, der durchs undichte Dach genau aufs Bett tropft.

Also eine lausige Nacht.

Hartmut macht nach der Nacht am Morgen einen reichlich mitgenommenen Eindruck.

Jedenfalls verzichtet er aufs Frühstück und spült sich die Müdigkeit mit einem Bier aus den Gliedern.

Da Manakara bei Tageslicht den gleichen traurigen Eindruck wie gestern im Dunkeln macht, starten wir alsbald zur nächsten Etappe: Per Bus bis Vahipano, dann per Taxi (7 Personen im R4) nach Farafangana.

Die Qual der Wahl des besten Hotels bleibt uns hier erspart, denn es gibt nur eins.

Immerhin macht es gar keinen so schlechten Eindruck, es gibt sogar Moskitonetze über den Betten- aber noch ist die Nacht nicht überstanden.

Nach dem Mittagessen erkundigen wir uns, wann die Taxis oder Busse von hier nach Ihosy, unserem morgigen Ziel, abfahren.
Die Auskunft ist wieder madagaskar-typisch, nämlich: Nach der Regenzeit.
Obwohl auf unserer Michelin-Karte eine schöne ganzjährig befahrbare Straße eingezeichnet ist.
So wird uns denn wohl nichts anderes übrigbleiben, als den gleichen Weg nach Tananarive zurück zu zuckeln, auf dem wir hierhergekommen sind.

Am späten Nachmittag machen wir einen Spaziergang am Strand, wo das Wasser lagunenartig durch eine vorgelagerte Sandbank vom Wellengang der See geschützt wird.

Ich berichte nun zur Abwechslung auch mal was Gutes über die Bimbos, da wir uns ja bemühen, fair und objektiv, über die Eingeborenen zu berichten ?!?!!!!!!

Axel und ich wollen nämlich einen Einbaum mieten und auf der Lagune spazieren fahren.

Wenn wir über die Schwarzen im Zaire gelästert hatten, weil sie gelegentlich mit ihren Booten gekentert waren, so bekunde ich hiermit ausdrücklich im nachherein meinen Respekt, überhaupt damit fahren zu können.

Wir nämlich finden zwei Kinder, die mit einem Einbaum bei uns anlegen und bereit sind, uns ihr Boot zu leihen.

Oder wissen sie, was geschehen wird?

Ich setze mich also rein und greife zum Paddel.

Dann steigt Axel ein.

Das Boot liegt ruhig und sicher auf Grund.

Also zieht Axel Schuhe und die Reste der Strümpfe aus und schiebt den Kahn ins tiefere Wasser und steigt wieder ein.

Daraufhin droht der Kahn umzukippen.

Ich weiß nicht warum, vielleicht wegen der runden Unterseite, es ist uns nicht möglich, das Gleichgewicht zu halten.

Da Axel an unsere Papiere denkt, verlässt er das Boot fluchtartig wieder und ich will alleine, ohne den schaukelnden Axel losfahren.

Solange ich mich nicht bewege, geht es.

Aber sobald ich das Paddel benutzen will, muss ich ins Wasser langen, um mich am zum Glück noch nahen Grund, abzustützen.

Also paddle ich doch lieber auch nicht ins Tiefere, wo ich mich nicht mehr abstützen könnte.

Außerdem bin ich der Meinung, auch so der immer größer werdenden Menge feixender Madagassen, genug Unterhaltung geboten zu haben.

Wir verzichten auf die Fahrt.

Vielleicht haben wir auch nur zu viele Letchi gegessen.
Die sind nämlich unsere neue Leidenschaft.
Man kauft sie in Büscheln zu ca. 20FR. (-.25DM).
Eine Letchi sieht aus wie eine große Erdbeere, aber die rote Schale ist hart und man muss sie abpellen.

Heraus kommt eine milchig weiße Frucht mit weintrauben-artigen Konsistenz.
Sie hat einen großen dunkelbraunen Kern, den man nicht mitessen kann.
Deshalb sind auf Madagaskar ganze Landstriche mit einer dicken Schicht von
Letchi-Kernen zugespuckt.
Es ist gerade Saison.
Jeder isst sie.
Die Bimbos natürlich auf ihre eigene Art: Sie pellen die Letchi nur halb, und
dann drücken sie mit drei Fingern auf die ungepellte Hälfte, damit die Frucht
dann in ihr saugnapfartiges Maul flutscht. Anschließend sabbern sie dann den
Kern wieder aus.
Ach so: Wie schmecken Letchi überhaupt?
Schwer zu beschreiben.
Selbst Hartmut fällt nichts Besseres ein als „apfelige Weintraube" oder
„weintraubenartiger Apfel".
Sie schmecken also einzigartig nach Letchi.
Was könnte man für einen herrlichen Schnaps aus ihnen brennen!
Axels letzte Bemerkung beruhigt mich.
Ich hatte schon Sorgen, er würde über seine Letchi-Sucht seinen Alkoholismus
vergessen.

Dämlicher Ortsname: Fianarantsoa.
Aussprechen können ihn die Bimbos sowieso nur wegen ihrer letchigeölten
Saugnäpfe im Gesicht.
Wir reiten also heute wieder für Deutschland.
Erst per Bus zurück ins laus(ch)ige Manakara.
Es ist und bleibt ein Drecksnest: Das Bier im Bahnhofsrestaurant ist warm und
die Fleischzumpel zum Mittag sind zäher als meine mürben Schuhsolen.
Dann nehmen wir den Zug nach Fianarantsoa, der ausnahmsweise pünktlich um
13 Uhr abfährt, was ihn aber nicht daran hindert, wieder mit 1 ½ Stunden
Verspätung anzukommen.
Zum Glück gibt es an den Stationen genug Letchis und Bananen zu kaufen.
Im Zug lernen wir einen jungen Australier aus Sidney kennen.
Er war mit einem jener englischen Rudel gereist, die in 20er-Gruppen die
Strecke London-Kapstadt in 3-4 Monaten per Bedford-Laster runterdonnern.
Er hatte dann 3 Monate in Südafrika gearbeitet und will jetzt auf dem Heimweg
noch Madagaskar abhaken.
Manche Vögel haben auch komische Hobbies: Seins sind Schnecken.
Die sucht er, sammelt sie, kauft sie, und sicher frisst er die anderen.
Jedenfalls fragt er einen dauernd, wo es den schönen Wald gibt, weil dort die
meisten Schnecken leben.
Aber unsereiner ist ja auch nicht viel besser.
Nachdem uns beim Abendbrot im Hotel des Voyayeurs die Steaks nicht so recht
gesättigt haben, schlürfen wir hinterher noch ein Dutzend (nach Bimbo-Zählung

14) Austern und harren jetzt der Cholera- vielleicht können wir die Keime aber auch noch rechtzeitig mit Bier abtöten.

Heute setzen wir uns gleich früh in ein Peugeot-Taxi, um in einem Gewaltritt bis Tananarive durchzukommen.

Wir haben Glück und unser Fahrer hat es eilig, so dass wir um 15 Uhr in Tana ankommen, etwas rumlaufen und unser Abendessen im Glacier Hotel einnehmen, wo es immer noch die besten Steaks gibt.

Wie absolvieren unseren Foto-Endspurt in Tananarive.

Erst fahren wir zur Station für die Taxis und Busse in Richtung Süden und marschieren von da aus durch die Reisfelder vor der Stadt ab.

Viele hübsche Motive.

Anschließend geht es in den Zoo von Tana.

Keine aufregenden Tiere, aber der Park ist sehr hübsch in die Landschaft eingegliedert.

Der Eintritt ist frei, und ein Wärter, der am Eingang rumsteht, führt uns durch den Park.

Mittendrin ein kleiner See mit Insel, auf der eine Kolonie Kuhreiher (?) haust.

Nicht alle Reiher bauen ihre Nester auf der Insel, manche auch am Ufer des Sees, und die dort geschlüpften Jungreiher sind dann „vogelfrei".

Kinder klettern auf die Bäume und plündern die Nester oder sie stoßen die Vögel mit langen Bambusstangen aus ihren Nestern.

Dann werden den Tieren die Beine mit Bastschnüren zusammen gebunden und zum Weitertransport werden sie in Körbe oder Plastiktüten verfrachtet.

Alles mitten im Zoo und völlig legal(?).

Irgendwann werden die Vögel dann geschlachtet und gebraten.

Hier in Tana habe ich noch keine gesehen, aber in Farafangana kostet ein ganzer gebratener Jungreiher im Straßenverkauf etwa 200Fr. (2,50 DM).

Viel Fleisch ist an den Viechern natürlich nicht dran

Auch Fischliebhaber kommen im Zoo auf ihre Kosten: In dem See darf geangelt werden.

Eigentlich sind die Fische als Futter für die Vögel gedacht, sagt der Wärter.

Ein Zoo als Jagdrevier- da schlägt auch Hartmut zu und fängt ein Chamäleon.

Es nützt dem armen Ding gar nichts, dass es wie wild die Farben wechselt.

Erst fotografieren wir es ausgiebig, dann spielt Hartmut noch etwas mit ihm, bevor wir es wieder laufen lassen.

Am Nachmittag wollen wir eigentlich noch ein paar Rikscha-Fotos machen, aber die Pisiposi- Fahrer haben sich verkrochen, weil es etwas nieselt.

So laufen wir zum Hauptquartier der Sozialistischen Partei, welches malerisch zerschossen (von einer der letzten politischen Diskussionen) auch recht fotogen ist.

Aber ein Wachbulle von benachbarten Präsidenten-Palais hindert mich am Knipsen- dann eben nicht.

So bleibt dann als einzig bemerkenswertes Ereignis des Nachmittags Hartmuts Abschied von seiner Kopfbehaarung zu berichten.
Bei einem hiesigen Friseur ordert er Kahlschlag, was auch prompt bewerkstelligt wird. -
Im weiteren Verlauf des Nachmittags begegnen wir nur noch grinsenden Menschen.
Am Abend feiern wir den Tana-Abschied.
Nachdem wir schon zum Mittag mächtige Steaks im Glacier gegessen hatten, schlagen wir auch am Abend dort wieder zu.
Aber wenn schon, denn schon, und so fressen wir anschließend im Restaurant Terminus noch ein zweites Abendbrot: Crevetten mit Sauce Vinaigrette.
- Jetzt sind wir für die zu erwartenden Rice+Meat-Orgien in Tansania und Umgebung einigermaßen gerüstet.

Weiter Richtung Kap

Da wir erst um 12 auf dem Flughafen Ivato sein sollen, fährt Axel heute Vormittag schnell noch einmal Rikscha, damit ich ihn fotografieren kann, wie er fett und dick in der Rikscha sitzt, während ein mageres zerlumptes Männlein sich abmüht, ihn zu ziehen.

Das Foto will er sich dann vergrößert an die Wand hängen und wenn er mal den Moralischen oder Minderwertigkeitskomplexe hat, setzt er sich vor das Foto, bis er sich wieder besser fühlt.

Danach fahren wir zum Flughafen.

Pünktlich wie immer und angeschissen wie immer.

Die Air Madagaskar hat nämlich ihren Flugplan geändert.

Die Maschine fliegt erst um 17,30 Uhr ab.

Aber wir sind ja selbst schuld.

Selbst wenn der alte Flugplan noch gegolten hätte, es hätte sicher gereicht, wenn wir um 17 Uhr am Flughafen gewesen wären.

So aber sitzen wir jetzt auf dem Flughafen, fast als einzige lebende Wesen und schieben Kohldampf.

Da es natürlich verboten ist und auch Quatsch wäre, Madagaskar-Geld auszuführen, haben wir alles ausgegeben.

Wir dachten ja, im Flugzeug nach Dar-es-salam essen zu können.

Und da diese Halbprimaten auch das Wort Service noch nie gehört haben, gehen alle nach Hause essen, da ja in der Zwischenzeit kein Flugzeug mehr fliegt.

Dabei können wir noch froh sein, dass der Flug nicht auf eine frühere Zeit verschoben wurde, denn auch dies wäre sicher nicht bis zum Büro in Tananarive durchgedrungen.

Natürlich geht es auch um 17,30 Uhr nicht los.

Erst kurz nach 18 sind die letzten Schwierigkeiten mit dem Startsystem behoben.

So kommen wir erst gegen 20 Uhr in Dar-es-salam an und fahren gleich zum YMCA, wo wir in zwei Doppelzimmern untergebracht werden, jeder mit einem anderen Bimbo.

Dieser Nachteil wird jedoch durch einen Vorzug des hiesigen YMCA ausgeglichen: Hier hat's Bier!

Es fängt gut an.

Auf der Post lagert noch alle erwartete Poste restante, noch dazu mit guten Nachrichten: Unsere Filme, die wir in Kinshasa dem guten Norbert mitgegeben hatten, sind endlich in Berlin eingetroffen.

Aber dann versuchen wir noch einmal, den Verbleib unserer im Ngorongoro-Krater gestohlenen Filme zu klären, durch einen Anruf bei Igbal in Mombaza.

Das wird schwieriger als erwartet.

Erster Versuch auf der Post: Fehlschlag, weil Apparat kaputt.

Zweiter Versuch ebenda: Fehlschlag.

Der Operator (Direktwahl nicht möglich) meldet sich nicht, vielleicht Mittagspause.
Neuer Versuch beim YMCA: Diesmal kriege ich den Operator, er sagt, eine Stunde Wartezeit und ich soll 27,50 Shilling in Münzen bereithalten.
Soviel Klimpergeld haben wir natürlich nicht, eine Stunde warten wollen wir auch nicht, deshalb gehen wir erst mal Mittagessen.
Am Nachmittag versuchen wir es mit unserem Bekannten hier.
An der Uni studiert ein Schwitzke-Freund, aber die Uni liegt 11 km außerhalb.
Taxi zu teuer, 40 Sh. also warten wir auf den Bus, 1 ½ Stunden in der Knallhitze.
Dann haben wir die Schnauze voll und fahren per Taxi zur „Daily News" und besuchen einen Gwellem-Freund.
Aber der kann oder will uns nicht helfen.
Also zurück zum YMCA.
Wir besorgen 28 Ein-Shilling-Stücke und versuchen vom YMCA Münzschlucker.
Der Operator verbindet ohne Wartezeit, ich soll das Geld einschmeißen.
Nach der zehnten oder elften Münze streikt der Apparat, nimmt kein Geld mehr an, die Leitung bricht zusammen.
Die YMCA-Bimbos popeln mit einem Messer meine Münzen, bis auf drei, wieder raus.
Anschließend das gleiche Spiel auf der Post.
Endlich bekomme ich Mwanza, aber Igbal ist nicht da.
Dafür eine Victoria-Tours-Mitarbeiterin.
Sie kapiert erst mal gar nichts und versichert dann, der Koffer habe sich nicht wieder angefunden.
Ich kann ihr gerade noch unsere YMCA-Telefonnummer durchgeben, damit Igbal zurückrufen kann, dann sind die 3 Sprechminuten vorbei. Verlängerung nicht möglich.

Wir haben uns wieder mal etliche Millimeter Schuhprofile abgelatscht.
Erster Gang, gleich nach dem Frühstück, zum Bahnhof, um 2 Karten für den Bahn-Bus heute Abend nach Mbeya zu kaufen.
Wir wollen 2.Klasse fahren, stellen uns also beim 2.Klasse-Booking-Office an.
Das ist natürlich falsch.
Vor dem Booking braucht man eine Reservation.
Die Reservation für die 2.Klasse gibt es beim 3.Klasse-Booking-Office.
Natürlich.
Wo sonst ?
Wieder halbstündiges Anstellen, während dessen durchs Gitterfenster klassische Studien afrikanischer Büroarbeitsweise.
Dann die Auskunft: Alles ausgebucht, erst übermorgen Plätze frei.
Wir verzichten und wollen es bei einer privaten Busgesellschaft probieren.
Wir laufen zu einem großen Busbahnhof in der Nähe, aber von dort fahren keine Busse in unsere Richtung.

Es soll überhaupt keine Busse direkt nach Mbeya geben, sagt man uns, wir müssten in Iringa umsteigen.
Dann schickt man uns zur Station für die Iringa-Busse, aber wir finden sie nicht.
Schließlich nehmen wir uns ein Taxi und sagen dem Fahrer, wir wollen nach Mbeya, er soll uns irgendwo hinbringen, wo man Fahrkarten kaufen kann.
Diesmal klappt es.
Er fährt uns zu einer privaten Busgesellschaft, und wir buchen zwei Plätze für heute Abend, 21 Uhr. Ankunft in Mbeya morgen Nachmittag 16 Uhr.
Mein armer Arsch.

Anschließend wollen wir uns gegen Tetanus impfen lassen. Die dritte Spritze ist fällig.
Aber wie einen Arzt finden?
Wir fahren zur St.-Josephs-Mission zu den „Weißen Vätern", um Väterchen Winfried Wetzel zu besuchen.
Wir hatten seinen Namen von einem holländischen Popen bekommen, den wir vor etlichen Monaten im Zug von Tabore nach Mwanza kennengelernt hatten.
Nach längerem Hin-und Hergelaufe finden wir Father Wetzel tatsächlich, und er empfiehlt uns eine Ärztestation im Luther-House, ein paar hundert Meter weiter.
Aber dort haben sie keinen Impfstoff.
Der indische Arzt telefoniert vergeblich mit ein paar Apotheken und schickt uns schließlich zum staatlichen Muhimbili-Hospital.
Dort werden wir tatsächlich geimpft, kostenlos sogar, und den Schauder angesichts der hygienischen Verhältnisse in den Behandlungsräumen (der Chefarzt hält sich sicher ein paar Ziegen im Operationssaal) spülen wir anschließend mit ein paar Bier herunter.
Die Schwester im Hospital hat uns übrigens in den Hintern pieken wollen, aber der wird bei der bevorstehenden Busfahrt schon genug beansprucht, darum halten wir lieber den Arm hin.

Am Nachmittag gelingt es mir dann, zugegebener Weise unter Anwendung einiger schmutziger Tricks, Hartmut ins hiesige Nationalmuseum zu locken.
Ulkige Reste aus alter, guter deutscher Zeit, sehenswert, denn freier Eintritt.

Ich habe dann um 16 Uhr eine Verabredung mit meinem Zimmerpartner aus dem YMCA, der eine unserer Uhren kaufen will und nur noch Geld besorgen muss.
Wir haben ja noch drei unserer 17.-DM Woolworth-Uhren, protzig, golden, fürchterlich.
Ich bin also um 16 Uhr im YMCA, pünktlich wie immer.
Aber diesmal will ja ein Schwarzer etwas von mir.
Sollte er deshalb pünktlich sein?
Es gelingt mir in der Zwischenzeit, zwei Uhren zu verkaufen, und als der Zimmergenosse um 16,30 Uhr noch nicht da ist, verkaufe ich auch noch die letzte Uhr, das Stück für 50.-DM.

Um 17 Uhr kommt dann mein Käufer mit dem Geld und will die Uhr.

Es bereitet mir ein unvorstellbares Vergnügen und eine Genugtuung, endlich auch mal einem Bimbo vor den Koffer scheißen zu können, weil er nicht pünktlich ist.

Für den Typen stürzt eine Welt ein, dass er die Uhr nicht bekommen kann, wo er doch tatsächlich überhaupt gekommen ist und sogar mit Geld.

Ich jedenfalls fühle mich so wohl, dass ich sogar am Abend die zweistündige Verspätung unseres Busses nach Mbeja ohne großes Haare raufen überstehe.

Unser 21 Uhr Bus fährt also kurz vor 23 Uhr ab, nachdem die Bimbos vorher unter allgemeiner Anteilnahme der Fahrgäste die wichtigsten Teile noch „schnell" zusammengeschweißt haben.

Schon nach 60 Kilometern stoßen wir auf den 14 Uhr-Bus nach Mbeja, der um 19,30 Uhr abgefahren war, und jetzt bewegungsunfähig am Straßenrand steht. Unser Bus übernimmt einige der Fahrgäste und zuckelt nun knüppeldicke voll von dannen.

Vielleicht war heute in Deutschland der Tag des Pferdes, oder sie haben den Galopper des Jahres gewählt- ich jedenfalls fühle mich am Abend, als hätte ich (auf einem ungesattelten Esel) das Grand National gewonnen.

Es war ein Horror Tripp, der seine besondere Note dadurch gewann, dass die Kupplung des Busses drauf und dran war, ihren Geist aufzugeben.

Man wusste nie, ob der Fahrer den nächsten Gang noch findet, wenn er minutenlang mit dem Schaltknüppel im Getriebe rumrührte.

Um 21 Uhr (planmäßig 16 Uhr) kommen wir mit zerschundenem Hintern in Mbeja an.

Außerdem muss noch eine Eigenart des Busses erwähnt werden.

Da der Motor vorne im Innenraum lag und die Abdeckung kaputt war, und halt auch der Motor, verteilte dieser während der Fahrt eine ölige Dampfwolke im Bus.

Das heißt, dass nicht nur der ganze Bus sondern auch die Passagiere bald mit einem feinen Ölfilm überzogen waren und ich, der anfangs vorne saß, nicht wagte, tief durchzuatmen.

Manchmal bewundere ich mich selbst.

Meine durch nichts zu erschütternde Ruhe, mein Langmut, meine Geduld, meine Nervenstärke.

Jeder normale Mensch hätte heute das Postamt von Mbeja kurz und klein geschlagen und ein paar Bimbos massakriert.

Ich nicht.

Ich murmele nur: Es sind Menschen wie du und ich.

Und wundere mich nicht einmal mehr.

Ich will nach Arusha telefonieren und mich im Office der Ngorongoro-Forrest-Lodge noch einmal nach unseren Filmen erkundigen.

Wir gehen also aufs Postamt.

Es hat zwei Münzfernsprecher.

Beim ersten fehlt der Hörer, beim zweiten ist die Leitung tot.
Also gehe ich zum Schalter, an dem „Telephone" geschrieben steht: „Ich möchte nach Arusha telefonieren."
Antwort: „Draußen sind Münzfernsprecher."
„Die sind aber kaputt."
„Ja, ich weiß."
Ich hole tief Luft, zähle im Geist bis zwanzig und frage dann höflich:
„Wenn sie wissen, dass diese kaputt sind, warum schicken sie mich dann hin?"
„Ja."
Daraufhin verlange ich den Supervisor zu sprechen.
Ein anderer Bimbo von der Postbesatzung übernimmt die Verhandlungsführung:
„Unsere Münzfernsprecher sind alle kaputt."
„Gibt es denn hier kein anderes Telefon, von dem aus man nach Arusha telefonieren kann? Ich bezahle ja alles."
„Wir haben ein anderes Telefon, aber von dem können sie nicht sprechen."
„Warum nicht? Das Gespräch ist sehr wichtig."
„Es ist nicht der offizielle Weg."
„Warum nicht?"
„Ja."
Irgendeiner der in der Schlange stehenden Postkunden muss in diesem Augenblick das gefährliche Glitzern in meinen Augen bemerkt haben, jedenfalls beeilt er sich zu sagen, dass es im Mbeje-Hotel noch einen Münzfernsprecher gäbe.
Es regnet zwar heftig, aber jetzt will ich es wissen.
Wir laufen zum Hotel, der Apparat funktioniert sogar und der Operator erklärt sich willens und in der Lage, mit Arusha zu verbinden.
In etwa 4 Stunden.
Dann ist es 18 Uhr und kein Mensch mehr dort im Büro.
Wir verzichten.
Vorher hatten wir noch am Bahnhof unsere Plätze für den nächsten Zug nach Sambia reserviert, der am Montag, also in vier Tagen, fährt.
Der Bahnhof ist nagelneu, wie die ganze von Chinesen gebaute Tansania-Sambia-Eisenbahn, und deshalb umweltfreundlich kilometerweit außerhalb der Stadt gelegen.
Man muss mit dem Bus hinfahren.
In jeder Richtung fährt einmal pro Woche ein Zug.
Für diese zwei Züge pro Woche gibt es immerhin 4 Fahrkartenschalter.

Am Abend treffen wir noch vier Österreicher, die mit zwei in Südafrika gekauften Autos (VW-Bus und Landrover) nordwärts fahren.
Wir wollen morgen mit ihnen zum Malawi-See fahren, sonst hätten wir den Bus nehmen müssen.

Nach einem guten Frühstück spazieren wir zu den Österreichern und fahren dann gemeinsam zur Polizei, da man angeblich für den Besuch des Malawi-Sees eine Genehmigung braucht, da dort Unruhen waren.

Aber diese Information erweist sich als falsch und wir können so fahren.

Axel mit im VW-Bus und ich bei dem Pärchen im Landrover.

Axel hatte wieder mal Reiseführer gewälzt und daher wissen wir vom Ngozi-See, der etwa 35 km hinter Mbeja liegt.

Wir beschwatzen die Österreicher dorthin zu fahren.

Also biegen wir von der Hauptstraße ab und fahren in die Berge.

Nach einiger Zeit wird die Straße etwas schlechter, aber solche Straßen sind wir zu seligen Zeiten selbst mit unserem VW-Bus gefahren.

Der Typ im Landrover aber fürchtet um sein Auto und so gehen wir ab dort zu Fuß weiter, nachdem „Führer" aus dem Nichts auftauchen.

Nach einiger Zeit biegen wir dann vom Weg ab, in den dichten Regendschungel, und es folgt ein etwa einstündiger Marsch über einen Trampelpfad steil bergauf.

.Es ist herrlicher Dschungel, so wie im Zaire bei unsere Gorilla-Pirsch

Und endlich sind wir am See.

Er liegt rund 200 Meter unter uns und ist sehr schön.

Wir machen eine Pause, aber da es anfängt, sich zu bewölken, marschieren wir bald zurück, da der Pfad auch ohne Regen oft schon ziemlich glitschig ist.

Als wir wieder an den Autos sind und unsere Führer und Autobewacher ent-lohnen, fängt es auch schon an zu regnen.

Nach 2-3 weiteren Stunden Fahrt erreichen wir Hungi am Malawi-See und suchen ein Hotel für Axel und mich.

Aber Hungi besteht nur noch aus dem Ortsschild.

Wer ist nun eigentlich dämlicher?

Der Tourist, der auf einen Schwarzen im besten Schulenglisch einredet und ihn nach einem Hotel, dem Weg oder einer Entfernung fragt, und wenn der Schwarze nur „Yes" sagt, noch mehr auf diesen einredet- oder der Schwarze, der kein Wort versteht und nur aus Höflichkeit „Yes" sagt ??

Mein LandroverFahrer scheitert jedenfalls kläglich, während Axel und ich uns einen feixen.

Er ist überhaupt ein gewaltiger „Afrikaforscher".

An jeder Kuh an der Straße hält er fast an, weil er Angst hat, sie anzufahren, und bei jedem Huhn auf der Straße gerät er geradezu in Panik und riskiert Voll-bremsungen oder in den Graben zu rutschen.

Seine Freundin sitzt derweil hinten und jammert, dass er nicht so „schnell" fahren soll und warnt ihn vor jedem Huhn am Straßenrand.

Ich jedenfalls bin ziemlich genervt, als wir am Abend endlich nach vielem Suchen in Matema ankommen, wo es sogar ein „Hotel" gibt, wenn auch nichts zu essen.

Dafür ist es direkt am See.

Wir ziehen also ins Hotel und zum Abendbrot werden wir von den Österreichern eingeladen, die mit Konserven gut ausgerüstet sind.

Da sich auch heute früh in unserem Guesthouse und Umgebung nichts Essbares auftreiben lässt, frühstücken wir bei den Österreichern, die am Strand campen.
Am Vormittag kommt dann ein Schwarzer, der uns zwei noch atmende Welse verkauft.
Hartmut und ich machen ein Feuerchen und braten uns die Fische zum Mittagessen.
Die Österreicher möchten nichts, wegen möglichen Parasiten im Fisch!
Überhaupt lernen wir von ihnen eine ganz wichtige Überlebensregel für Afrika: Nach jeder Wäsche bügeln sie die Sachen, vor allem die Nähte, denn gerade dort nisten sich Würmer, Parasiten und ähnliche Untiere ein, um anschließend den Menschen vom Leben zum Tode zu befördern.
Hartmut und ich schließen daraus, dass wir also inzwischen tot sind oder unsere Sachen so selten gewaschen haben, dass wir diese Gefahr statistisch vernachlässigen konnten!
Anschließend geht es dann zum Markt nach Matema, der freitags und samstags vormittags am Strand stattfindet- allerdings eine halbe Stunde Fußweg vom Ortskern entfernt.
Gegen 14 Uhr fahren wir wieder zurück nach Mbeja, wo wir nach 4 Stunden Gezuckel im Landrover und VW-Bus endlich unser Bier bekommen, nach dem wir uns ja immerhin seit dem Aufstieg zum Ngozi-See gesehnt hatten.

Heute ist ein richtiger Sonntag: Lange schlafen und Nichts tun.
Zum Frühstück sind wir im Mbeja Hotel und wollen dort auch noch einmal Reiseschecks umtauschen.
Aber deutsche Reiseschecks tauscht man nicht.
Daher spazieren wir zum Mbeja Guesthouse, aber dort hat man gerade kein Geld und vertröstet uns auf den Abend.
Dafür treffen wir einen Schwarzen, der fließend deutsch spricht und sich als Freund von Caesar aus Bujumbura entpuppt, ebenfalls mit einer Deutschen verheiratet.
Am Abend wollen wir dann wieder ins Guesthouse, als ein Auto neben uns hält und ein Pärchen nach dem Weg dorthin fragt.
Also fahren wir gleich mit und unterhalten uns eine Weile.
Sie sind aus Sambia und wollen die Nationalparks in Tansania ansehen.
Also geben wir ihnen, wie schon einigen Anderen die Adresse von Viktoria-Tours und der Ngorongoro-Forest-Lodge, damit sie noch einmal nach unseren Filmen fragen.
Als wir dann unsere Schecks im Guesthouse tauschen wollen, ist der Manager so besoffen, dass wir alles selbst ausfüllen müssen, damit es klappt.

Wir stehen heute voll unter chinesischer Obhut, und so läuft alles reibungslos.

Pünktlich um 8,50 Uhr fährt der Zug in Mbeja ab.

Vorher hatten wir ohne jede Drängelei unsere Fahrkarten bekommen, es waren unsere Namen auf der Reservierungsliste abgehakt und uns vom Schaffner zwei 2.Klasse-Plätze zugewiesen worden.

Die neue Eisenbahn fährt langsam, aber dafür genau nach Plan.

Das technische Personal stellen die Chinesen in allen Lokomotiven und auf den Bahnhöfen, auf denen es daher manchmal eher wie in China denn in Afrika aussieht.

Die Schwarzen erledigen nur Handlangerdienste, an denen sie aber auch schon scheitern.

So „organisieren" sie z.B. die Verpflegung.

Das heißt, es gibt mittags und auch abends Reis+Meat. Zwischendurch sind gelegentlich Bier, Cola, Obst, Brot und Konserven am Büfett erhältlich- jeweils für wenige Minuten, bevor es ausverkauft ist.

Die meiste Zeit gibt es also gar nichts.

Gegen 12 Uhr passieren wir die Tansania-Sambia-Grenze ohne große Schikanen.

Dollar und Pfund kann man im Zug beim Zoll in Sambia-Kwacha umtauschen, DM aber nicht.

So bleiben wir erst einmal ohne Sambia Geld, aber im Zug kann man weiter mit Tansania-Shilling bezahlen.

Bis zum Abend fahren wir mit einem Inder zu dritt im 6 Personen-Abteil, dann kommen noch zwei Jungbimbos und ein Finne dazu.

Wir wollen uns gerade zum Schlafen hinlegen, als ein Polizist mit geschultertem Gewehr ins Abteil kommt und ohne Erklärung das Gepäck des Finnen durch- sucht.

Auch meinen Rucksack kontrolliert der Bulle, findet aber nichts zum Mitnehmen.

Den Finnen- er arbeitet in Tansania- nimmt das alles ziemlich mit, aber unsereins bleibt inzwischen bei derartigen Bimbo-Spinnereien gelassen, man kann ja eh nichts ändern.

Zur allgemeinen Überraschung bringt der Bulle etwas später tatsächlich den Fotoapparat des Finnen unbeschädigt zurück.

Er habe nur geprüft, ob man mit dem Ding auch blitzen kann, erklärt er.

Irgendwelche Idioten hatten nämlich auf einem Bahnhof verbotenerweise Blitzlichtfotos gemacht.

So dämlich können eigentlich nur deutsche Tramper sein: Jedenfalls hören wir später, zwei Deutsche hätten deswegen den Zug verlassen müssen.

Bevor wir heute um 10 Uhr in Kapiri Mposhi den Zug verlassen, wechseln wir noch bei dem Inder und dem Finnen einige Tansania-Schillinge im Sambia Geld um und den Rest, als wir in Kapiri auf ein Auto warten, das uns nach Lusaka mitnehmen soll.

Wir warten über eine Stunde und kommen dann mit einem Bimbo- also gegen Bezahlung- nur bis Kabwe mit, von wo aus wir weitertrampen, nachdem auch hier der Busverkehr im Verhältnis zu den wartenden Schwarzen nicht ausreichend ist.

Wir haben Glück und kommen sofort mit einem Weißen- also umsonst- mit, der hier seit 27 Jahren arbeitet und zwar jetzt für irgendeine Tabakfirma.

Er hat hier alle Regierungen und - arten miterlebt und hält von den Fähigkeiten der Bimbos alles alleine können zu wollen, überhaupt nichts.

Wir unterhalten uns nett und wollen uns morgen wiedertreffen.

Dann beginnt die Hotelsuche, die aber mehrmals scheitert, bis wir schließlich im YMCA (für Mädchen), wo auch ausnahmsweise Männer aufgenommen werden, enden.

Heiligabend im Bimboland- das kann nicht gut gehen.

Gleich nach dem Frühstück fahren wir zur deutschen Botschaft, um uns nach deren Bank zu erkundigen- wir müssen wieder Geld aus Berlin bestellen.

Ist natürlich nix: Die Herren machen Weihnachtsferien, Botschaft geschlossen.

Also geht es zu einer Bank zum Geldtauschen.

Der Kurs für die Mark ist so schlecht, dass ich es erst gar nicht glauben will und noch einmal bei einer anderen Bank nachfrage.

Geldwechsel in Bimboland: Der Kassierer verzichtet auf meine zweite Unterschrift auf den Reiseschecks.

Da er auch meinen Namen mit „Hans Axel“ aus dem Reisepass abschreibt, könnte ich also die Schecks mit guten Rückzahlungs-Chancen als verloren melden.

Dann erkunden wir die Fahrverbindungen nach Livingstone.

Eisenbahn ist sehr teuer (25.-DM pro Person), Bus nur nach stundenlangem Anstehen und Gedrängel zu bekommen.

Wir entschließen uns, es morgen wieder mit Trampen zu versuchen.

Öffentlicher Verkehr in Bimboland.

Zwischen 11 und 12.30 Uhr sind wir mit dem Weißen, der uns gestern mitgenommen hatte, in einer Snackbar verabredet.

Wir sind pünktlich, er kommt nicht.

Verabredungen in Bimboland.

Am Nachmittag nehmen wir im Ridgeway-Hotel unser Weihnachtsbier.

Wenigstens das Bier ist in Ordnung, wenn auch teuer, wie alles hier.

Wir hatten uns eigentlich zum Christfest eine Flasche Gin leisten wollen, aber der Preis von 45.-DM verdirbt uns den Durst.

Den Heiligen Abend verbringen wir also nüchtern bei den christlichen jungen Mädchen.

Im Gemeinschaftsraum haben sie einen Weihnachtsbaum aufgestellt und Girlanden hingedetscht, im Fernsehen laufen englische Weihnachtslieder, und in der Ferne grummelt dazu ein Gewitter.

Es scheint, als würde bald eine „stimmungsvolle“ Weihnachtsfeier anheben.

Ich werde wohl ins Bett gehen.

*Nach dem Frühstück stellen wir uns also an die Ausfallstraße in Richtung Süden,
um nach Livingstone zu trampen.*
Aber Weihnachten findet heute für uns nicht statt.
Wir stehen 3 Stunden, und keiner hält.
Dann wird es uns zu blöd.
*Wir laufen zur Busstation, um uns zu erkundigen, ob vielleicht heute noch ein
Bus fährt.*
*Er steht schon da, die Karten gibt es ohne Warten und Gedrängel, und schon
geht es los.*
Allerdings nur bis zur Wartungs-Station der Busgesellschaft.
*Der Fahrer will mit der ollen Kiste nicht mehr fahren, also alles aussteigen,
„Road Test".*
Nach einer Stunde Hin+Her zuckeln wir dann doch mit dem müden Karren los.
*Unterwegs regnet es an einigen Stellen durch, leider auch genau über meinem
Sitz, ich muss mich auf die Motorabdeckung vorne im Bus setzen und bekomme
einen heißen Hintern.*
*Wir hatten vorsichtshalber nur Tickets bis Choma (knapp 2/3 der Strecke bis
Livingstone) gelöst, weil wir nicht zur mitternächtlichen Stunde irgendwo an-
kommen wollten, sondern lieber noch zu ziviler Zeit ein Hotel suchen und
morgen bei Tage weiterfahren.*
*Aber der klapprige Bus schleicht so langsam, dass wir auch Choma erst mitten in
der Nacht erreichen und uns entschließen, dann halt doch gleich durchzufahren
bis Livingstone.*
Fast hätten wir es auch geschafft.
Erst ca. 30 Km vor Livingstone beendet eine Straßensperre der Polizei die Fahrt.
*Inzwischen ist es 1.30 Uhr morgens, und die Scheinwerfer des Bussen sind
ausgefallen.*
Der Fahrer hat stattdessen die Innenbeleuchtung angeknipst.
*Das gefällt den Bullen nicht und sie entscheiden, bevor es hell wird, fährt der
Bus keinen Meter weiter.*
*Also machen wir es uns- so gut es geht- im Bus bequem und schlafen die Nacht
vom 1. zum 2.Weihnachtsfeiertag am Straßenrand, ein paar Meilen vor
Livingstone.*

Um 6 Uhr ist es hell genug, und unser Bus darf weiterfahren.
Aber jetzt will er nicht mehr. Er springt nicht an.
Auch die Versuche der Fahrgäste, das Vehikel anzuschieben, helfen nicht.
So müssen alle nach und nach nach Livigstone trampen.
*Zum Glück ist ja an der Stelle immer noch die Straßensperre, und jedes Auto
muss anhalten.*
Die Polizisten „überreden" die Fahrer, ein paar Leute mitzunehmen.
*Wir haben Glück und kommen gleich mit dem ersten Auto mit, der Fahrer ist ein
Weißer.*
Zum Frühstück sind wir also in Livingstone.

In der Stadt selbst finden wir kein einigermaßen preiswertes Hotel, aber dafür ein paar Kilometer weiter, gleich an den Victoria-Fällen.
In der Rainbow-Lodge beziehen wir eine Zweibetthütte.
Die Victoria-Fälle sind von hier aus bequem zu Fuß zu erreichen, von der Stadt aus müsste man trampen, was aber wegen des starken Verkehrs und der kurzen Strecke auch kein Problem gewesen wäre.
Noch vor dem Mittagessen machen wir einen ersten Besichtigungsgang zu den Fällen.
Prächtig, prächtig, obwohl zurzeit nicht allzu viel Wasser runterdonnert (Maximum im April).
Am Nachmittag zelebrieren wir dann einen gemütlichen afrikanischen Weihnachtsfeiertag.
Wir lassen uns die Sonne auf die Omme knallen, kühlen uns im Swimmingpool ab, trinken gelegentlich ein Bierchen und gucken den Affen (richtige, keine Bimbos) zu, wie sie in den Bäumen herumklettern.

Heute früh fahren wir wieder in die Stadt, um einige Sachen zu kaufen und Mittag zu essen.
Aber es gibt wie schon so oft, wenn Bimbos etwas organisieren, einige Engpässe.
Nämlich keine Seife und kein Waschpulver.
So kaufen wir dann ein Geschirrspülmittel, welches sich laut Garantieerklärung der Verkäuferin auch für jede andere Art der Reinigung eignet und sowieso das einzige Seifenartige ist, was es gibt.
Als wir Postkarten vom Victoria-Fall kaufen wollen, ergibt sich der nächste Engpass.
Es gibt nämlich nur alle Arten von Scheußlichkeiten mit Tierzeug oder dem Präsidenten, aber nichts von den Fällen.
Und der schlimmste Engpass passiert an unserem Hotel, es gibt nämlich kein Bier mehr.
Die Polizei hat den Hotellaster aus dem Verkehr gezogen, da etwas nicht funktioniert, und so kann nichts geholt werden.
Und da bekanntlich die Vorausplanung immer nur für einen Tag reicht, wird es auch wohl so bald keines geben.

Beim Mittagessen erleben wir wieder eine der ganz typischen Situationen in Afrika.
Wir suchen also ein Restaurant zum Essen.
Endlich finden wir eins, dass auch noch eine große Auswahl an Gerichten auf der Speisekarte hat.
Man bestellt also beim Kellner, nur um zu hören, das dieses Gericht ausgerechnet gerade jetzt nicht zu haben ist.
Also liest man die Speisekarte wieder durch, und bestellt halt eine der anderen Köstlichkeiten, nur um zu hören, dass auch ausgerechnet dieses Gericht heute nicht zu haben ist.

Irgendwann fragt man dann, was es nun eigentlich gibt.
Irgendeinen Bimbofraß.
„Gibt es sonst noch etwas?"
„Nein, Bwana!"
„Wofür habt ihr dann diese große Speisekarte?"
„Ja, Bwana."
„Habt ihr denn an anderen Tagen noch etwas anderes zu essen?"
„Ja, Bwana."
„Was denn?"
Und dann wird einem wieder derselbe Fraß genannt, den es heute schon gibt.

Heute findet die große Victoria-Falls-Foto-Abhake statt.
Am Vormittag absolvieren wir eine Rundstrecke zu den Sambia-Schluchten
unterhalb der Fälle und zu mehreren Aussichtspunkten.
Die erste 1 ½ Stunde gehen wir zu Fuß, dann werden wir von einem Auto
mitgenommen.
Am Nachmittag sind dann die Fälle selbst dran.
Es muss nördlich von hier schon geregnet haben, denn die Fälle führen mehr
Wasser als noch am Freitag.
Ansonsten beginnen wir langsam, uns seelisch+moralisch auf ein trockenes
Sylvester vorzubereiten.
Nachdem unser Hotel ja schon seit gestern kein Bier mehr hat, geht es heute
auch im angeblich besten Hause am Platze, dem Intercontinental Hotel, aus.
Bald danach gibt es dann auch keine Cola mehr und so weiter....

In der Hoffnung, mit heute und morgen die beiden noch nicht völlig ver-
schlampten Tage zwischen den Festen zu erwischen, bestellen wir heute früh
über die hiesige Standard-Bank unsere letzten 5000.-DM aus der Heimat.
Nach sorgfältigen Recherchen bei allen drei ortsansässigen Banken haben wir
uns schließlich für diese Bank entschieden.
Sie erfüllt als einzige alle drei von uns gestellten Vorbedingungen: Erstens
verfügt sie über einen weißen Manager, zweitens kennt man dort die Deutsche
Mark immerhin vom Hörensagen, und drittens ist sie in einem richtigen
Steingebäude untergebracht.

Anschließend gehen wir ins Livingstone Museum!!!!!
War schon ein toller Mann, der alte Livingstone, wenngleich mich erschüttert
hat, dass auch er ursprünglich als Kirchensöldner (Missionar) nach Afrika kam.
Ansonsten gibt es außer der unvermeidlichen Jubelabteilung für die Unabhängigkeit und den Präsidenten noch mehrere Szenen mit ausgestopften oder
nachmodellierten Tieren und andere „Lehrabteilungen".

Die entsetzliche Bier-Shortage hat inzwischen auf die ganze Stadt übergegriffen.

So bleibt uns auch heute nichts anderes übrig, als uns an den fürchterlichen
Limowässerchen zu berauschen.
Schon wieder ein Museum.
Wir besuchen überflüssigerweise das Victoria-Falls-Field-Museum, ein kleines
Häuschen mit ein paar Steinen und Fotos drin, sonst nichts.
Am Nachmittag ist dann endlich Weihnachten: Unser Hotel hat endlich wieder
Bier, was die Freizeitgestaltung erheblich vereinfacht.
Jetzt fragt man sich bloß, wie lange die Vorräte diesmal ausreichen?
Bis Neujahr?
Oder nur bis Silvester?
Aber hier ist Bimboland, und da sitzt man ja meist viel schneller auf dem
Trockenen, als man denkt.

Heute nehmen wir schon ein Vormittagsbad, bevor wir in die Stadt fahren, um
auf der Bank zu erfahren, dass unser Geld noch nicht da ist.
Anschließend gehen wir wieder in Betty`s Restaurant, um trotz riesiger Speise-
karte wie gehabt, nur das einzige erhältliche Gericht „Steaks + Eggs" zu essen.
Dann fährt Axel nach Hause, d.h. in unsere Rest-Hütte und ich gehe zum
Schuhmacher, um meine Stiefel besohlen zu lassen.
Als ich nach über einer Stunde den Schuster verlasse, bin ich fast ein gebroch-
ener Mann, habe fast die Schuhe anderer Leute gefressen und nehme die
Gewissheit mit, dass dieser Schuster von jedem deutschen Schuhmacher mit dem
Hammer erschlagen worden wäre.
Aber ich bin ja- dank Erfahrung- bei der Reparatur dabeigeblieben.
Also lasse ich den Bimbo die einfach aufgenagelten Absätze wieder abmachen
und erst ordentlich ankleben, bevor er wieder seine Alteisennägel einschlagen
darf.
Dann heiße ich ihn die Sohlen mit Klebstoff zu bestreichen und auch die
Stiefelunterseite und hindere ihn so lange am Zusammenkleben, bis der
Kontaktkleber auf beiden Seiten trocken ist, wie es auch auf der Klebstoff-
Gebrauchsanweisung steht.
Das Einschlagen von Nägeln, die so lang sind, dass sie an meinen Füßen oben
rausgesehen hätten, verhindere ich ganz.
Am Schluss ist es ordentlich gemacht, aber anstatt das der Bimbo dankbar ist,
mal seinen Job beigebracht zu bekommen, spielt er dauernd mit seinem Schuster-
messer herum.
Allerdings liegt mein großes Puma-Messer, das ich sonst immer im Stiefelschaft
stecken habe, auf dem Tisch.

Am Abend feiern wir dann Silvester.
Mächtig was draufgemacht, Suff, Weiber, Orgien, unbeschreibliche Aus-
schweifungen- eine Nacht der Sünde und des Lasters.
In unserem Hotel-Restaurant ist gar nichts los.

Der Barkeeper erklärt auf Anfrage, er würde wie jeden Abend um 22 Uhr dichtmachen.
Was bleibt uns übrig?
Gegen halb zehn abends bestellen wir das letzte Bier, dann ziehen wir uns in unsere Hütte zurück und lassen uns vom neuen Jahr im Schlaf überraschen.
Keine Knallerei, kein Feuerwerk und kein Prost-Neujahr-Ruf, der uns zur Mitternacht aufgeweckt hätte.
Wir pennen durch.
Nicht einmal eine rote Leuchtrakete haben wir abgeschossen (wir schleppen immer noch von unserer Sahara-Notausrüstung das notwendige Schießzeug mit uns herum), da wir befürchten, damit den sambisch-rhodesischen Krieg auszulösen.

Es ist der 1.1.1976 und unser Programm beginnt heute wieder mit Steak+Eggs in Bettys Restaurant, und anschließend wollen wir uns im Maramba Cultural Centre, einem Freilichtmuseum, Negertänze ansehen.
Aber das Wetter ist dagegen.
Es bewölkt sich zusehends und fängt dann an, heftig zu regnen, so dass wir uns nur noch mit einem Bier in unsere Hütte zurückziehen können.
Und das ist dann auch wieder das letzte Bier.
Die Bimbos sind von den plötzlich und überraschend aufeinander folgenden Feiertagen so überrascht, dass ihnen heute Abend wieder alle Getränke ausgegangen sind!

Ansonsten lerne ich heute Hugo kennen.
Er hat vor dem Restaurant auf den Fliesen gesessen und sich fotografieren lassen, bevor ich ihn einlade, mit mir zu spielen.
Vor Freude wird er giftgrün und klettert gemächlich, wie es seine Art ist, auf mir herum.
Axel verdrückt sich und was mich erstaunt, die Bimbos haben Angst vor Hugo, wenn er sie mit einem Auge verfolgt, während mir das andere freundlich zublinzelt.
Nach einer Weile verabschieden wir uns dann und ich setzte Hugo in einem Baum ab, wo er vorsichtshalber erst mal braun wird, mir noch einmal zublinzelt und dann davon krabbelt, zu Chamäleonfrau und Chamäleonkindern.

Gerade noch rechtzeitig hat die Warterei ein Ende.
In der ganzen Stadt ist wieder mal das Bier ausgegangen, in Bettys Restaurant gibt es sogar nur noch Milch zu trinken, mit dem schönen Wetter ist es im neuen Jahr auch vorbei, und heute Morgen eröffnet uns der Rezeptionsbimbo, unsere Hütte sei an morgen reserviert.
So erfüllt es uns denn mit einiger Freude, als wir um 12 Uhr in der Bank erfahren, es sei etwas für uns angekommen.
Dann beginnt der Papierkrieg.

Nur von einer ausgiebigen, aber für alle Parteien notwendigen Mittagspause unterbrochen, dauert es 4 Stunden.
Kurz nach 16 Uhr endlich sind wir fertig und um 1600.- Rand in Reiseschecks reicher (sowie um 50.-DM Telexkosten ärmer).
Wir begießen das freudige Ereignis mit einigen Tonicwater, dem einzigen Getränk in unserem Hotel, und wollen uns morgen dann nach Botswana trollen, dem letzten Bimbo-Land dieser Reise, bevor in Rhodesien und Südafrika alles viel schöner und besser wird???

Wir haben beschlossen, den 7 Uhr Bus zur Botswana-Grenze nicht zu nehmen, sondern erst lieber anständig zu frühstücken und es per Trampen zu versuchen.
Uns bleibt ja noch als Hintertür der 16 Uhr Bus.
Aber es fängt böse an.
Wir brauchen schon über eine Stunde, um von den Fällen bis Livingstone zur Ausfallstraße nach Botswana zu kommen.
Aber hier haben wir Glück.
Ein Bedford-Laster von Overtours nimmt uns mit.
Das sind die LKWs, die wir schon oft getroffen hatten, die mit etwa 20 jungen Leuten überall hinfahren.
Dieser ist von Nairobi nach Johannisburg unterwegs, hat aber nur 10 Leute mit, also genug Platz für uns.
Aber die eine Stunde Fahrt reicht mir an sich auch aus, um mir zu zeigen, dass diese Art zu Reisen nichts für mich ist.
Außerdem ist unter den zehn Typen kein einziger sympathisch, einschließlich der Schreckweiber.
Aber man nimmt uns halt mit.
Im Übrigen überholen wir auf der Fahrt den 7 Uhr Bus, der liegengeblieben ist!
An der Grenze geht auf beiden Seiten alles reibungslos.
Der Laster fährt weiter in Richtung Rhodesien und wir warten an der Abzweigung auf ein Auto nach Kasane.
Wir sind dann auch schon um 14 Uhr in Kasane in der Safari Lodge in unserer Hütte für 48.-DM, mit Vollpension.
Also alles in allem nicht schlecht.

Vor allem deshalb, weil es hier keine so entsetzlichen Shortages zu geben scheint.
Obwohl Kasane nur ein winziges Nest ist, hat es mehrere Tankstellen für Bier.
Südafrika lässt seine schwarzen Freunde nicht verdursten, wenngleich es ihnen auch einige Scheußlichkeiten raufschickt, z.B. Erdbeer-Limonade und Creme Soda.
Wir sitzen gerade beim Sambia-Vergessen-Bier in unserer lauschigen, am Chobe-Fluß gelegenen Lodge, als unter den Schwarzen an der Bar großes Geschrei anhebt.

Sie springen auf Stühle und Tische, bewaffnen sich mit Besen und schmeißen sogar Ziegelsteine quer durch den Raum.
Eine Schlange, vielleicht einen Meter lang, kriecht verängstigt über den Fußboden.
Ein weißer „Experte" beschwört die Schwarzen, das arme Tier leben zu lassen, es sei eine ganz harmlose Schlange.
Aber niemand hört auf ihn, man gibt nicht eher Ruhe, bis das Tier tot ist.
Und wie das Tierchen dann endlich leicht zerquetscht und leblos auf dem Boden liegt, wird der Experte noch ein bisschen weißer, als er schon ist.
Seine harmlose Schlange ist nämlich eine giftige Spei-Kobra.
Nicht das uns der Zwischenfall beunruhigt hätte, aber in der Nacht verstopfen wir den mehrere Zentimeter hohen Spalt zwischen unserer Hüttentür und dem Fußboden vorsichtshalber mit einer Decke.

Im Laufe des Nachmittags versuchen wir dann herauszufinden, wie es mit Fahrtmöglichkeiten nach Maun aussieht.
Soweit wir erfahren, gibt es nur die Möglichkeit mit einem LKW runter zu fahren.
Für private Pkws soll die verschlammte Piste (Regenzeit) gesperrt sein.
Näheres lässt sich heute am Samstagnachmittag nicht mehr erkunden.

Gleich nach dem Frühstück setzen wir unsere Erkundigungen nach einer Fahrtmöglichkeit gen Maun fort, aber wieder erfahren wir nur, „vielleicht" per Lastwagen und müssen uns auf morgen vertrösten lassen, wenn die Büros (2 gibt es wohl) der Transportgesellschaften öffnen.

Am Nachmittag wird es dann langweilig und wir mieten uns ein Kanu.
Diesmal eins nicht für Bimbos, sondern so eins, wie es auch in Deutschland genutzt werden und das ich auch bedienen kann.
Mit anderen Worten ich paddele und, was Fremde für ein erlegtes Flusspferd vorne im Boot gehalten hätten, ist Axel, der misstrauischer Weise nur mit Badehose bekleidet, sich vorne am Boden festkrallt.
Wir schippern ein paar Stunden den Fluss westwärts entlang, und wenn wir auch außer Vögeln keine Tiere sehen, macht es viel Spaß.
Außerdem wäre das kleine Boot vielleicht auch nicht ganz geeignet gewesen für ein Treffen mit einem hungrigen Krokodil oder einem Flusspferd.
Selbiges sehen wir dann später am Abend keine 15 Meter neben unserer Hütte grasen.
Da der Chobe-Fluß hier die Grenze zwischen Botswana und dem südafri-kanischen Caprivi-Zipfel bildet, haben wir am anderen Ufer erstmals- illegal-südafrikanischen Boden betreten.

Am Vormittag kümmern wir uns wieder um die Weiterfahrt.

174

Im Büro des North West District Council heißt es, am Mittwoch würde ein Lastwagen nach Maun fahren- vielleicht.

Ebenfalls Mittwoch soll ein Flugzeug dorthin fliegen (pro Person 35 Rand), aber sicher ist das auch nicht.

Wir fahren dann noch zum Camp einer Straßenbaufirma, 5 Meilen vor Kasana, deren Laster und Geländewagen man hier dauernd durch die Gegend donnern sieht, aber die fahren auch nicht nach Maun.

So bleibt uns also, da uns das Flugzeug zu teuer ist, und niemand genau weiß, ob es wirklich fliegt, nur der Regierungslastwagen am Mittwoch.

Am Nachmittag erscheint die Regierung sogar persönlich an unserer Hütte.

Ein Schwarzer will einen Mister Unaussprechlich (er sabbert irgendwas, als habe er Schluckauf) sprechen, und irgendwann bekomme ich heraus, dass er mich und Hartmut meint.

Wir sollen mitkommen zum Immigration Officer, der unsere Pässe bestaunen wolle.

Wir sind friedlich gestimmt und gehen mit.

Vor dem Tor der Lodge wartet sogar eine Art „Grüne Minna" auf uns, ein Bedford-Laster mit vergitterter Ladefläche.

Wir werden also in diesen Käfig gesperrt und die paar hundert Meter zum Immigration Office gefahren.

Der Oberofficer fühlt sich offensichtlich von uns übergangen, denn wir hatten uns bei unserer Ankunft in Kasane am Samstag nur bei der Polizei angemeldet, weil eben dieser Immigration-Bimbo längst Wochenende feierte.

Also lässt es uns jetzt noch ein paar Nonsens-Formulare ausfüllen und weigert sich, unsere 7-Tage-Aufenthaltsgenehmigung gleich zu verlängern.

Das könne er erst morgen tun.

Bimbologik.

Weiß-Afrika

Heute wollten sie uns fertig machen.
Sie schissen uns an den Koffer, dass es nur so krachte, aber sie haben uns nicht geschafft.
Uns nicht!
Der erste Tiefschlag kommt schon vor dem Frühstück.
Wir spazieren zum North West District Council, um uns zu vergewissern, dass es mit dem Laster morgen alles gut geht.
Rums: Der Laster ist schon gestern Mittag abgefahren, berichtet ein Bimbo.
Gestern früh um 9 Uhr hatten sie gesagt, er fährt Mittwoch, gestern um 12 Uhr war er schon unterwegs.
An die Wand stellen und abknallen.
Derzeitige Frequenz der LKWs nach Maun: Einer pro Monat.
Also beschließen wir, Maun und die Okavango-Sümpfe damit zu den Akten zu legen.
Sollen die Bimbos die Sümpfe zuscheißen.
Nach dem Frühstück stellen wir uns an die Straße, um nach Rhodesien zu trampen, einen öffentlichen Verkehr dorthin gibt es nicht.
Da stehen wir dann und warten, und keine Sau kommt vorbei.
Für die lächerlichen 10 Kilometer zur Grenze brauchen wir fünf Stunden und müssen auch noch einem illegalen Taxi-Bimbo-Schwein für zwei Kilometer zwei Rand zahlen.
Es ist die ganze Zeit immer kurz vor dem Regnen, zum Glück geht es aber nicht richtig los.
Um 14 Uhr sind wir dann endlich an der Grenze und es geht dort sogar unerwartet glatt.
Wir tauschen unsere Schwarzafrika-Pässe mit denen für richtige Länder, zeigen dem rhodesischen Beamten jeweils alle beiden Pässe und können ungehindert einreisen, ohne Visagebühren oder Geldhinterlegung.
Dann warten wir wieder längere Zeit an der Grenzstation, bis uns endlich ein Lastwagen nach Victoria Falls mitnimmt.
Die Fahrt ist schön, unterwegs sehen wir am Straßenrand einen Elefanten, ein Warzenschwein und einige Affen.
Gegen 16 Uhr sind wir in Victoria Falls und werden an einem Hotel, etwas außerhalb, abgesetzt.
Ich gehe zur Rezeption und erfahre „alles besetzt".
Also Gepäckmarsch ins Zentrum des Ortes zum Touristenbüro.
Der nette Mensch dort organisiert telefonisch ein Doppelzimmer im billigsten Hotel der Stadt- eben dem Motel, von dem wir gerade kommen!
Wahrscheinlich hat dem weißen Rezeptionsbimbo vorher meine Nase nicht gepasst. An unserem Aussehen und der schicken Kleidung kann es ja nicht gelegen haben.
Jetzt muss er uns nehmen.

Beim Abendessen rächen wir uns.
Der Kellner legt uns eine ziemlich lange Speisekarte vor und wir wissen nicht
recht, was davon in unserem Dinner-inclusive-Zimmerpreis eingeschlossen ist.
Also fragen wir.
Antwort: "Sie können alles probieren."
Das hätten sie nicht tun sollen.
Wir ordern schlicht alles, die ganze Speisekarte von oben bis nach unten.
Also fressen wir 4 Vorspeisen, 2 reichliche Hauptgerichte und schließlich auch
noch Nachtisch und Kaffee, alles lecker.
Am Schluss beobachtet uns die ganze Küchenmannschaft und das Personal von
weitem und wartet wohl darauf, wann wir unter den Tisch kotzen oder platzen.
Nichts dergleichen.
Angeschlagen aber noch lange nicht kampfunfähig, kriechen wir in die Betten.
Der Weiße an der Rezeption wird sich zu seinem Riecher gratuliert haben, uns
eigentlich nicht aufnehmen zu wollen.
Sein Pech, das er es trotzdem musste.

Heute Vormittag besehen wir uns die Victoria Fälle von der rhodesischen Seite
aus.
Hier liegt zwar der größere Teil der Fälle, aber dafür ist der Sprühregen der Fälle
teilweise so stark, dass man nichts sieht und auch völlig durchnässt wird.
Aber hier gibt es keine Knappheiten, weder an Bier noch an Wasserfall-
Postkarten.
Anschließend gehen wir zu einer Krokodil-Farm, wo die Viecher aufgezogen
werden, nachdem die Eier vorher in den Parks eingesammelt werden.
Dafür werden 15% der zweijährigen Krokodile wieder in den Parks ausgesetzt,
was mehr sind, als von den Tieren sonst so alt würde.
Der Rest wird im Alter von drei Jahren zu Lederartikeln verarbeitet.
Einige noch ältere Krokos sind aber auch noch da.
Darunter ein Riesentier von ca. 46 Jahren.
Es ist sehr interessant und wir haben jetzt auch unseren Afrika-Bedarf an
Krokodilen gedeckt.
Um 18 Uhr fährt dann unser Zug in Richtung Bulawayo ab.
Dort werden wir uns überlegen, wie wir weiter wollen, ob noch weiter Rhodesien
oder gleich Südafrika.

Um 6 Uhr kommen wir in Bulawayo an und sind uns immer noch nicht darüber
klar, wie wir weiterfahren wollen.
Die Zimbabwe-Ruinen legen wir nach dem Studium der entsprechenden
Prospekte zu den Akten- sind wohl nur ein paar Steinhaufen, von uns aus mit
bimbohistorischer Bedeutung.
Außerdem sind die Fahrtverbindungen nach Osten schlecht.

So entschließen wir uns dann, nach Südafrika weiter zu fahren, zumal Rhodesien auch keineswegs das Billig-Paradies zu sein scheint, als das es uns von einigen Leuten beschrieben worden war.
Aber auch nach Johannesburg gibt es von hier aus nicht gerade viel Transport-möglichkeiten.
Der nächste Zug fährt morgen, ist aber schon voll reserviert.
Der nächste Zug fährt erst Sonntag.
So nehmen wir schließlich einen Zug heute Nachmittag um 13 Uhr zur Botswana-Hauptstadt Gabarone (Ankunft morgen früh 6 Uhr).
Von dort wollen wir dann wieder trampen.
Bulawajo ließ sich bequem am Vormittag besichtigen.
Wir besuchen das Eisenbahnmuseum und ein paar schöne alte Lokomotiven und Waggons, und damit hatte es sich dann auch schon so ziemlich.
Die Stadt ist modern-weiträumig-uninteressant.
Ohne Shortage geht es aber auch hier nicht.
In ganz Bulawayo, immerhin der zweitgrößten Stadt Rhodesiens, gibt es zurzeit keine Dia-Filme.
Um 13 Uhr setzen wir uns also wieder in die Eisenbahn, passieren bald die Grenze nach Botswana - weder Immigration- noch Zollkontrolle, womit wir wieder in Schwarzafrika sind, und investieren unsere letzten rhodesischen Dollar in einem schönen Nachmittagssuff im Zug.

Um 6 Uhr sind wir in Gaborone.
Eine echte Bimbo-Hauptstadt.
In diesem Dorf auf der deutschen Botschaft zu arbeiten, muss ein Strafposten sein.
Wir lassen uns jedenfalls gleich zur Ausfallstraße in Richtung SA fahren.
Dort stehen wir dann wie bestellt und nicht abgeholt.
Nach zwei Stunden kommen wir erst einmal 2 Kilometer weiter und damit völlig abseits jedes Verkehrs.
Endlich erbarmt sich ein Schwarzer und nimmt uns bis zur Grenze mit.
Auf Botswana-Seite gibt es keine Schwierigkeiten wegen der fehlenden Ein-reisestempel, und auch auf SA-Seite geht es reibungslos.
Wider aller Erzählungen müssen wir weder Geld hinterlegen noch vorzeigen, selbst den Impfpass wollen sie nicht sehen, an dieser Provinzgrenzstation.
Nur nach Büchern fragt man uns und vergleicht dann deren Titel mit einer schwarzen Liste für verbotene Bücher.
Ich dachte, so bescheuert seien nur die in Ostdeutschland.
Ein Kartenspiel „Schwarzer Peter" haben wir ja auch nicht dabei, bestimmt verboten?
An der Grenze sprechen wir dann nach etwa 20 Minuten den Fahrer des ersten Autos an, ob er uns mitnehmen könne in Richtung Johannesburg.
Und siehe da, nach einiger Überwindung erklärt er sich dazu bereit, da er genau dorthin will.

Das nenne ich Glück.

Um 15 Uhr setzt er uns am Flughafen von Johannesburg ab, von wo aus wir einen Bus zum Stadtzentrum nehmen, wo dann auch gleich der YMCA ist, in dem wir absteigen.

Gleich nach dem Frühstück starten wir zum großen Erkundungsrundgang: 7 Stunden marschieren wir durch die Stadt.
Als erstes zur Hauptpost, um die Poste Restante abzuholen.
Ich traue denen hier nicht, denn die Beute ist kläglich: 2 Familienbriefe für Hartmut, sonst nix.
Unser Koffer, den wir in Douala zurückgelassen hatten, ist inzwischen in Deutschland. Dietrich und Astrid hatten ihn mitgenommen.
Anschließend buchen wir für morgen einen Besuch der Tänze der Bantu-Arbeiter in der Goldmine.
Der Eintritt ist frei, aber der Transport dorthin kostet 8 Rand (24.-DM) pro Person- die Mine liegt 40 Meilen außerhalb.
Dann beginnt der kulturelle Teil: Wir besuchen das geologische Museum und das African-Museum, beide im Gebäude der öffentlichen Bibliothek untergebracht.
Das African-Museum sieht mal wieder wie eine riesige Rumpelkammer aus, aber im Geologischen-Museum haben sie eine prachtvolle Steinsammlung.
Hartmut, dem Kieselsammler, gehen vor Neid die Augen über.
Vom Carlton Centre, dem höchsten Gebäude der Stadt (50 Stockwerke, über 200 Meter), sehen wir uns Johannesburg von oben an.
Gewaltige Aussicht auf Wolkenkratzer und Goldminenhalden.
Im Carlton Centre ist auch das Museum of Man and Science mit einer Ausstellung über „Witchdoctors" (afrikanische Zauberärzte) untergebracht.
Bimboland findet hier also im Saale statt.
Von ein paar bunt kostümierten Negermamis kann man sich sogar die Zukunft weissagen lassen, worauf wir jedoch lieber verzichten.
Und weil wir von dem ganzen Bimbo-Zauber langsam genug haben und uns nach „deutscher Herren -Kultur" sehnen, gehen wir in die Deutsche Buchhandlung von Johannesburg, wo man zerlesene „Jerry Cotton" und „Schöner Wohnen" und überhaupt viel Deutsches kaufen kann.
Der 75-jährige Inhaber, ein Thüringer, nennt uns (nicht empfiehlt) dann noch ein deutsches Restaurant, wo es Eisbein (2,75 Rand= 8,50 DM) und Bier vom Fass gibt.
Vielleicht machen wir uns mal einen Heimatabend.
Schließlich wollen wir noch den Deutschen Klub besuchen, aber wir finden ihn nicht.
In dem Haus, wo er laut Telefonbuch sein soll, ist er jedenfalls nicht.
Danach gehen wir ins YMCA zurück, um unsere dampfenden Socken auszulüften.

Aber schon um 17 Uhr stiefeln wir wieder los in den Bezirk Hollbrow und fahren vom Höhenrausch gepackt auf den Strigdom Tower, um uns zum zweiten Mal Johannesburg von oben anzusehen.
Auf dem Rückweg kommen wir durch den Joubert Park.
Hier sind auf den Wiesen Gruppen von Plastik- und Pappfiguren aufgestellt, die sich an Scheußlichkeit zu übertreffen suchen und Szenen aus Märchen, Liedern usw. darstellen sollen.
Mich packt das Grauen und mit zu Berge stehenden Haaren zerre ich den sich amüsierenden und staunenden Axel aus dem Park.
Erst beim Abendessen in einer Pizzeria in der Nähe des YMCA erhole ich mich wieder.

Heute Vormittag fahren wir also mit dem Bus der Firma „Heia Safari" zu den Marievale Consolidated Mines, um uns die Tänze der schwarzen Minenarbeiter anzusehen.
Unser Fahrer verfährt sich einige Mal und muss sich den Weg zeigen lassen, so kommen wir erst an, als das Gehopse schon in vollem Gange ist.
Laut Reiseführer sind die Tänze eine der Hauptsehenswürdigkeiten Südafrikas-Na ja; Aber etliche schöne Fotomotive hat es schon gegeben.
Ich finde es schon richtig toll, der Rhythmus nimmt einen schon mit und die „Luft brennt", wenn die loslegen.
Die Tänze werden angeblich in erster Linie zur Freude und Unterhaltung der Bantu-Arbeiter organisiert und nicht fürs Publikum.
Aber man hat auf dem Minengelände eine richtige Arena mit überdachter Tribüne gebaut.
Die Tribüne ist nur für Weiße, während die Schwarzen daneben auf dem Erdboden sitzen.
Und schön gedruckte und bunte Broschüren auf Hochglanzpapier fürs weiße Publikum gibt es natürlich auch.

Am Nachmittag gehen wir noch einmal zur Redaktion der „Rand Daily Mail", um einen Gänsicke-Freund zu besuchen (wir waren gestern schon einmal vergeblich dort gewesen und sollten heute wiederkommen).
Nach einigen Hin und Her kommt schließlich heraus, dass es sich um einen der „afrikanischen Reporter" handelt - also einen Schwarzen, was uns einige erstaunte Blicke einträgt, dass wir als Weiße so einfach mir nichts dir nichts einen Schwarzen besuchen wollen.
Aber er ist wiederum nicht im Hause und es weiß auch keiner, wann er wiederkommt.

Am Sonntag gibt es in Johannesburg Bantu-Tanz und ansonsten Totentanz.
Weil es nämlich der Tag des Herrn ist, und der Herr nicht säuft, sind alle Schankstätten geschlossen!

Mit bebenden Nüstern laufen wir nach dem Abendbrot durch die Stadt, um doch noch ein Gute-Nacht-Bier zu ergattern, aber wir können keine Witterung aufnehmen.
Alle Kneipen verriegelt und verrammelt.

Heute früh erledigen wir ein paar Telefonate.
Erst bei der Bergwerksgesellschaft wegen einer Minen-Besichtigung, aber die sind bis Ende Februar ausgebucht.
Dann bei der Stadtverwaltung, die Rundfahrten nach Soweto, dem Schwarzen Wohnviertel macht.
Wir wollen uns ein Bild machen, wie hier die Schwarzen wohnen, nachdem wir ja die unglaublichen Zustände in Schwarzafrika zur Genüge gesehen hatten.
Aber die Rundfahrten sind bis Ende Januar ausgebucht.
Zuletzt rufe ich beim Südafrikanischen Fernsehen an, wo ich mich vor langer Zeit mal beworben hatte.
Ich soll morgen vorbei kommen.
Um den heutigen Tag aber doch noch zu nutzen, fahren wir in den Hermann-Eckstein-Park in den Zoo, der aber erst gebaut wird und noch nicht viele Tiere zu zeigen hat.

Heute Vormittag sind wir bei der Fernsehgesellschaft, die etwas außerhalb von Johannesburg ein gewaltiges Zentrum aufbaut.
Man hat aber nichts für mich, was mir nicht so wahnsinnig ungelegen kommt.
Was soll ein Biertrinker und Heide wie ich in Südafrika, der außerdem hautfarbenblind ist und gerne mit schwarzen Frauen schläft und sich im Bus auch auf Plätze setzen würde, die für Schwarze vorbehalten sind, wenn sonst kein Platz frei ist.
Anschließend fahren wir dann mit dem Bus nach Pretoria.
Dort führt uns der erste Weg zum Touristenbüro.
Aber die Touren, die die organisieren- zu Diamantenmine und Bantu-Dorf, sind zu teuer.
Es ist selbst billiger, wenn wir ein Auto mieten und überall selbst hinfahren würden.

Heute Vormittag treten wir wiedermal Pflaster bis zum Erbrechen.
Erst latschen wir zum Bantu-Department, wo man sich erst eine Genehmigung zum Besuch eines Bantu-Dorfes besorgen muss.
Anstatt das man einfach eine Kasse am Eingang aufstellt, wie im Zoo, wo wir anschließend hingehen.
Hier fahren wir mit einer Gondelbahn über die Gehege, welche laut Reiseführer 15 Minuten über eine Entfernung von 2 Kilometern führen soll, aber tatsächlich 5 Minuten über 500 Meter führt.
Endlich wieder ins Stadtzentrum gewandert, qualmen mir die Füße oben aus den Stiefeln und ich habe von der Straßenlatscherei die Schnauze so voll, dass ich

Axel meine Knipse mitgebe, damit er alleine sich ein paar sehenswerte Gebäude ansehen kann.

Während Hartmut also mit dem Schicksal hadert, kein Auto zu haben, fahre ich mit dem Bus erst zum Regierungsgebäude, dann zum Voortrekker-Monument.

Das Regierungsgebäude, laut Reiseführer eines der schönsten öffentlichen Gebäude der Welt, lohnt sich wirklich.

Es liegt oben auf einem Hügel und der Hang ist in Terrassen bepflanzt, wie ein europäischer Schlossgarten.

Das Voortrekker-Denkmal ist dagegen nur groß und klotzig.

Die „Heldenhalle" mit einem (symbolischen) Sarkophag, auf den durch ein kleines Loch in der Kuppel dann auch noch an einem bestimmten Tag im Jahr um 12 Uhr die Sonne fällt, ist steril, dunkel und langweilig.

Es regnet den ganzen Vormittag über in Strömen, so dass uns nichts anderes übrigbleibt, als das Transvaal-Museum zu besichtigen:

Viele blankgeputzte Steine und ausgestopftes Viehzeug, trotzdem nicht uninteressant.

Eigentlich wollten wir die nächste Etappe von hier nach Pietermaritzburg per Anhalter zurücklegen, aber angesichts des Regens reservieren wir lieber 2 Plätze für den Zug heute Abend um 17,45 Uhr, Ankunft morgen früh 6 Uhr.

Gegen Mittag hört es auf zu regnen, und ich beschließe, doch noch ins Mdebele-Dorf zu fahren, für dessen Besuch wir uns gestern die Erlaubnis geholt hatten.

Hartmut bleibt in Pretoria.

Per Anhalter und Bus schaffe ich die 50 Kilometer in knapp zwei Stunden.

Als ich um 14 Uhr ankomme, bin ich der einzige Tourist im Dorf, und werde mit lebhaften „Come, take a picture" Rufen begrüßt.

Ein paar Mädchen (ca. 14 Jahre) bieten mir an, sich zu diesem Zweck frei zu machen, und ich folge ihnen zwecks weiterer Verhandlungen in eine der buntbemalten Hütten.

Die Verhandlungen scheitern schließlich an überhöhten Honorarforderungen, so dass ich auf die Suche nach anderen Modellen gehe.

Da auch in der nächsten Stunde keine weiteren Touristen ins Dorf kommen, fallen die Preise rapide, und ich komme für wenige Cents zu einigen schönen Tittenfotos.

Aber das ist natürlich nur Nebensache.

Hauptattraktion des Ndebele-Dorfes sind schließlich die buntbemalten Häuser und Hütten.

Das Dorf sieht wirklich ausgesprochen farbenprächtig aus.

Ich frage mich bloß, wer den Bimbos den Tipp mit dem Anstreichen gegeben hat.

Jetzt sitzen sie den ganzen Tag nur faul herum, lassen sich ein paar Cents für Fotos geben und sind das reichste Dorf in der ganzen Gegend.

Geld und Bequemlichkeit hin und her, die machen sich selbst zu Affen (Zootieren), wo bleibt die Selbstachtung?

Kurz nach 15 Uhr kommt dann zum Glück noch ein VW-Bus mit organisierten Touristen, der mich wieder mit nach Pretoria zurück fährt, so dass wir den Zug nach Pietermaritzburg noch bequem erreichen.

Um 6 Uhr sind wir dann in Pietermaritzburg.
Wir geben unser Gepäck am Bahnhof auf und gehen erst mal frühstücken.
Der nächste Weg führt uns zu einem Informationsbüro, und da das Wetter Anstalten macht, gut zu werden, mieten wir uns bei Hertz einen VW-Käfer, um in Ruhe die Sehenswürdigkeiten in Richtung Durban ansehen zu können.
Endlich mal wieder mit einem „eigenen" Auto unterwegs.
Da wir den Wagen auf meinen Namen gemietet haben und auch heil ankommen wollen, fahre ich.
Linksverkehr, rechtsgesteuert.
Nachdem wir unser Gepäck abgeholt haben, fahren wir erst zu den Howick Wasserfällen.
Aber nach den Victoria Fällen, können uns diese nicht imponieren.
Auch ein Aussichtspunkt, den wir ansteuern, enttäuscht, obwohl er „worlds view" genannt wird.
Schon bei diesen Sehenswürdigkeiten fällt uns auf, dass die Ausschilderung an der Straße mehr als dürftig ist, das ändert sich auch später nicht.
Als wir zum Natal Lion Park wollen, müssen wir auch ein paar Mal hin und her fahren, um ihn zu finden.
Wir hätten aber nichts versäumt, wenn wir ihn nicht gefunden hätten.
Reine Touristenscheiße: Ein paar völlig zahme Tiere, und die fürchterlichen Löwen, wegen denen man weder das Auto verlassen noch überhaupt die Autofenster offen haben darf, sind separat in einem winzigen Gehege untergebracht und ignorieren die Autos völlig.
So fahren wir weiter zum Aussichtspunkt des Tals der 1000 Hügel.
Na ja, auch nicht toll.
Schön wird es erst, als wir nach längerem Suchen die Hauptstraße verlassen und ins Tal zurückfahren, wo sich die Straße zwischen den Hügeln durchschlängelt und zum Nagel-Staudamm führt.
Wir übernachten dort auf einer Guestfarm bei Drummond.
Gleich nach dem Frühstück fahren wir weiter nach Durban, um das Auto bis 9.30 Uhr zurück zu geben.
Nachdem Hartmut tränenreich Abschied von „seinem" Auto gefeiert hat, sehen wir uns auf dem Rückweg zu unserem Hotel Durban zu Fuß an.
Wieder mal viel Stein, der hübsch ans Meer gebaut, mit Yachthafen vor Wolkenkratzer-Kulisse.

Am Nachmittag besuchen wir dann das Aquarium.
In zwei riesigen Becken kann man in verschiedenen Etagen durch Glasfenster mächtige Haie, Rochen, Schwertfische, Meeresschildkröten und anderes Getier beobachten.

Da sind schon stramme Burschen darunter, denen man beim Baden besser nicht begegnet- die Küste von Durban ist Hai-Gebiet, die Strände sind durch Unterwasser-Netze geschützt.
Anschließend ans Aquarium besehen wir uns dann das, was früher einmal der Strand von Durban gewesen sein muss.
Inzwischen ist es ein Vergnügungspark mit allen Scheußlichkeiten, die seit Walt Disney dazugehören, wenn Menschen sich amüsieren sollen, incl. Kurzstrecken-Sessellift, Geisterbahn, riesigen Märchenfiguren etc.

Noch ein Nachtrag zu gestern, es mag Hartmut in seinem Benzinrausch entgangen sein: Wir fuhren in den Queen Elisabeth Nationalpark bei Pietermaritzburg in Hauptquartier der Nataler Naturschutzbehörde und buchten eine 3-tägige „Wildernis-Wanderung", vom 20. bis 23.1. im Mkuzi-Park, der ca. 400 km nordöstlich von Durban liegt.

Also machen wir uns auf den Weg zum Mkuzi-Nationalpark.
Erst per Bus zum nördlichen Stadtrand von Durban, dann per Autostopp bis Hluhluve, wo wir im Holiday Inn absteigen- was Billigeres gibt es nicht.
Für die 280 Km von Hotel zu Hotel brauchen wir knapp 9 Stunden, was um einiges schneller ist als die Eisenbahn und in meinen Augen ein guter Schnitt fürs Trampen auf schwieriger Strecke.
Die Straße führt weiter nach Swaziland und berührt nördlich Durban keine größere Stadt.
Nur einmal, vor dem letzten Lift, müssen wir längere (knapp 2 Stunden) warten, bevor wir mitgenommen werden.
Hartmut, inzwischen wieder von Auto-Bazillus befallen, verbreitet derweil schlechte Laune.
Dabei hat er mir das Winken völlig überlassen und harrt im Schatten eines Baumes der Dinge, die nicht kommen- wohl in der Einsicht, dass ein netter junger Mann wie ich die größeren Chancen hat, ein Auto anzuhalten.
Wenn Axel nicht immer alle Spiegel meiden würde, käme er nicht auf die Idee.
Am Abend im Holiday Inn hebt wieder ein großes Fressen an, denn man kann nicht a la carte essen, sondern muss einen teuren Einheitspreis bezahlen und kann dann soviel einschaufeln wie man kann.
Wir können sehr viel.
Hartmut ist wieder genießbar.
Im Übrigen ist auch Afrika nur ein Dorf.
Bei einem der Lifts fuhren wir heute mit dem Amerikaner zusammen, mit dem wir per Schiff auf dem Tanganjika-See von Bujumbura nach Kigoma gefahren waren- vor vier Monaten.
Er will in Richards Bay, wo ein neuer Hafen gebaut wird, Geld für die Rückreise verdienen.

Nachdem wir in den Proviant für die 3-Tage-Wanderung eingekauft haben (im Park gibt es gar nichts Essbares zu kaufen), stellen wir uns mit erheblich vergrößertem Gepäck an die Straße und trampen weiter.

Gegen 13 Uhr sind wir in Mkuze, von wo es noch 25 Km bis zum Camp im Park sind.

Vom einzigen Hotel des Ortes versuchen wir, den Weitertransport zu organisieren, aber weder wollen uns die Hotelleute hinfahren, noch will man uns vom Camp hier abholen.

So versuchen wir es wieder mal zähneknirschend per Anhalter und werden schon nach ein paar Minuten von einem Polizisten mitgenommen, der ebenfalls ins Camp will.

Im Park angekommen, müssen wir erst einmal eine lange Liste der Gefahren, die uns auf der Wanderung drohen (vom Schlangenbiss bis zum Tieffliegerangriff) lesen und unterschreiben.

Bis zum Abmarsch morgen Vormittag werden wir dann in einer lauschigen Hütte im Wald untergebracht, wo uns ein Ranger morgen abholen soll.

Außer uns beiden hat niemand diese Wanderung gebucht: Sonst seien es normalerweise 6 Teilnehmer.

Aber im Mkuzi-Park werden solche Märsche erst seit Anfang Dezember angeboten, und der Park liegt ja auch noch nördlicher als die anderen Naturschutzgebiete.

Nachdem unser Ranger um 9 Uhr schon mal vorbeigeschaut hat, holt er uns endgültig um 14 Uhr ab, und wir fahren zum Hauptquartier, um unsere Rucksäcke und Wasserflaschen zu bekommen.

Aber der Schlüssel zur Ausrüstungskammer fehlt.

Also müssen wir erst einbrechen, damit wir unser Zeug erhalten und alles einpacken können, was wir für drei Tage für notwendig halten.

Aber dann geht es los.

Axel, Rodney der weiße Ranger, Banoyi ein schwarzer Guard (sein Name bedeutet Flugzeug, weil gerade ein Flugzeug bei seiner Geburt über das Dorf flog) und ich.

Beladen mit Rucksäcken, Wasserflaschen, Essen, Knarre und Revolver marschieren wir in die Wildnis und erreichen schon nach 1 ½ Stunden das erste Camp am Fluss.

Das Camp erkennt man daran, dass Klappbetten und Ausrüstungsgegenstände in den Bäumen hängen sowie eine verschlossene Tonne halb vergraben ist, in der sich Kleinzeug befindet.

Also campen wir dort, machen Feuerchen und holen Wasser zum Kochen aus dem Fluss.

Leider ist er wegen der Regenzeit völlig verschlammt und wir verstopfen zwei Filterpumpen.

Ähnliche nutzlose Geräte wie wir eine mithatten. Man pumpt eine halbe Stunde für eine Tasse Wasser.

Und dann kommt es heraus: Wir sind die ersten, die hier eine Wildnis Wanderung machen!

Also müssen wir ausprobieren, was in dem Camp noch fehlt und ob die Bäume im Park hoch genug sind, um vor einem Nashorn-Angriff Zuflucht zu bieten.

Entsprechend schlecht schlafe ich die Nacht über.

Nur durch einen Schlafsack von der bösen Umwelt geschützt, mit einer Menge fremder Geräusche um mich herum, bin ich ein Opfer meiner Phantasie.

Um 6 Uhr wird das Camp in die Bäume gehängt und um sieben sind wir schon auf dem Marsch.

Irgendwann ertönt dann das wütende Brummen eines Nashorns und erst als wir fast alle auf den Bäumen sind, fällt dem Schwarzen ein, dass auf der anderen Seite des Flusses, ziemlich weit weg, eine Maschine in Betrieb sei.

Als deren Geräusch entpuppt sich dann bei genauem Zuhören auch das Nashornschnauben.

Um 9 Uhr sind wir dann schon am neuen Camp.

Ebenfalls eine Freiluftangelegenheit.

Nur für den Fall eines Regens sind ein paar Zelte in der Tonne.

Das Flusswasser ist hier auch nicht besser als im ersten Camp, aber inzwischen haben wir uns an die lehmige Brühe gewöhnt, die schon im Urzustand wie Kaffee mit etwas Milch aussieht.

Wir versuchen es mit anderen Filtermethoden wie Hartmuts Hut, aber es hilft nichts.

Auch ein Geheimtipp vom Flugzeug nützt nichts.

Er mischt Asche ins Wasser, damit diese den Dreck am Boden des Topfes bindet, aber am Ende kommt nur dreckiges Aschewasser dabei heraus.

Jetzt kochen wir die Lehmbrühe also bloß noch, bevor wir sie zähneknirschend- im wahrsten Sinne des Wortes- saufen.

Mit allzu viel Wildlife ist die Wildnis bisher noch nicht gesegnet: Nur ein paar Antilopenrudel, die wir aus der Nähe sehen, eine Schildkröte und massenweise Zecken, die einem über die Haut laufen und eine schwache Stelle suchen.

Ich hoffe, die Zecken sind alle gegen Gehirnhautentzündung geimpft. Wir nämlich nicht.

Um 14 Uhr geht dann der Marsch durch den Park richtig los, zu einem Aussichtspunkt am Mkuzi-Fluss soll es gehen, 30Minuten Fußmarsch schätzt der Ranger.

Nach 3 Stunden anstrengendstem Laufen über meist dichtbewachsene Geröllfelder, auf denen jeder Schritt Mühe macht, sind wir dann total erschöpft da.

Und so gewaltig ist der Blick vom Berg auch nicht.

Rodney entschuldigt sich für die verschätzte Laufzeit damit, dass er diesen Weg auch noch nie benutzt hat, aber wir mussten zwei Schleifen des Flusses umgehen Jetzt haben wir uns auf der ganzen Reise immer an gewisse Vorsichtsmaßnahmen gehalten, heute brechen wir gleich zwei:

Erstens trinken wir, wenn auch klares aber ungekochtes Bachwasser, um überhaupt weiter zu können und zweitens weigern wir uns, denselben Weg zurück zu gehen und müssen daher die Flusswindungen durchwaten.

Barfuß, mit Hose, Fotoapparat und Schuhen auf dem Kopf waten wir also durch den Fluss.

Weniger Krokodile, wir haben ja Schusswaffen dabei, als vielmehr die Bilharziose scheint uns zu lauer und die gegenteiligen Beteuerungen der Rangers sind uns kein Garantieschein.

Richtig müde kriechen wir dann, als es dunkel ist, in die Schlafsäcke.

Nur muss Axel dann noch einmal niesen und lockt damit ein Nashorn an, welches diese Detonation wohl für einen Brunftschrei hält.

Also wieder raus aus den Schlafsäcken und an einen Fluchtbaum gestellt und gewartet, was das Nashorn weiter machen würde.

Axel probiert mehrere Bäume aus, da er jedes Mal glaubt, mit seinem dicken Arsch nicht hinauf zu kommen, bis ihm der Ranger versichert, dass er mit Sicherheit auf jeden Baum kommt, wenn ein Nashorn angreift.

Aber wir hören nichts mehr und legen uns endgültig zur Ruhe.

Natürlich hatte ich das Rino mit meinem kleinen Nieser nicht angelockt- wir hatten seine Spuren schon vorher in der Nähe des Lagers gesehen.

So beantwortet es lediglich höflich, wie es Nashorn Art ist, mein Niesen mit einem freundlichen Brummen.

Da ich aber nicht weiter niese, bleibt auch das Rhino ruhig.

Lediglich Rodney und Flugzeug wachen in der Nacht ein Dutzend Mal auf, um zu lauschen- erzählen sie uns am Morgen.

- Flugzeug, der ein echter Zulu ist, kümmert sich nach Zulu-Art nicht um die Namen, die man hat, sondern gibt einem neue Namen, die einen irgendwie beschreiben.

Mich nennt er „Rotes Haar" und Hartmut taktvoll angesichts seiner Figur „Er könnte stark sein".

Nach etwas unruhig verbrachter Nacht stiefeln wir am frühen Morgen wieder los.

Hartmut hat sich von vorneherein ein 2-Stunden Limit gesetzt und kehrt dann entsprechend mit Flugzeugin Richtung Camp um.

Rodney und ich marschieren weiter.

Diesmal bekommen wir etwas mehr Wildlife zu sehen.

Außer Impalas und Wildebeesten auch Zebras und schließlich zwei Weiße Rhinos: Altes Männchen mit jungen Weibchen.

Von Baum zu Baum, für alle Fälle, schleichen wir uns an.

Rodney knüppert seinen Revolver los und lässt die Hand in seiner Nähe baumeln und gibt die Parole aus: Wenn der Alte zu laufen anfängt, rauf auf den nächsten Baum.

Vor dem Weibchen haben wir seiner Meinung nach, nichts zu befürchten.

Baum um Baum kommen wir näher.

Wenn man zu Fuß ist, sind Nashörner viel größer, als wenn man sie vom Auto aus sieht, zum Glück auch weniger angriffslustig- hoffentlich wissen sie es auch.
Dann haben wir den letzten Baum zwischen uns und den Nashörnern erreicht, etwa 10 Meter von ihnen entfernt.
Sie haben uns natürlich längst bemerkt.
Zwar können sie uns ihrer schlechten Augen wegen nicht sehen, aber sie riechen und hören uns.
Der Alte entschließt sich zur Aktion und rennt los.
Zum Glück in die entgegengesetzte Richtung, so dass uns das Tarzan-Spiel im Dornenbaum erspart bleibt.
Mit gebührendem Abstand folgen wir ihnen und schleichen uns dann noch einmal an, bis auf etwa 20 Meter.
Aber sie sind jetzt beunruhigt und verziehen sich ins Gebüsch.
Ich frage Rodney, als er seinen Revolver wieder feststeckt, ob er damit tatsächlich ein Nashorn stoppen der erschießen kann?
Natürlich nicht.
Er hätte nur in die Luft geballert und gehofft, das Nashorn würde vom Knall erschrecken und die Richtung ändern.
Nach etwa 5 ½ Stunden kommen wir mit nicht mehr ganz frischen Füßen ins Camp zurück.
Immerhin hat sich auch Rod einen Hacken wundgelaufen, was mich angesichts meiner Blasen tröstet.
Am Nachmittag kühlen wir unsere Wunden und nehmen noch ein Bad in der Brühe des Mkuzi-Flusses.
Jetzt ist es ja schon egal.

Die letzte Nacht im Busch und ein letzter schweißtreibender Marsch in der Sonnenglut.
Schon um 9 Uhr sind wir wieder im Hauptcamp des Parkes, ich verpflastere noch einmal die Füße, wir verabschieden uns von Rodney und Flugzeug und lassen uns von einem Park-Laster nach Mkuzi-Village mitnehmen.
Im Ghost Mountain Inn werden wir wieder zu Menschen und spülen die Schlamm und Staubreste aus der Kehle.
Gegen 11.30 Uhr machen wir uns dann per Autostopp auf den Rückweg nach Durban.
Es läuft besser als auf dem Hinweg, und kurz nach 18 Uhr werden wir im Plaza-Hotel abgesetzt.
Mit einem guten Abendessen und einem anschließenden heißen Bad schließen wir das Kapitel Wildnis Wanderung ab.

Dass das heute ein erfolgreicher Tramp-Tag ist, kann man nicht behaupten.
Von Durban an der Küste entlang bis Port Shepstone, ganze 120 Km. Dort sind wir gegen 14 Uhr und wollen dann landeinwärts zur Gartenstraße, die Pietermaritzburg und Kapstadt verbindet.

Und wir stehen und stehen.

Um 18 Uhr sind wir 23 Km weiter gekommen, als uns jemand erzählt, dass wir auf dieser Straße vor Montag (übermorgen) eh nicht weiterkommen, da übers Wochenende wegen Straßenbauarbeiten gesprengt würde.

Wir haben genug und trampen 2 Km zurück zu einer Farm mit Guesthouse.

Das ist heute wieder der Traum eine Trampers- allerdings zuerst der Alptraum.

Nach sehr gutem Frühstück kommen wir erst gleich bis 12 Km hinter Paddok, mitten auf der Baustelle, die heute doch auf ist.

Es gibt zwei Straßen nach Harding und so gelegt jeder von uns eine.

Trotzdem dauert es über zwei Stunden, bevor wir mitgenommen werden.

Axel hatte schon überlegt, nach Port Shepstone zurück zu trampen, aber dann hält doch ein Auto und bringt uns sogar noch weiter als nach Harding, nämlich bis zur Hauptstraße nach Kapstadt.

Erst mal an dieser Hauptstraße, kann ja nicht mehr viel passieren.

Denken wir.

Nach zwei Stunden warten, werden wir allmählich anderer Meinung, da nicht nur alle halbe Stunde ein Auto vorbei fährt, sondern es auch ganz schwarz und bedrohlich am Himmel aufzieht.

Wir marschieren zu einer nahen Tankstelle, die über Sonntag geschlossen ist.

Aber wenigstens unterstellen kann man sich und wir rechnen schon mit einer Nacht neben Zapfsäulen, da es inzwischen 15 Uhr ist und fast dunkel.

Vielleicht ist der Verkehr ja Montag dichter.

Aber dann geschieht das Wunder und ein Volvo hält.

Wir sind kaum eingestiegen, als es anfängt in Eimern zu schütten.

Aber man darf ja auch mal Glück haben.

Um 21 Uhr machen wir in einem Hotel vor East London Schluss und morgen will uns unser Fahrer auch noch bis Port Elisabeth bringen.

Das Wetter bleibt unfreundlich.
Gegen Mittag werden wir in Port Elisabeth abgesetzt und es regnet sich langsam ein.
Am Nachmittag fahren wir dann per Bus zum Schlangenpark und Oceanium und bewundern einen herrlich schwulen schwarzen Schlangenwärter und die hüpfenden Delphine, aber es saut immer mehr und wir werden so nass wie die Delphine.
Wenn das Wetter morgen besser ist, wollen wir noch einmal hin.
Eine Fahrt nach Addo (65 km nördlich) zum dortigen Nationalpark, lassen wir uns von der Frau im hiesigen Touristenbüro ausreden.
Dort gebe es außer Elefanten rein gar nichts zu sehen und die seinen auch noch hinter Gittern an künstlichen zementierten Tränken- also wahrscheinlich der gleiche Beschiss wie beim Natal Lion Park.

Nachdem wir uns gestern beim Touristenbüro über den Regen beschwert hatten, ist es heute trocken.

Deshalb fahren wir nach einer Stadtbesichtigung noch einmal zum Oceanium, um die Delphinshow anzusehen.

Aber sie ist nicht so toll.

Außerdem gehört zur Show auch noch eine doofe Seehundenummer.

Axel will dauernd wieder zum Schlangenpark, da er gestern vergessen hatte, den Wärter nach seiner Adresse zu fragen. *(sehr witzig)*

Der Nachmittag sieht uns beim Besichtigen eines Pferdedenkmals und einer Miniaturfestung.

Die Besitzerin unseres Hotels ist so nett und fährt uns heute früh vor die Stadt, von wo aus wir wieder trampen wollen.

Wir haben viel Glück.

Es hält ein Auto, dessen Fahrer nach Oudtshoorn will, genau dahin wollen wir auch.

Der Ort liegt etwas abseits und wir hatten eigentlich nicht mit einem einzigen Lift gerechnet.

Die Strecke ist sehr schön und führt durch ein Waldschutzgebiet und über einige Pässe.

Leider können wir aber keine Fotopausen machen.

Tramper Schicksal.

Um 15 Uhr sind wir in Oudtshoorn und lassen uns beim Touristenbüro absetzen, wo die dortige Oma alles bestens, wie es scheint, für morgen regelt, nämlich den Besuch einer Straußen-Farm und der Congo Tropfsteinhöhlen.

Sonst nimmt Axel heute seine Malaria (?) und kann sich nicht zwischen schwitzen und frieren entscheiden.

Oder ist ihm das Glas Milch heute früh nicht bekommen.

Unsere Oma hat wirklich toll pariert.

Wir werden, wenn auch mit Verspätung, im Büro abgeholt und zur Highgate-Straußenfarm gebracht.

Es ist sehr interessant.

Ein Straußenei entspricht etwa 24 Hühnereiern und wenn die Strauße ge-schlachtet werden, wird alles verwertet: Das Leder, das Fleisch, die Federn etc., selbst aus dem Blut macht man Dünger.

Alle neun Monate werden ihnen die großen Federn ausgerupft. Angeblich haben die Vögel kein Schmerzempfinden, weil sie dabei nicht reagieren.

Dann fängt man einen Strauß ein und bindet ihn in ein Rupf-Gestell und setzt ihm eine Haube über den Kopf, da sie ganz still stehen, wenn sie nichts sehen.

Wer will darf sich dann draufsetzen.

Wir wollen.

Anschließend fragt der Führer, ob auch jemand darauf reiten wolle.

Großes Schweigen.

Da ich weiß, dass die Schwarzen gelegentlich Strauße reiten, und was ein Bimbo kann, kann ich auch (?), und überhaupt ein alter Cowboy wie ich, usw.
Also reitet mich der Teufel und ich einen Strauß.
Man hält sich an den Flügelansätzen fest und hakt ein Bein vor die gewaltige Keule, um nicht nach hinten runter zu rutschen.
Dann wird dem Vogel die Haube abgenommen und er losgelassen.
Er rast mit mir los- quer und frontal durch die anderen Strauße.
Axel hofft auf ein gutes Foto, wenn ich runterfliege.
Aber wie gesagt: Ein alter Cowboy wie ich- nicht.
Zum Bremsen muss man den Hals des Straußes nehmen und wie eine Handbremse nach hinten ziehen und so lange würgen, bis ihm die Luft ausgeht und sich dann nach hinten runterrutschen lassen.
Es ist toll.
Immerhin wird uns später erzählt, dass vor kurzem ein Farmer durch die Tritte von Straußen getötet worden ist.

Mit bei der Besichtigung sind zwei Pinguine aus Deutschland, die uns anschließend einen Lift bis zur Congo Grotte geben, obwohl sie schon einmal dort waren. Nett.
Die Grotte sind riesige Tropfsteinhöhlen.
Die ersten Höhlen voll für die Touristen erschlossen, also farbige Beleuchtung, Musik und was angeblich Touristen alles so mögen.
Weiter in den Berg hinein wird es dann zu einer Treppen-Steigerei.
Dann kommt eine steile Leiter und es wird älteren und unsportlichen Gästen empfohlen, nicht weiter mitzukommen.
Der Gang wird niedrig und schmal, man muss in den Hockgang gehen und den Bauch einziehen.
Nach einiger Zeit wird der Weitergang nur noch jungen Leuten empfohlen.
Es wird richtig Klasse.
Auf dem Bauch robben, einen Kamin hochklettern und wieder kriechen.
Leider ist dieser Teil viel zu kurz und führt im Bogen wieder zu den großen Höhlen zurück.

Nachdem sich Axel heute früh wieder ausgemäht hat, sind wir endlich um 9 Uhr an der Straße und haben nach einer halben Stunde Glück und erwischen ein Auto nach Mossel-Bay, wo wir ja hin wollen.
Wir perfektionieren unsere Tramperei.
Auch dort gehen wir zuerst zum Touristenbüro um uns wegen Schifffahrten zur Seehundsinsel zu erkundigen, weswegen wir ja überhaupt hierher gefahren sind.
Aber da keine Saison ist, fährt nichts!
Doch dem Touristenengel gelingt es per Telefon, für uns ein Fischerboot zu organisieren, das zwischen 14 und 16 Uhr im Hafen ankommen soll und den schönen Namen Lorelei trägt.

Um 15 Uhr kommt das winzige Schiffchen angetuckert und wir informieren den Kapitän, dass der Bootseigner ihn dazu verdonnert hat, uns noch zur Seehunds-Insel zu bringen.
Also fahren wir los.
Die Seehunds-Insel ist eine kleine Felseninsel in der Bucht und voller Seehunde, die viel Krach machen und gegen den Wind stinken.
Wir umtuckern die Insel einmal und es macht Spaß, den Robben zuzusehen.
Auf der Rückfahrt zum Hafen vergehen Axel alle Badegelüste, da das Wasser von Haien, meistens Hammerhaie, wimmelt, sie zwar klein aussehen, aber trotzdem unangenehm sein können, sogar tödlich.

Heute zahlen wir unseren Tribut bei der Tramperei für die guten letzten Male.
Wir stehen und stehen.
Obwohl wir unseren Standort zu Fuß zweimal verbessern und eine Ortsausfahrt mehr bewachten, passiert heute nichts, außer dass das Wetter schlecht wird und wir uns nach über 5 Stunden Warterei wieder nach Mossel Bay zurück begeben und erst einmal ein Bier trinken.
Aber genau das ist der Fehler.
Wir erfahren leider später, dass das genau die Zeit war, wann der Zug nach Kapstadt abfuhr.
Also suchen wir uns ein billiges Hotel, spielen ein paar Runden Billard und wollen morgen versuchen, den Bus nach Kapstadt zu bekommen.

Hat doch wieder mal so ein dämlicher Kaffer versucht, mich zu bescheißen.
Beim Abendbrot in unserem Hotel lasse ich vom Getränkekellner zwei Bier für 60 Cent bringen und bezahle mit einem Rand.
Der Bimbo verschwindet und kommt nicht wieder.
Ich schicke zwei schwarze Serviermädchen nach ihm aus, aber die finden ihn natürlich nicht.
Dann kommt er aus der Küche: Statt der roten Kellner-Kluft trägt er jetzt einen mausgrauen Straßenanzug und schleicht in Richtung Ausgang.
Vielleicht dachte er, so würde ihn niemand erkennen.
Aber inzwischen kann ich ja nun auch einzelne Schwarze untereinander unterscheiden.
Also laufe ich laut rufend quer durch den Speisesaal und stelle ihn und lasse mir meine 40 Cent Wechselgeld zurückgeben.
Einmal erwischt, muss er auch gleich noch ein paar andere Gäste auszahlen, deren Wechselgeld er auch unterschlagen wollte.

Endlich wieder Luxusklasse.
Nach unserer gestrigen Pleite nehmen wir also heute den Bus der South African Railways nach Kapstadt.
Die Luxus-Touristenkutsche, die von Durban die ganze Garden-Route runterfährt.

Es ist eine Gruftelsen-Schleuder, wie wir sie seit TreeTops nicht mehr erlebt haben, Durchschnittsalter scheintot, und sauteuer.
Für den Preis, den hier 400 Km kosten, kann man in Kenia eine ganze Woche durch die Gegend fahren.
Gegen 17.15 Uhr kommen wir in Kapstadt an und wissen noch nicht, wo wir absteigen sollen.
Ich rufe in einer deutschen Privatpension an, die uns vor Wochen unterwegs von einer deutschen Krankenschwester empfohlen worden war, aber es meldet sich niemand.
Da wir aber keine andere Idee haben, beschließen wir trotzdem auf gut Glück dorthin zu fahren.
An der Bushaltestelle fragen wir eine Frau, ob wir auf dem richtigen Weg seien, und siehe da: Die Dame spricht deutsch, sie will auch dorthin, und sie heißt Roux und ist die Besitzerin der Pension!
Auch ein schönes großes Zimmer hat sie auch noch frei!

Heute Vormittag klappern wir die Reisebüros und Schiffsagenturen ab, um unsere Rückfahrt zu organisieren.
Nach stundenlangen Recherchen haben wir schließlich zwei Möglichkeiten:
Entweder per Schiff am 10.Februar von Kapstadt nach Southampton, aber das hieße Verzicht aus Südwestafrika, oder per Flugzeug am 19.2. von Windhoek nach Luxemburg.
Was tun?
Wir entscheiden uns für Südwest + Flug, schwenken dann auf gemütliche Seefahrt und geben uns dann doch wieder einen Ruck zu Südwest.
Also gehen wir wieder zur Castlemarine, um den Flug Windhoek-Johannesburg-Luxemburg zu buchen.
Aber weil sowieso immer alles anders kommt, gibt es ein Gottesurteil: Die Billigflüge nach Luxemburg sind auf Wochen ausgebucht, normale Flüge zu teuer, und so bleibt nur noch das Schiff.
Wir buchen zwei Plätze auf der Union-Castle-Mailship „Edinburgh Castle", das Kapstadt am 10.2. verlässt.
Nach einem Zwischenstopp in Las Palmas dann Ankunft in Southampton am 23.2.
Von Walfish Bay sind alle Schiffe nach Europa für lange Zeit ausgebucht, ebenso die Schiffe von Kapstadt zu deutschen Häfen.

Nachdem wir unsere Entscheidung mit einem Bier begossen haben, sehen wir uns am Nachmittag noch die hiesige Burg an und lassen uns von einem Führer mit historischen Vorträgen langweilen.
Hätte man sich sparen können.

Und wieder wird abgehakt.

Heute der Tafelberg, auf welchen wir mit einer Seilbahn fahren, die erstaunlich steil nach oben schwebt.

Von dort hat man dann einen tollen Ausblick auf Kapstadt und Umgebung.

Auf dem Rückweg von der Seilbahn zur Bushaltestelle durchqueren wir die verkohlten Reste des Waldes, der hier vor kurzem abgebrannt war. Ein paar schöne Häuser stehen am Waldrand, nicht weit von der Brandgrenze entfernt. Wir fragen uns, wie das Gefühl für die Besitzer während des Brandes war.

Am Abend sind wir dann im Deutschen Club.

Im Prinzip sitzt alles um die Theke und schwatzt dumm daher und auch die Typen sind entsprechend.

Ein Abend im Deutschen Club vertreibt jedes Heimweh.

Aber wenigstens haben wir jeder einen sehr guten Bismarckhering gegessen.

Jetzt können wir Afrika endgültig abhaken: Wir sind am Kap der Guten Hoffnung.

Wir sehen zwar nichts vom Kap und beiden Meeren, denn alles liegt in Nebel und Wolken verhüllt, aber wir sind da!

Wir hatten eine 7 ½ stündige Bustour zum Kap gebucht, die man auch in 3 Stunden bequem hätte machen können.

Aber der Bus hielt dauernd an irgendwelchen Lokalen, damit sich die Gruftelsen erfrischen konnten.

Und da wir die billige Arme-Leute-Tour gebucht hatten, bekamen wir nicht einmal ein Zertifikat.

Die ganze Reise war vergebens!

Heute Vormittag erleben wir einen Horrortrip- wir klappern einige Andenken- und Curiositätengeschäfte ab, um nach Kleinigkeiten für uns und andere zu suchen.

Es ist grauenvoll, was dort alles an Touristenscheiße angeboten wird.

An sich kaum etwas, wo Axel oder ich uns vorstellen können, dass sich jemand darüber freuen würde.

Nur gelegentlich mal Einzelstücke, Masken etc., die aber dann ein -zigfaches von dem kosten, was man in den afrikanischen Ursprungsländern hätte zahlen müssen, z.B. kostet eine geschnitzte Antilopenmaske aus dem Senegal rund 250.- DM, die im Senegal 25.-DM gekostet hätte.

Sehr hübsch sind einige Armreifen und Ringe aus Elfenbein und Gold (oder Plastik und Messing, wer weiß das schon), die aber fast den Preis eines ganzen Elefanten kosten.

Haifisch-Gebisse, die uns billig in Malindi angeboten worden waren, und welches ich mir eigentlich hier kaufen wollte, gibt es gar nicht.

Man hätte wirklich alles gleich an Ort und Stelle kaufen sollen, aber wie dann transportieren?

Alles mitschleppen?

Am Nachmittag erholen wir uns und Axel beschließt, einige Flaschen Südafrikanischen Sprit mitzunehmen.
Mal sehen, wieviel dann in Berlin ankommt.

*Da bei der guten Frau Roux von heute an alle Zimmer reserviert sind, ziehen wir
um.*
*Auf Empfehlung des Touristenbüros ins Hotel Avalon Hights, das zum gleichen
Preis sogar mit Swimmingpool und Fernsehen ausgestattet ist.*
Ansonsten beginnen so langsam die Vorbereitungen zur Abreise.
*Ich lasse mich vom Friseur schönen und kaufe im Sonderangebot ein paar
Schuhe für 3,99 Rand (12.-DM), um fürs europäische Winter-Matschwetter
gerüstet zu sein- weder meine madagassischen Bata-Sandalen noch meine
inzwischen praktisch sohlenlosen Wanderschuhe scheinen mit schneetauglich.*
*Hartmut, dessen Suche nach Andenken-Krams immer verzweifeltere Formen
annimmt, ersteht ein Straußenei und widmet sich anschließend dem Versuch, es
bruchsicher in seinem Gepäck zu verstauen.*
*Bis er das Ei in Berlin wieder auspackt, wird ihn die Angst nicht mehr loslassen,
und bei jedem Knick und Knack in seiner Umgebung zuckt er schmerzvoll
zusammen.*

Nachdem Axel sich nicht fühlt (?), jedenfalls mit dem Arsch heute früh nicht aus
dem Bett kommt, gehe ich alleine zum zweimal wöchentlich sattfindenden
Flohmarkt.
Aber der Markt ist enttäuschend.
Nur wenige Stände mit richtigem Flohmarkt-Kram und erst recht keine
Schwarzen, die afrikanische Schnitzereien oder Speere oder sowas verkaufen,
wie ich gehofft hatte.
Also legen wir uns wieder an unseren Hotel Swimmingpool.
Zum Mittagessen gehe ich auch alleine, da Axel, seit ihm sein BH zu eng
geworden ist, mittags nichts mehr isst.
Aber die Kneipe, wo ich das Bar Menü essen will hat Samstag kein Essen.
Dafür ist sie aber gerammelt voll mit Leuten, die heute noch genug einschlucken
wollen, um den trockenen südafrikanischen Sonntag zu überstehen.
Auch in unserem Hotelzimmer stapeln sich die Vorrats-Bierbüchsen.

Fauler Sonntag: Zeitung lesen, am Swimmingpool sitzen, mittags im Deutschen
Club gut gegessen.

Heute ist nun endgültig der Tag des Einkaufens.
Wir wechseln noch etwas Geld um und auch gleich ein paar englische Pfund für
die Schiffsfahrt.
Axel verschwindet in einem Schnapsladen und ich sause los.
Um 13 Uhr treffen wir uns in der Stadt wieder, die Einkäufe sind erledigt und wir
desgleichen.

Wir gehen dann noch in ein Geschäft, wo ich mir doch ein Haifisch-Gebiss erstand, da Axel nun auch eins möchte.
Wieder im Hotel wollen wir uns am Pool ausruhen, aber es regnet.

Unser Abschied vom Bimbo-Kontinent vollzieht sich, wie hierzulande üblich: Mit erheblicher Verspätung. (10.2. 1976)
Nach einem Kapstadt-Ade-Mittagessen im Deutschen Club sind wir um 14 Uhr auf unserem Schiff, das um 16 Uhr auslaufen soll.
Aber das wird natürlich nix, weil die Hafenarbeiter Bimbos sind und das Be-laden deshalb seine Zeit braucht.
Wait man !
Jetzt soll es um 21 Uhr losgehen.
Aber die „Edingburgh Castle" ist wenigstens etwas größer als die selige „Sambirano", und auch das Essen ist besser- wozu ja nicht viel gehört.
Das Wichtigste: Die Bar ist gut sortiert.
Da schadet es auch nichts, dass im 2.Klasse-Swimmingpool kein Wasser ist.
Kurz nach 22 Uhr schippern wir dann doch los.
Ein paar letzte Blicke auf Kapstadt bei Nacht - Afrika adio -, dann treibt uns der eisige Wind von der Reling zurück an die Bar.

Wir beginnen, uns an den Bordtrott zu gewöhnen.
Die vier wesentlichen Orientierungspunkte im Tagesablauf sind natürlich die Malzeiten:
8 Uhr Frühstück, 12 Uhr Mittag, halb 4 Teestunde, 7 Uhr Abendessen.
Dazwischen saufen, sonnen, sich langweilen.
Ein offizielles Unterhaltungsprogramm gibt es natürlich auch.
Heutiger Höhepunkt: Die Alarm-Übung, wobei das Anlegen der Schwimmwesten erklärt wird und außerdem, dass der Pott sicher ist und der Kapitän nicht säuft.
Anschließend spiele ich mit unserem dritten Mann in der Kabine, Jim aus Schottland, ein paar Kellen Tischtennis, und am Abend gibt es Kino: Ein Bronson Film mit viel Pengknallbum (Ein Mann sieht rot).
Die Schiffs-Bibliothek verfügt auch über ein paar deutschsprachige Literaturerzeugnisse.
Schöngeist wie ich bin, werde ich dort bereits fündig, und labe mich nun an Liebes- und Schicksalsromanen, einer dramatischer als der andere.
Das einzige, woran sich Axel wirklich labt, ist das Bier an der Bar.
Die fürchterliche Langeweile wird heute unterbrochen durch einen Besuch auf der Kommandobrücke, wofür man sich einschreiben konnte.
Am späten Nachmittag gibt es dann einen gesellschaftlichen Höhepunkt, die Cocktailparty mit dem Kapitän.
Alle hatten sich fein gemacht und standen dann aber genauso dumm rum, wie wir in unserer Reisekluft, mit einem Glas in der Hand, denn es gibt wenigstens Freisuff.

Wir müssen nur aufpassen, nicht bei einem der Schiffsoffiziere Getränke zu bestellen, denn die sehen in ihren Galauniformen wie die Kellner aus.
Vom Rest des Tages weiß ich nicht mehr viel und auch Axel fehlt das Stück Film.

Freitag der 13. ist auch nicht mehr das, was er einmal war.
Zwar fängt der Tag schrecklich an, - wir verschlafen das Frühstück, aber dann stellt sich heraus, dass sie lediglich die Uhren auf dem Schiff verstellt haben und wir kommen doch noch zu unserer Morgenatzung.
Weiter passiert nichts, weder Schlimmes noch sonst was, außer das Hartmut den Gummiring beim Decktennis kaputt macht und somit wieder einer vernichtenden Niederlage gegen mich entgeht.
Am Abend ist die besondere Vergnüglichkeit ein „Froschrennen", was darin besteht, dass die Teilnehmer irgendwelche grünen Holzdinger an Bindfäden über die Planken ziehen.
Man kann Wetten auf die Sieger abschließen.
Schwachsinn.

Höhepunkt des Tages ist die „Hippie-Night".
Alle fiebern ihr entgegen, sie soll um 23 Uhr anfangen.
Die Passagiere sind aufgefordert, in Flower Power Kostümen zu erscheinen, wofür man das notwendige Grünzeug an Bord käuflich erwerben kann.
Ich halte das allerdings in meinem Fall für überflüssig, nachdem ich ja auch ohne Blumenschmuck im guten alten Castle Hotel in Mombasa von Pelles Perle als Hippie eingestuft worden war.
Aber im Castle war um diese Zeit eh mehr los.
Ich verschlafe die Hippie-Nacht, Axel findet sie langweilig und kommt auch bald in die Kabine, aber unser Kabinendritter unterhielt sich prächtig, wie er später erzählt.
Aber er ist ja auch mit allen nötigen Dingen bestens ausgestattet, da er die Reise schon einmal gemacht hatte und weiß, was gebraucht wird.
So hat er vom guten Anzug für den Kapitäns-Empfang bis zum Papierblumen-kranz für die Hippie-Nacht, alles dabei.
Übermorgen ist Pyjama-Party.
Mal sehen, was er dafür für ein reizendes Nachthemd aus dem Koffer zaubert.

Da an Bord jeder Tag wie Sonntag ist, fällt der heutige Tag nicht aus der Reihe-Sonnenbaden, Schwimmen, Essen.
Am Nachmittag sehe ich dem Cricket Match zwischen Passagieren und Mannschaftsangehörigen zu und versuche hinter die Regeln zu kommen.
Ansonsten ist heute Lady-Day.
Die Damen sollen das Bier bezahlen, zum Tanz auffordern usw.
Das Ganze bringt mir ein Bier ein, die Tanzerei verschlafe ich wieder.
Ich glaube, ich habe die Schlafkrankheit, oder es liegt am Schiffstrott.

Zum vierten und vermutlich letzten Mal auf dieser Reise überqueren wir heute
den Äquator.
Aber so „zünftig" wie heute war`s noch nie.
Die Direktion hat eine traditionelle Äquator-Taufe vorbereitet- weil's bei 500
Passagieren ein bisschen gedauert hätte, zelebriert man es an drei Freiwilligen.
Ein paar Besatzungsmitglieder haben sich als Neptun und Konsorten kostümiert,
und zur allgemeinen Erheiterung werden dann die drei Opfer mit Schokolade,
Eis, Pudding und rohen Eiern beschmiert und anschließend in den Pool ge-
schmissen, der inzwischen also doch Wasser führt.

Am Nachmittag ist dann Kostümfest für die Kinder.
Es ist sehr lustig, wie sie alle aufmarschieren, als Seeräuber, als Blaubeere in
blauem Krepppapier und ein ganz Kleiner trägt zu seinen Gummiwindeln ein
paar Flügel auf dem Rücken und Pfeil und Boden- Amor in Windeln.
Zum Schluss bekommen sie Geschenke.

Man gibt sich ja an Bord alle Mühe, die Passagiere zu unterhalten.
Heute Vormittag finden Wettkämpfe im Swimmingpool statt. Wetttauchen,
Wettschwimmen mit brennender Zigarette und nachdem ein Mast über den Pool
gelegt wurde, müssen sich die Wettkampfteilnehmer gegenseitig mit Kissen von
selbigem schupsen.
Dabei geht auch ein Offizier, der eigentlich zufällig vorbei kommt (?) mit voller
Uniform baden.
Und nicht genug der Unterhaltung.
Am Abend ist Galanacht mit Kostümfest für die Erwachsenen.
Teilweise ganz komisch.

Das Wetter wird langsam aber sicher europäisch ungemütlich.
Zwar scheint die Sonne noch ganz kräftig, aber jetzt pfeift auch tagsüber ein so
kalter und heftiger Wind über das Deck, dass man kaum noch Lust hat, raus-
zugehen.
Hartmut und ich haben daher auch schon verrotzte Nasen.
Aber so müssen wir uns vor der Grippewelle in England nicht fürchten, vor der
die täglich herauskommende Bordzeitung warnt.
Hartmut verkriecht sich heute fast den ganzen Tag in der Kabine und vollzieht
unter Zuhilfenahme aller zehn Finger komplizierte Rechenoperationen.
Gelegentlich rauft er sich die Haare und fängt von vorne an.
Es geht um irgendwelche Kostenbuch-Statistiken.
In realistischer Einschätzung seiner mathematischen Kenntnisse hatte er sich
vorher vom Schiffsbüro Bleistift und Radiergummi gepumpt.
Letzterer muss dann auch gelegentlich eingesetzt werden, wenn Hartmut neue
Erkenntnisse gewinnt und mit Hilfe besserer Formeln mit zahlreichen Unbe-
kannten noch exaktere Ergebnisse erzielt.

Nach diesem Stress bringt der Abend dann zum Glück noch etwas Entspannung im Kino.

Gegen 18 Uhr erreichen wir heute Las Palmas, die einzige Zwischenstation auf dem Weg nach Southampton.
Die Stadt sieht schon vom Schiff aus entsetzlich aus: Typische Touristenbunker-Ansammlungen und das Wasser in der Bucht ideal zum Ölsardinenzüchten.
Nach dem Abendbrot haben wir Landgang.
Wir schließen uns einer 3-stündigen Bustour durch Las Palmas an, die eigens für die Passagiere organisiert worden war.
Das Sightseeing-Vergnügen verliert durch die Dunkelheit etwas an Reiz, aber die meiste Zeit ist ohnehin für Shopping vorgesehen- in Erwartung der Schiffsladung kaufwütiger Gruftelsen haben ein paar Tinneff-Läden noch offen.
Die Kneipen natürlich auch, und so können Hartmut und ich uns die Zeit mit Osborne vertreiben- lange haben wir ihn vermisst.
Wir haben keine Schwierigkeiten, mit englischem Geld zu bezahlen.
Um 22 Uhr sollen wir wieder am Bus sein, um zurück zum Schiff gebracht zu werden.
Wir sind pünktlich wie immer am Treffpunkt, aber der Bus ist schon ohne uns abgefahren- wie wir später erfahren, ein paar Minuten vor 22 Uhr.
Also müssen wir uns ein Taxi nehmen, um noch rechtzeitig zum Schiff zu kommen, das um 22.30 Uhr ablegen soll.
Unsere Eile ist natürlich wieder einmal unnötig, denn der Kahn fährt erst über 1 Stunde später ab.
Hört denn Bimboland niemals auf?

Das Wetter ist jetzt endgültig säuisch geworden: Hundekalt und regnerisch.
Inzwischen laufen fast alle Passagiere mit tropfenden Nasen durchs Schiff.
Ansonsten ist heute überhaupt nichts los- nur Fressen und Langeweile und wegen der Grippe gelegentlich ein Glas „Desinfektions-Lösung".

Heute ist beinahe ein ereignisreicher Tag.
Allgemein interessiert wie ich bin, hatte ich schon vor einigen Tagen um die Genehmigung ersucht, den Maschinenraum besichtigen zu dürfen.
Heute Vormittag ist es soweit.
Außer mir haben sich noch zwei Typen gefunden und so lassen wir uns vom Ingenieur durch das Labyrinth führen.
Es ist sehr interessant, wenn auch etwas verwirrend.
Wir haben heute die Bestätigung für unsere Bahn- und Fährreservierungen bekommen.
Die Tage plätschern dahin

Irgendwann am frühen Morgen (23.2.) sind wir in Southampton angekommen.
Frühstück gibt es heute früher und dann kommt der Immigrationofficer an Bord

und anschließend bekommen wir unsere Fahrkarten für die Weiterfahrt von einem Agenturmenschen ausgehändigt.
Die Zollformalitäten finden schon an Land statt und um 9.45 Uhr fährt der Zug nach London ab.
Während wir an Bord auf die Genehmigung warteten, das Schiff zu verlassen, stand ich an der Reling und beguckte den Hafen.
Fragte mich ein englischer Mitpassagier angesichts meines so praktischen Armeehemdes: „Sie waren in Angola?"
Wahrheitsgemäß erwiderte ich, dass wir nie dort gewesen sind.
Worauf er mit verschwörerischer Miene und verständigem Lächeln antwortete: "Verstehe! Offiziell waren sie natürlich niemals dort."
Jetzt kommt heraus, worüber sich einige Passagiere während der Reise den Kopf zerbrochen haben und das erklärt einige Bemerkungen in Gesprächen.
Wir sehen wie Söldner aus!?
Afrika hat seine Spuren hinterlassen!

Weiter geht es per Bahn, Fähre, Bahn.
Am **24. Februar 1976** um 14.33 Uhr verlassen wir den Zug in Berlin.
Wir sind wieder zu Hause!?!

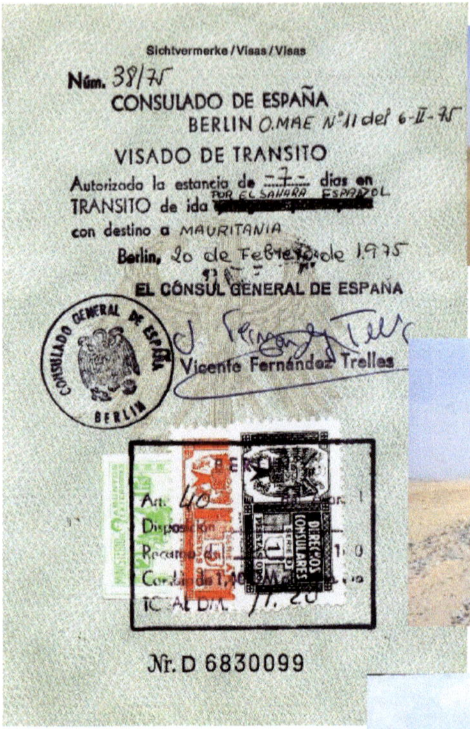

Sichtvermerke / Visas / Visas

Núm. 38/75

CONSULADO DE ESPAÑA
BERLIN O.MAE N°11 del 6-II-75

VISADO DE TRANSITO

Autorizada la estancia de --7-- días en
TRANSITO de ida POR EL SAHARA ESPAÑOL
con destino a MAURITANIA

Berlín, 20 de Febrero de 1975

EL CÓNSUL GENERAL DE ESPAÑA

Vicente Fernández Trelles

Nr. D 6830099

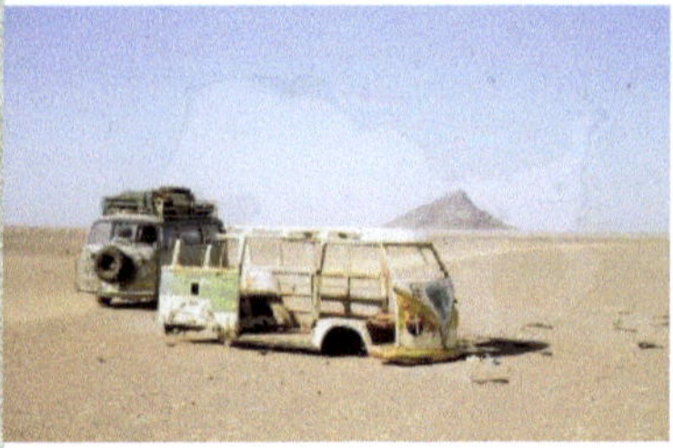

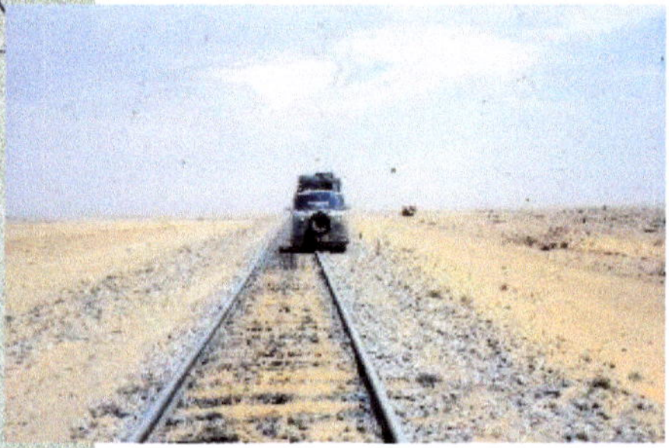

Trans Sahara

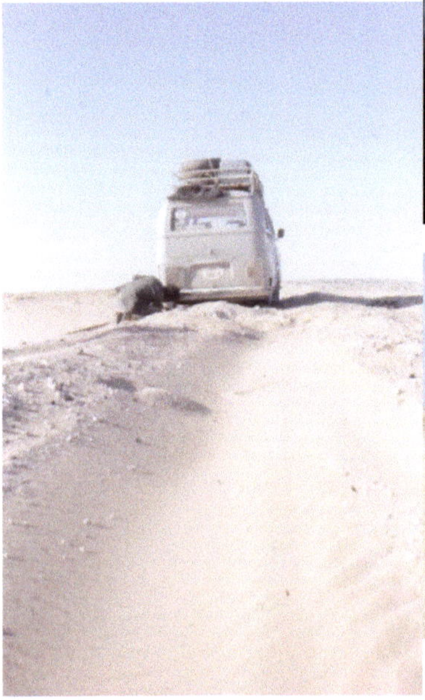

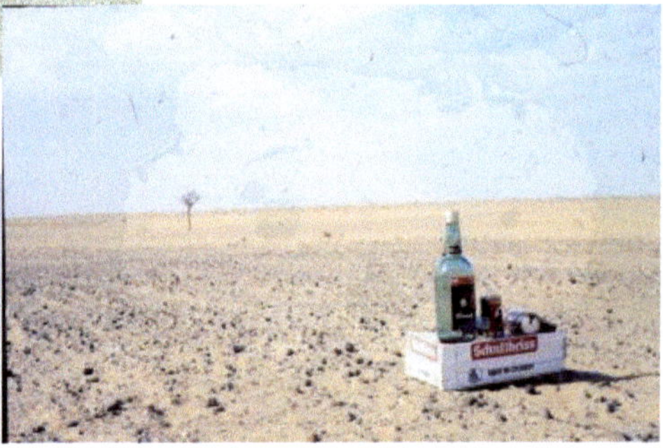

Niakola Koba N.P. Senegal

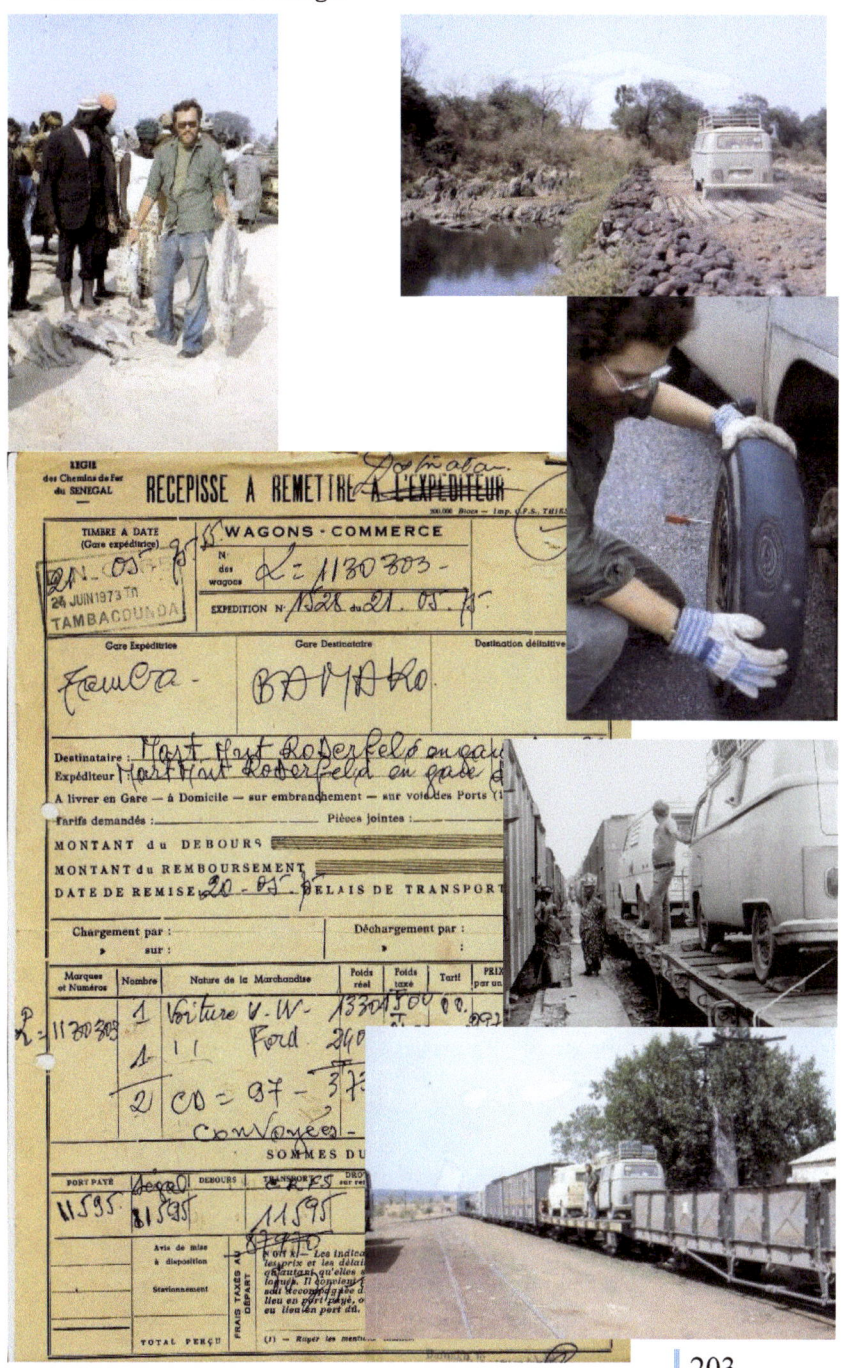

**Elfenbeinküste,
Quangolodougou,
Dorffest**

**Richtung Badou
Togo**

Kabre Dorf, Togo

Benun (Dahomey) Ganvie

**Krankenhaus
Beterou
Dahomey**

Axel links

Hartmut rechts

Camp vor Club P4, Douala, Kamerun (mit Herb)

207

**Kamerun,
Hill Top Hotel,
Schaufelberger**

Mit Herb, Douala

Kamerum, Richtung Kumba

Da ja alle Zaire-Fotos geklaut wurden, ein
Fremdfoto, damit man eine Vorstellung von einem Schubschiff bekommt
(www.weltrekordreise.ch), (1991).

210

Serengeti, Ngorongoro Krater

Axel auf dem Kilimanjaro

Nashorn Angriff

Lamu, Kenia

MS Sambirano

Madagaskar

Südafrika, Mkuzi Park

Straußenfarm, Südafrika

216

Südafrika, Tänze der Goldminenarbeiter

Kapstadt, Südafrika

MS Edingburgh Castle

Kostenbuch

Im Kostenbuch habe ich Beispiele genannt und Kosten zusammengezogen, um einen Überblick zu geben. Das original Kostenbuch wäre zu ausführlich. Insoweit mögen auch einige Summen nicht unbedingt schlüssig sein. Die Kosten sind für zwei Personen.

Kostenbuch
Afrikareise 1975/76

Datum	Was	Hartmut / Axel	Papiere Sonstiges	Auto,Benzin Transport	Ernährung	Über- nachtung
28.5.74	VW-Bus, Bauj.69			4.100,00		
	META Winkeleisen f.Regal, Platten, Leiste,					
	Bohrer, Trennscheibe, Bretter, Schrauben usw.					
	Stoff für Gardinen, Klebstoff, Pinsel					
	Kupplungsseil, Gasseil Winkelschraubendreher,					
	Imbusschlüssel, Kreuzschlüssel,					
	3 Steckschlüssel 13-18, Schrauben, Winkel, Holz, Pappe					
	Rostschutzfarbe, Pinsel			244,60		
	Autoradio Einbausatz, Kabel, Schalter					
	Antenne, Antennenkabel, Sicherungen			184,65		
29.9.	"Jetzt helfe ich mir selbst"		18,00			
	Reifenluftpumpe			22,50		
27.11.	Tetanusimpfung	H 10,00				
7.1.75	2. Tetanusimpfung	H 10,00				
21.1.	Kühlbox, Kühlelemente			33,00		
	Visagebühren Mauretanien		65,00			
24.	Ersatzteile f. Auto					
	4 verstärkte Stoßdämpfer, Getriebe-					
	Motoraufhängung 3 Stück, Verteilerabdichtungs-					
	scheibe, 1 Federstrebe, 2 Anschlaggummi,					
	1 Satz Bremsbeläge, Zugfedern für Bremse, 2 Splinte					
	2 Radlager, 1 Rolllager, 3 Dichtungsringe (Simmering)					
	Getriebeschutzblech, Dichtungen für Ölsieb					
	2 Verteilerläufer, 3 Satz Unterbrecherkontakte					
	1 Kondensator			441,01		
	Ringschlüssel, Kupplungsscheibe					
	Dichtung f.Zylinderkopf, Simmering,					
	Kriechöl (Caramba), Schrauben, etc,Farbe, 2 Bohrer		109,51			
21.	Ringschlüssel, Kupplungsscheibe					
	Dichtung f.Zylinderkopf, Simmering,					
	Kriechöl (Caramba), Schrauben, etc.,					
	Farbe, 2 Bohrer		109,51			
	Porto f.Visaantrag Mali		6,00			
27.	VW-Bus Reperaturanleitung		16,00			
5.	Gelbfieberimpfung	H 20,00				
	2 Pässe		20,00			
	Arbeitsanzug		40,00			
	Gelbfieberimpfung	A 20,00				
	2.Tetanusimpfung	A 20,00				
	Visa für Mali		33,00			
	3 Michelin-Landkarten		22,50			
	3 Reiseführer		14,40			
	Afrika-Führer für Selbstfahrer		15,00			
	Afrika Tagebuch		4,50			
	Visa für Kamerun		25,00			
	Porto		6,00			
5.	Pass	H 10,00				

	Coleman Benzinlampe	57,00	
	" Benzinkocher, zweiflammig	69,00	
	" " , einflammig	49,50	
	12 Glühstrümpfe für Lampe	24,00	
10.	Porto f.Visa Südafrika	6,00	
11.	Reperatur Bremslichter		7,20
	an H.G.Damm für Dachgepäckträger bauen		
	Motorschutzblech, Reifenhalterung v.Bus		
	Kunststoffdach, Metall, Bier		
	Flacheisen, Rohrstahl, Material, Rostschutzfarbe		276,00
18.	Visagebühren Spanisch Sahara	22,40	
	Visagebühren Marokko	20,00	
	Mittagessen f. Udo, Hartmut	18,00	
22.	Porto Visa Marokko	6,00	
24.	Essen und Bier f. Udo		15,00
26.	Pockenimpfung A 16,00		
27.	Benutzung Hebebühne		5,00
	TÜV		22,65
1.3.	Ehrenurkunde f. Damm	27,00	
3.	Katadyn-Wasserreinigungs-Handpumpe		
	Filter komplett, Filter Ersatzelement		
	30 Pack Mikropurpulver	401,82	
	Vorhängeschloß	1,50	
	12 V Ventilator, Stecker		8,50
	Weltlaterne Stammtisch	13,20	
10.3.	Medikamente	45,00	
11.	Bremsflüssigkeit, Ablage, destilliertes		
	Wasser. Schalter f. Halogenlampen, Kabel		
	Ölthermometer, Geber, Halter, Holz		
	Flachstecker, Kabelschuhe		
	Relais, 12 V, 2,5er Kabel		153,63
13.	Visa Nigeria	29,50	
14.	Textil Koch 6 Armeehemden	60,00	
	Hut H 5,00		
	Gummisack, Spaten, Moskitonetz		
	10 Benzinkanister a 20l		
	Nylonseil 20m	194,60	
	Benzin		50,00
	4 Zündkerzen, Zündkabel		19,80
18.	2 Afrikabücher	79,00	
19.	Schlafsack A 56,50		
	5 Fackeln	7,50	
19.	Töpfe, Wasserkessel	24,00	
	6 Wasserkanister plus Hahn	218,50	
	Schwimmflossen A 18,90		
	Ösen f. Planen		3,25
	Ziehgertel (Machete)	21,75	
	Regenmantel A 19,75		
5.	Armbanduhren	84,50	
	Werkzeug		58,40
	Schnur, Bürste	10,85	
	20 Feuerzeuge	45,00	
	Metallkiste 192x95	92,00	
	Plastik Lebensmittelbüchsen	13,15	
	Fett, Abschmierpresse		23,00

Datum	Was Hartmut / Axel	Papiere Sonstiges	Auto,Benzin Transport	Ernährung	Über- nachtung
20.	Krankenversicherung H 648,00				
	Teleobjektiv H 335,00				
	Zwischenring H 125,00				
	Batterie f. Fotoapparat A 12,70				
	Blitzgerät A 66,95				
	Filme	408,30			
	Afrikabuch	38,70			
	Sprachführer	8,40			
	Brille H 109,00				
	Zylinderkopf		50,00		
	Krankenversicherung A 697,00				
	Gepäckversicherung	252,00			
	Unfallversicherung H 93,45				
21.	Regler f. Lichtmaschine		51,06		
	Lichtmaschine prüfen lassen		8,00		
	Ersatzteile, Dichtung		79,90		
	Leuchtraketen, Abschußgerät	42,75			
24.	Medikamentenkasten	6,90			
	Autowerkstatt, Wartung, Reparatur		247,47		
25.	Lebensmittel			358,30	
	Rindfleischkonserven			42,72	
	Trockenmilch			14,83	
	Seilzugwinde Jockey f. Bus		169,04		
	Erdanker		40,00		
	Maschendraht		18,75		
26.	Schläuche f. Reifen		96,00		
	Haftpflichtvers.f.Bus bis 26.4	167,00			
	Intern. Führerschein H 6,00				
	Intern. Zulassung f. Bus	12,00			
	Zollkennzeichen	12,00			
	Geldgürtel H 30,00				
27.	2. Coleraimpfungen H+A 20,00				
	Intern. Führerschein A 6,00				
	ADAC, 2 Carnets	228,00			
	Kette	44,80			
	Schaumgummimatte		53,45		
	Medikamente	56,55			
29.	Verlängerung f.Ansaugstutzen f. Luftfilter		12,60		
	Notizbuch	1,60			
	Klettenband, Ösen		23,80		
	aufblasbare Windschutzscheibe		44,70		
	Salztabletten	6,85			
	Pflaster	4,90			
1.4.	Insektenpulver	1,75			
	2 Skalpelle	3,00			
	H 1.317,45 A 1.036,80	**3.310,77**	**6.812,77**	**422,70**	
	Summe 12.900.49 DM				

Abfahrt 1.4.1975

Datum	Was Hartmut / Axel	Papiere Sonstiges	Auto,Benzin Transport	Ernährung	Über- nachtung
1.4.	Benzin		20,00		
	Kekse, Cola			2,20	
	DDR Autokennzeichen		2,50		

	Benzin (Michendorf)			54,10	
2.	2 Gepäckspinnen			11,00	
	Thermometer		3,70		
	Einstelllampe f.Zündung			5,20	
	Benzin (Bayreuth)			37,75	
	Sonnenbrillenaufsatz	H 22,50			
	Abendsuff				18,00
3.	Brötchen				0,90
	Benzin, Öl (München-Karlsruhe)			50,00	
	Summe DM		**3,70**	**180,55**	**21,10**

Frankreich, 1 Francs = 0,56 DM

3.-5.4.	Benzin (Colmar)				80,00	
	Benzin (- Lyon)				75,00	
	Benzin (_ Montpellier)				71,30	
	Benzin (Andorra)				88,40	
	Mittagessen					40,00
	Camenbert,					4,40
	Brot					0,55
	Streichhölzer			1,50		
	2 Bier					3,60
	Mittagessen					35,50
	2 Fl. Brandy Sopberano					12,00
	1 Fl. 501					7,00
	Stange Zigaretten Dunhill	H 35,00				
	Lord	H 19,00				
	2 Postkarten			1,00		
	DM		**H 76,50**	**14,06**	**176,23**	**45,05**
	Summe 311,84					

Spanien, 1 Peseten = 0,04 DM

5.-9-4-	Bier					56,00
	Bier, Snack					125,00
	Benzin				840,00	
	Benzin (- Alicante)				801,00	
	Benzin (Almeria)				862,00	
	Benzin (- Algeciras)				835,00	
	5l Öl				479,00	
	Fähre nach Tanger (Marokko)				2.660,00	
	Gummihandschuhe f. Verteiler				22,00	
	1 1/2 l Brandy					145,00
	Brot, Kuchen, belegt Brötchen, Käse,					139,00
	Bier, Snack, Mittagessen					488,00
	Spiegel			40,00		
	Rasieren	H 25,00				
	DM			**15,64**	**259,96**	**26,24**
	Summe 301,84					

Marokko, 1 Dirham = 0,59 DM

Datum	Was	Hartmut / Axel	Papiere Sonstiges	Auto,Benzin Transport	Ernährung	Über- nachtung
10.	Benzingutscheine			140,00		
	Versicherung f. Auto			48,31		
	Fähre			30,00		
	Reifen flicken			10,00		
	Benzin (Rabat) Gutschein			70,10		
	Benzin (Marrakesch) Gutschein			66,00		
	Ölwechsel			14,00		
	Benzin (Agadir) Gutschein			10,00		
	Benzin (Goulimime)			177,70		
	Benzin(TanTan)			23,00		
	2 Sandleitern			90,00		
	Campingplatz Marrakesch					4,00
	Honorar f. Führer		10,00			
	Thermometer, Briefmarken		16,10			
	Sonnenhut A 1,77					
	Münzsammlung H 2,00					
	6 x Mittagessen				66,80	
	Tee, Abendessen				13,00	
	Frühstück				3,00	
	2 Bier				4,40	
	Gebäck				2,00	
	Tee, Cola				1,90	
	Eier, Brot, Tomaten, Gemüse, Käse				11,20	
	DM	**H 1,18 A 1,04**	**18,00**	**314,47**	**58,41**	**2,36**
	Summe 396,19					

Spanisch Sahara, 1 Peseten = 0,05 DM

Datum	Was	Hartmut / Axel	Papiere Sonstiges	Auto,Benzin Transport	Ernährung	Über- nachtung
17.	Visa Spanisch Sahara		40,00			
	Mittagesse, Bier				430,00	
	Postkarten		24,00			
	Benzin (Aaiun) 184 l			2.985,00		
	60 l Trinkwasser				90,00	
	Milch, Käse, Gebäck, Cola, Bier				435,00	
	3x Schwimmbad Eintritt		300,00			
	Postkarte,Porto		12,00			
	Bier, Abendsuff				125,00	
	Frühstück				5,00	
	Schweißen Halterung Kupplungsausrücklager			3.000,00		
	Einbau neuer Regler			200,00		
	Mittagessen				310,00	
	Vormittagssuff				125,00	
	Nachmittagssuff				48,00	
	Bier, Brot				115,00	
	Vormittagssuff				100,00	
	Nachmittagssuff				75,00	
	Wasser, Brot, Zwiebeln				41,00	
	DM		**42,95**	**309,25**	**88,35**	
	Summe 440.55					

27.4.	Mittagessen			1.100,00
	Wagenheber reparieren		30,00	
	Reifen reparieren		80,00	
	Brot			9,00
	Trinken			40,00
	Benzin (Atar)		200,00	
	Benzin (Akjoujt) 36 l		600,00	
	Benzin (Nouackchott)		800,00	
	4 Eier			28,00
	Essen			170,00
	Post	75,00		
	Münzsammlung	H 35,00		
	Fähre Senegal		140,00	
	DM	**4,50**	**111,00**	**14,82**
	Summe 130.32			

Senegal, 10 Afrikanische France (FCFA)= 0,125

5.5.	Benzin (Dakar) 47 l			3.692,00	
	Benzin (M'Bour) 37l			3.490,00	
	Autoaufpasser		22,00		
	Werkstatt,Ölwechsel,Abschmieren			1.668,00	
	1 flexibler Schlauch			470,00	
	2 Reifenschläuche			2.290,00	
	Postkarten, Porto		925,00		
	Poste restante,Nachporto		165,00		
	Telegramm	A 895,00			
	Maske	H 3.000,00			
	Leuchtturm Besichtigung		100,00		
	Fähre nach Goree			600,00	
	Pirogenfahrt		450,00		
	Porto		555,00		
	Brot, Trinken, Gemüse				585,00
	2x Fisch				350,00
	8 Bier				1000,00
	3x Mittagessen				1750,00
	5x Brot				256,00
	2 Fische				150,00
	2 Kartoffeln, 1 Kohlkopf				70,00
	Zitronen				50,00
	Brot, Bananen				80,00
	Essen, Gemüse				430,00
	DM **H 37,50** **A 11,19**		**34,67**	**122,10**	**37,21**
	Summe 193,98				

Gambia, 1 Dalasi = 1,98 DM

12.	Benzin (Gambia) 90 l		40,00
	Fähre über den Gambia		5,00
	DM		**89,10**
	Summe 89,10		

Datum	Was	Hartmut / Axel	Papiere Sonstiges	Auto,Benzin Transport	Ernährung	Über- nachtung

Senegal, 10 Afrikanische France (FCFA)= 0,125

Datum	Was	Hartmut / Axel	Papiere Sonstiges	Auto,Benzin Transport	Ernährung	Über- nachtung
13.	Benzin (Velingara) 45 l			3.618,00		
	Benzin			5.380,00		
	6 Mangos				10,00	
	2 Bier				250,00	
	Fähre Casamance NP			100,00		
	Essen, Bier, Brot				1055,00	
	Fähre Essoukoudiack			200,00		
	Eintritt Casamance NP		1.000,00			
	2 Fanta				300,00	
	Fähre de Nia,balang			200,00		
	Fisch				45,00	
	Bier				1770,00	
	Bananen, Mangos, Zwiebeln, Brot				305,00	
	Reifenreparatur			400,00		
	NP Niakolo-Koba		3.000,00			
	Mittagessen				350,00	
	Lebensmittel Konserven				780,00	
	Draht zum Autoverladen auf Bahn			1.050,00		
	Expressbrief n Abidjan		270,00			
	Verladen des Autos			1.500,00		
	Autotransport (Bahn) bis Grenze			4.460,00		
	Fahrkarten			7.000,00		
	DM		**786,50**	**3.108,04**	**401,05**	
	Summe 4295,59					

Mali, 10 France = 0,06 DM

Datum	Was	Hartmut / Axel	Papiere Sonstiges	Auto,Benzin Transport	Ernährung	Über- nachtung
22.5.	Autotransport Bahn Grenze bis Bamako			33.845,00		
	Lebensmittel				520,00	
	Postkarten, Porto		1.125,00			
	Brot				230,00	
	2 Bier				650,00	
	Tomaten				50,00	
	Benzin (Sikasso)			2.800,00		
	2 Mangos				50,00	
	Münzsammlung	H 40,00				
	DM	**40,00**	**10,65**	**219,87**	**5,10**	
	Summe 275,62					

Elfenbeinküste, 10 Afrikanische France (FCFA) = 0,125

Datum	Was	Hartmut / Axel	Papiere Sonstiges	Auto,Benzin Transport	Ernährung	Über- nachtung
24.	Benzin (Bouake)			2.000,00		
	Benzin			600,00		
	Benzin (Abidjan) 53,3 l			5.025,00		
	Benzin (Quangolodougou) 54 l			5.200,00		
	Benzin, Öl (Abidjan)			6.640,00		
	Autowerkstatt Abidjan			9.524,00		

Motoröl		610,00	
23 Bier			2315,00
Mittagessen			125,00
Brot,			35,00
2 Ananas			40,00
2x Brot			200,00
Bananen			50,00
6 Eier			150,00
Marmelade			200,00
2 Maiskolben			20,00
Schwimmbad	500,00		
8 Postkarten	320,00		
Porto	585,00		
Abendessen			130,00
Mittagessen, Reis, Fisch			100,00
DM	**27,11**	**384,79**	**22,56**
Summe 434,45			

Ghana, 1 Cedi = 2,50

29.5	Benzin + Öl (Kumasi) 31,5 l		13,90	
	Benzin (Accra) 49 l		13,10	
	Benzin (Accra)		11,80	
	Benzin (4 Kanister)		22,00	
	Benzin , 29,5 l		7,70	
	Brot			0,60
	Mittagessen			2,60
	Mittagessen			6,10
	Mittagessen			1,00
	6x Essen			12,55
	4x Mittagessen (YMCA)			21,60
	17 Bier			13,38
	Bananen			0,30
	10 Postkarten	2,00		
	3 Cola			1,00
	Motoröl		4,50	
	1/2 Fl. Palmwein			1,00
	Geklaut worden	*118,00*		
	Geraubt worden	*182,00*		
	5 x Taxi		3,00	
	4 Kakao			0,20
	2 Zahnbürsten	1,00		
	Lebensmittel			3,05
	Porto	1,50		
	Autorep. Seitenfenster		251,00	
	Taxi f Emmanuel	1,00		
	2 Holzelefanten H 2,00			
	Autowächter, Reifenwechsel		6,00	
	Portemonnaies	5,50		
	Motoröl		4,50	
	Brückenzoll		0.80	
	DM	**800,45**	**843,75**	**130,00**
	Summe 1784,70			

Datum	Was Hartmut / Axel	Papiere Sonstiges	Auto,Benzin Transport	Ernährung	Übernachtung

Togo, 10 France (CFA) = 0,12 DM

Datum	Was Hartmut / Axel	Papiere Sonstiges	Auto,Benzin Transport	Ernährung	Übernachtung
6.6	4 Postkarten	120,00			
	Mittagessen (Alt München)			3.400,00	
	Porto	360,00			
	Autorep. (Lome)		10.085,00		
	Lebensmittel			1.054,00	
	Leinen-Wassersack	3.000,00			
	Fleisch (1Kg), Zwiebeln			550,00	
	2x Brot			150,00	
	13 Bier			900,00	
	DM	**48,96**	**121,02**	**65,45**	
	Summe 235,43				

Dahomey, 10 France (CFA) = 0,12 DM

Datum	Was Hartmut / Axel	Papiere Sonstiges	Auto,Benzin Transport	Ernährung	Übernachtung
	Benzin 30 l		4.790,00		
	Benzin 23,5 l		1.625,00		
	Benzin (Save) 37 l		2.405,00		
	Benzin (Cotonou) 56 l		3.570,00		
	Benzin (Cotonou) 80 l		5.050,00		
	Mittagessen			120,00	
	10 Bier f. Schlammlochhelfer	2.000,00			
	12 Bier			1200,00	
	4x Brot			330,00	
	1 Schachtel Zigaretten H 100,00				
	8 Zitronen			10,00	
	Cornedbeef, 8 Bier, 4 Ölsardinen			1.205,00	
	Limo f.Fetischisten	2 00,00			
	Museum	255,00			
	16 Eier			200,00	
	Gin			965,00	
	Gemüse, Tomaten			106,00	
	Pfahldorfbesuch,Pirogenfahrt	2.000,00			
	Zigaretten H 80,00				
	Schlangentempel i. Quidah	50,00			
	Lebensmittel			955,00	
	DM 2,16	**77,76**	**209,28**	**36,43**	
	Summe 325,63				

Nigeria, 1 Naira = 4,30 DM

Datum	Was Hartmut / Axel	Papiere Sonstiges	Auto,Benzin Transport	Ernährung	Übernachtung
16.6.	Sandwich, Soda			2,75	
	6 Eier			0,36	
	Mittagessen			1,50	
	1 Spurstange, Auto		12,00		
	2 Ananas			0,40	
	Porto	1,62			

Telegramm	A 2,24				
Werkstatt				3,43	
6 Postkarten			1,20		
Visa f. Kamerun			7,60		
Mittagessen					1,60
2x Brot					0,95
Benzin (Lagos) 37 l				1,62	
6 Bier					4,60
Zigaretten		H 0,50			
Eier, Brot, Tomaten					1,10
Fähre Ugep				1,50	
Lebensmittel					2,90
DM	**2,15**	**9,63**	**64,59**	**79,77**	**37,24**
Summe 193,37					

Kamerun, 1 Franc (CFA) = 0,0123 DM

20.6.	Benzin (Mamfè) 38 l		4.100,00	
	Benzin, Öl (Viktoria)		4.080,00	
	Benzin (Viktoria) 20 l		1.500,00	
	Benzin (Vikoria) 31 l		2.300,00	
	Telex Gebühren f.Banküberweisung	4.933,00		
	Taxi Douala-Yaunde (Axel)		3.200,00	
	Jugendhotel (Axel)			1.200,00
	Eisenbahn Yaunde-Douala		2.800,00	
	Steuermarken Visaverländerung	3.000,00		
	1 Paar Stiefel	*+6.500,00*		
	1 Windjacke	*+2.500,00*		
	2 Diafilme	*+1.500,00*		
	1 Schifferjacke	*+900,00*		
	Coleman-Lampe, Ersatzkocher	*+10.000,00*		
	9 Benzinkanister	*+7.800,00*		
	2 s/w Filme	*+600,00*		
	Jockey Erdanker	*+13.000,00*		
	Auto, incl. Werkzeug, Ersatzteile,			
	5 Plastikkanister, 2 Sandleitern,			
	Feuerlöscher, 1.Hilfekasten,			
	4 Kassetten, Kleinkram	*+256.000,00*		
	Zollgebühren	93.422,00		
	Zollgebühren	*+93.422,00*		
	Gebühren Autoverkauf	2.500,00		
	1 Anzug	*+3.000,00*		
	2 Jacken	*+3.000,00*		
	Coleman 2fl.Kocher	*+10.000,00*		
	Schwimmflossen	*+2.500,00*		
	Zelt	*+6.500,00*		
	Bankschließfach	1.000,00		
	Brot			100,00
	4 Bier			460,00
	1 Kg Fleisch			350,00
	Abendessen, Bier			900,00
	x Bier			16.000,00
	Lebensmittel			975,00

Datum	Was Hartmut / Axel	Papiere Sonstiges	Auto,Benzin Transport	Ernährung	Über- nachtung
	Zigaretten H 200,00				
	2x Mittagessen			735,00	
	Paket Streichhölzer	75,00			
	Porto	700,00			
	Zigaretten H 200,00				
	2x Marmelade			550,00	
	2 Speerspitzen H 500,00				
	Blattförmiger Kokos-Umhänger H 200,00				
	Postkarte	40,00			
	Spiegel-Magazin	545,00			
	3 Ölsardinen			255,00	
	2 Kaffee			50,00	
	Essen			320,00	
	2x Schokolade			155,00	
	Mittagessen			460,00	
	Bier f. Achidi	200,00			
	2x Abendessen			960,00	
	Mittagessen Affenfleisch			295,00	
	2x Taxi		500,00		
	5 Postkarten	100,00			
	2 Bananen			10,00	
	Zigaretten 175,00				
	Wein			300,00	
	Frühstück			210,00	
	Briefmarke	150,00			
	Limonade			55,00	
	8 Postkarten	280,00			
	Porto	450,00			
	4 Kg Schrimps			2.000,00	
	Fleisch			200,00	
	Zwiebeln			25,00	
	Armreifen 300,00				
	Frühstück			700,00	
	Mittagessen			440,00	
	Zigaretten 175,00				
	Lebensmittel			500,00	
	Insektenspray	320,00			
	Abendessen, Bier			1.480,00	
15.7.	*Zwischensumme Kamerun*	*+3.177,34*			
	Zwischensumme Auto, Benzin, Transport in DM 10.221,60				
	Hotel Centenary (Viktoria)				1.650,00
	Taxi zu Gwellem		150,00		
	Taxi nach Douala		900,00		
	Taxi zu Maurice		200,00		
	2 Avocados			35,00	
	Telefon n Yaounde	225,00			
	1 Zigarette H 10,00				
	Zigaretten 240,00				
	Telefon n Yaounde	450,00			
	Abendbrot			580,00	
	2x Suff			530,00	
	Frühstück			325,00	

230

Posten				
Taxi zum Bahnhof		150,00		
Taxi n.Yaounde (1Person)		1.500,00		
Mittagessen			150,00	
Taxi zur Botschaft		200,00		
Visagebühren Zaire	2.000,00			
Taxi z Bahnhof		150,00		
Bahn n Douala (1Person)		1.440,00		
Abendessen, Verpflegung			705,00	
Frühstück		300,00		
Taxi z Maurice		100,00		
X Bier			1.220,00	
Essen			390,00	
Waschpulver	50,00			
5 Postkarten	175,00			
Zigaretten H 150,00				
Porto	560,00			
Mittagessen			560,00	
Zigaretten 175,00				
Rucksack	6.190,00			
Abendessen			315,00	
Rasur H 200,00				
Hosenträger	350,00			
Zigaretten 175,00				
6x Taxi		1.125,00		
Taxi n. Bafoussam		3.000,00		
Taxi n Bamenda		1.000,00		
Taxi n. Bali		300,00		
Taxi n Bamenda		300,00		
Taxi n. Bamui		200,00		
Taxi n. Bamenda u.z.		600,00		
Taxi		100,00		
Taxi		700,00		
Flasche Rum			1.500,00	
"Die Welt" Zeitung	280,00			
Mittagessen			370,00	
Tonpfeife 1.500,00				
Benzin f. Dietrich		650,00		
Mittagessen (Buschratte)			200,00	
Zigaretten 325,00				
Abschlag Hotel Hilltop Bali				10.000,00
Anzahlung Automiete		5.000,00		
5 Postkarten	125,00			
Benzin Mietwagen		5.000,00		
Benzin		1.500,00		
Petroleum	50,00			
Hotel Nkambe				2.150,00
Eintritt Kimbe-Reservat	1.500,00			
Führer z. Njas-See	100,00			
Rest Automiete (Landrover m.Fahrer)		5.000,00		
Rest Hilltop Hotel Bali (25.7.-3.8.)				27.000,00
Taxi n. Douala		4.000,00		
Taxi z.Achidi		300,00		
3x Taxi		750,00		
Taschenlampe	360,00			
Abendessen, Bier			1.150,00	

Datum	Was Hartmut / Axel	Papiere Sonstiges	Auto,Benzin Transport	Ernährung	Über- nachtung
	Poste restante	90,00			
	Porto	450,00			
	Flug n. Kinshasa (Zaire)		50.430,00		
	2x Taxi		800,00		
	Spiegel Magazin	545,00			
	2 Brustbeutel	940,00			
	4x Taxi		1.500,00		
	2 Bier			160,00	
	Abendessen			175,00	
	Wein			240,00	
	Rasieren H 150,00				
	Essen, Bier			1.185,00	
	Insektenspray	320,00			
	1/2 Brot			20,00	
	DM H 77,49 A 69,31	**72,59**	**1.043,90**	**494,83**	**516,60**
	Summe 2.127,92				

Zaire, 1 Zaire = 5,30 DM

Datum	Was Hartmut / Axel	Papiere Sonstiges	Auto,Benzin Transport	Ernährung	Über- nachtung
6.8.	*vom Zoll geklaut*	*280,00*			
	Taxi Flugh.-Afrique Hotel		6,00		
	2x Afrique Hotel				20,00
	5x Taxi		16,56		
	4 Cola			0,28	
	2x Lebensmittel			1,76	
	Brot			0,16	
	4 Bier			1,20	
	Frühstück			0,40	
	Autobus		0,10		
	Tee, Hackfleischdose			0,71 .	
	Brot			0, 35	
	Zigaretten H 0,25				
	Vorhängeschloß	1,80			
	Postkarte, Porto	1,24			
	Stein (Malachit)	1,50			
	3 Grapefruits			0,88	
	6 Eier			0,60	
	Kasten Bier (12Fl, 0,72l)			2,06	
	Visa f. Burundi	7,00			
	Schiff (Vollpension) - Kisangani		120,00		
	14 Bananen			0,70	
	Reisebürogebühren f.Schiff		5,80		
	Taxi z. Hafen		0,70		
	18 Bier			5,20	
	Bier			2,00	
	Bier			2,30	
	Bier			1,50	
	Bier			2,30	
	Bier			2,10	
	Bier			2,30	
	Mittagessen			0,50	

Übernachtung Motel						3,00
LKW-Transport - Blui					15,85	
Motel Beni						2,00
Frühstück					0,40	
Überlandtaxi - Butembo				4,00		
Hotel Oasis (Butembo)						23,00
LKW - Goma				12,00		
Abendessen					2,90	
Übernachtung Motel						3,40
Brot, Wurst					0,67	
Schiffsfahrt Goma - Bukavu				6,00		
Übernachtung Goma, Katholische Mission						4,00
3 Fanta					0,45	
Telegramm				2,87		
Oktavheft			0,30			
Schuhe besohlen			1,50			
Zigaretten H 0,20						
Kahuzi N.P. (wilde Gorillas), Eintr.+Führer			)24,00			
Taxi				16,00		
Trinkgeld N.P.			1,00			
für Schwitzkes für ihre Boys			5,00			
Taxi Bujumbura				5,28		
DM	**25,18**	**15,21**	**626,57**	**1.098,11**	**201,51**	**293,62**
Summe 3260,19						

Burundi, 1 France = 0,034 DM

1.9. Frühstück					400,00	
Schiff nach Kigoma				1.838,00		
Soda					72,00	
7 Postkarten			140,00			
Bier					150,00	
Abendessen					900,00	
2x Frühstück					800,00	
1 Postkarte			20,00			
8x Porto			112,00			
Suff					350,00	
Hotel Bujumbura, Paguidas						2.250,00
Proviant					710,00	
DM			**26,25**	**62,49**	**97,99**	**76,50**
Summe 263,23						

Tansania, 1 Schilling = 0,36 DM

14.9. Abendessen					31,00	
3 Bier					16,35	
Frühstück					17,00	
Visa			45,00			
Klopapier			4,50			
Hotel (Mapinduzi)						57,00
5 Cola					8,50	

Datum	Was Hartmut / Axel	Papiere Sonstiges	Auto,Benzin Transport	Ernährung	Über- nachtung
	Bahnkarte - Tabora		75,00		
	Übernachtung Community Center				4,00
	6 Fische Mittag			10,00	
	Abendessen im Zug			32,00	
	Zigaretten H 6,10				
	Bahnkarte - Mwanza		70,80		
	Hotel (Mwanza) "Pemba Hostel"				35,00
	Hotel				35,00
	Abendessen (8Spieße)			5,20	
	Karten f.Yachtchlub-Fest	24,00			
	Lebensmittel			48,70	
	Saanane Island Zoo	24,00			
	Ngorongora Krater	122,00			
	2 s/w Filme	47,40			
	1 DiaFilm	42,00			
	Miete Auto + Fahrer (Mwanza-Lake Manyara)		2.500,00		
	Autobus - Arusha		20,00		
	Hotel (Arusha) "Meru Guesthouse"				36,00
	Zigaretten H 3,20				
	Schuhcreme	3,75			
	Pflaster	9,00			
	Elefantenhaar-Armband H 5,00				
	Kaffee			2,80	
	Porto	1,30			
	Bus - Moshi		1 4,00		
	Hotel				24,00
	Bus		36,00		
	Besteigung Kilimanjaro A 235,00				
	Miete Handschuhe A 5,00				
	Hotel YMCA H 44,85				
	Schwimmbad	3,00			
	Hotel				89,70
	Streichhölzer	0,20			
	Telefon n. Arusha	8,45			
	Bus - Moshi		4,00		
	7 Bier			56,00	
	Hotel				24,00
	Bus - Nairobi		63,00		
	DM 89,69 139,23	**239,13**	**1.012,61**	**323,62**	**162,20**
	Summe 1966,48				

Kenya, 1 Schilling = 0,37 DM

2.10.	Fahrtenbücher	9,50			
	Uhu Kleber	2,75			
	4 Bier			16,20	
	Hotel (Nairobi) "YMCA-Central"				410,00
	2 Diafilme	84,00			
	15 Postkarten	15,00			
	Zigaretten H 2,50				
	Eidesstattlicher Erklärung	55,00			
	Visa Tansania	45,00			

234

Visa Sambia	50,00		
Porto	5,30		
Käse			6,20
Postkarte	1,00		
Schwimmbad YMCA	8,00		
Waschpulver	2,60		
Billard	2,00		
Rathausbesichtigung	2,00		
Frankfurter Allgemeine Zeitung	5,50		
YMCA bis 11.10.			450,00
Tischtennisball	2,00		
2 Kugelschreiber	2,00		
Visa Madagaskar	98,00		
Treetops Hotel			500,00
Schlangenpark	15,00		
Friseur H 15,00			
Rasiermesser H 30,00			
Bus - Nyeri		26,00	
Eintritt N.P. Aberdare	40,00		
Bus - Nairobi		27,60	
YMCA			140,00
Schwimmbad YMCA	4,00		
2 Telefax zur Sparkasse	300,00		
Bankgebühr f.Geldüberweisung	232,00		
Bus - Mombasa		80,00	
Hotel (Mombasa) "Al Egbaal"			33,00
Zigaretten H 2,70			
Eintritt Fort Jesus	10,00		
Hotel Mombasa			33,00
Bus - Malindi		20,00	
Hotel (Malindi) "Gilani`s Hotel), 2Tage			110,00
Banksafe	12,50		
Glasbodenfahrt	70,00		
Mittagessen		26,80	
Eis		6,50	
Hotel			55,00
Proviant		21,80	
Bus - Lamu		40,00	
Fähre Lamu		4,00	
Hotel (Lamu) 2 Tage			30,00
Fähre - Festland		4,00	
Bus - Malindi		40,00	
Hotel			55,00
2 Diafilme	80,00		
Telefon n. Mombasa	8,00		
Kamm	2,50		
Hotel "Gilani" 3 Tage			165,00
Bus n. Gedi und zurück		5,60	
Ruinen v. Gedi Eintritt	10,00		
Eintritt Schlangenpark	10,00		
Bus - Mombasa		20,00	
Hotel			30,00

Shilling Abwertung, 1 Shilling = 0,32 DM

Hotel			30,00

Datum	Was Hartmut / Axel	Papiere Sonstiges	Auto,Benzin Transport	Ernährung	Über-nachtung
	Bus - Malindi		20,00		
	Mittagessen, Bier			25,75	
	2 Steak + Chips			16,00	
	Hotel 8 Nächte)				440,00
	Bankschließfach	12,50			
	Mittagessen, Bier			20,60	
	Abendessen, Bier			44,00	
	Waschpulver	2,60			
	Zahnpasta	5,60			
	Mittagessen, Bier			15,10	
	Abendessen, Bier			72,00	
	12 Bier			43,65	
	Bus - Mombasa		20,00		
	Milch, Fruchtsaft			3,45	
	Hotel "Al Egbaal"				30,00
	Bus - Gedi		5,60		
	Bus - Mombasa		20,00		
	Zeitung	0,90			
	Schiffskarten - Majunga (Madagaskar)		708,00		
	2 Flaschen Gin			96,00	
	Malariatabletten	8,25			
	1 S/w Film	18,00			
	Proviant für Sambirano			100,00	
	vor Shilling Abwertung 19,98 8,14	**270,90**	**115,51**	**244,05**	
744,07					
	nach Shilling Abwertung 0,86	**6,44**	**187,68**	**258,24**	**254,86**
217,60					
	DM 20,84 14,58	**458,58**	**373,75**	**498,92**	
961,67					

Summe 2333,52

Komoren, 1 Komoren-France = 0,012 DM

Datum	Was	Papiere Sonstiges	Auto,Benzin Transport	Ernährung	Über-nachtung
17.	Fähre zur Insel		4 0,00		
	6 Bier			1500,00	
	2 kl Steaks mit Salat			1.600,00	
	Frühstück			700,00	
	Bier			4.400,00	
	Postkarten Porto	395,00			
	Brot, Obst			315,00	
	2 Ananas			200,00	
	2 Kokosnüsse			20,00	
	10 Mangos			50,00	
	DM	**75,54**	**0,48**	**34,62**	

Summe 110,64

Madagaskar, 1 Madagaskar-France = 0,012 DM

Datum	Was	Papiere Sonstiges	Auto,Benzin Transport	Ernährung	Über-nachtung
24.11.	Flugtickets Tananarive - Dar-es-salam		54.200,00		
	Taxi (4 Fahrten)		200,00		

Posten			
4 Bier		600,00	
Proviant		3.077,00	
Abendessen, Bier		2.000,00	
Bier		1.000,00	
Taxi	200,00		
Hotel			1.100,00
Überlandtaxi - Tananarive		3.600,00	
Frühstück		725,00	
4 Mangos		40,00	
Fl. Mineralwasser		150,00	
4 Steaks, Salat		900,00	
2 Cola		140,00	
4 Fische		100,00	
Autobus - Anbahimango	120,00		
Autobus - Ambohidratrino	60,00		
2 Postkarten	100,00		
Porto Postkarte	65,00		
Mittagesse, Bier, Folklore		3.480,00	
Eisenbahn - Tamatave	2.200,00		
Hotel (3x, 2x Frühstück) "Anjary Hotel"			4.550,00
Obst, Letchi		50,00	
2x Taxi	400,00		
Abendessen, Bier		1.050,00	
Eisenbahn - Tananarive	2.200,00		
Bier, Kaffee, Nüsse		1.380,00	
2 Dosen Leberwurst		100,00	
Taschenlampenbatterie	80,00		
Abendessen, 20 Spieße		400,00	
Hotel (2x) "Plage Hotel"			2.600,00
Brot		25,00	
geräucherte Bananen		50,00	
Mittagessen		310,00	
Überlandtaxi - Ampefi	700,00		
Automiete + Fahrer, 1Std.	600,00		
2 Steaks		260,00	
Hotel (Ampefi)			1.690,00
Überlandtaxi - Tananarive	700,00		
Stein H 750,00			
Hotel, Frühstück			1.650,00
5 Postkarten	250,00		
Autobus - Antsirabe	600,00		
Rikschafahren	500,00		
Bus - Betafo	400,00		
Mittagessen, Bier		1.340,00	
Taxi Tritriva See (hin/zurück)	1.400,00		
Hotel (2X)			1.800,00
Überlandbus - Fianaramtsos	1.400,00		
Eisenbahn - Manakara	1.004,00		
Letchi		20,00	
Bus - Vahipeno	300,00		
Überlandtaxi - Farafangana	500,00		
Mittag			
Hotel			600,00
Frühstück	400,00		
Bus - Manakara	800,00		

| | | Taxi | | | 75,00 | | |

Datum	Was	Hartmut / Axel		Papiere Sonstiges	Auto,Benzin Transport	Ernährung	Über- nachtung
	Mittagessen					150,00	
	Bahn - Fianarantsva				1.004,00		
	14 Austern				350,00		
	Überlandtaxi - Tananarive				2.600,00		
	Imbiss, Mittagessen					300,00	
	Trinkgeld Zoo			100,00			
	Sandalen A 1.150,00						
	Kaffee, Waffeln					335,00	
	Dia Film			1.100,00			
	Friseur H 450,00						
	2x Krabben					900,00	
	Hotel						2.900,00
	2 Kugelschreiber			40,00			
	Taxi z. Flughafen				1.000,00		
	DM	**18,54**	**18,00**	**116,94**	**946,36**	**595,34**	**255,00**
	Summe 1950,18						

Tansania, 1 Shilling = 0,32 DM

	Taxi Flughafen - City				20,00		
14.12	5 Bier					26,50	
	YMCA 2 Nächte						140,00
	2 Fanta					3,00	
	Mittagessen, Bier					37,70	
	Taxi				10,00		
	Telefon nach Mwanza			31,00			
	Postkarte			1,00			
	Porto (2 Briefe, 1 Karte)			5,30			
	Bus - Mbeya				136,40		
	Stadtbus				2,00		
	3 Uhren verkauft (Einkauf ca.50.-DM)			-450,00			
	Verpflegung					45,50	
	Hotel (Mbeya)						40,00
	Frühstück					8,80	
	Bus Bahnhof (hin,zurück)				4,00		
	Frühstück					22,00	
	Führer z. Ngosi See			5,00			
	Hotel (Matema)						40,00
	2 Welse zum Mittag					5,00	
	Brot					2,35	
	Dose Corned Beef					5,05	
	DM			**-120,54**	**75,01**	**191,98**	
108,80							
	Summe 106,43						

Sambia, 100 Ngwee= 1 Kwacha = 4,15 DM

24.12.	Taxi - Kabwe (PickUp)				2,00		

238

Datum	Posten					
	Taxi Lusaka			2,47		
	3 Cola				0,30	
	Taxi			0,60		
	Mittagessen				1,28	
	6 Bier				3,00	
	YMCA (2 Nächte incl. Frühstück)					28,00
	Bus - Livingstone			10,80		
	Essen				0,88	
	2x Hotel "Rainbow Rest Huts"					16,00
	Brot, Büchse Cornet Mutton				0,89	
	6 Briefumschläge		0,12			
	Konserven, Spülmittel		2,79			
	4 Postkarten		0,60			
	Postkarten Porto		1,23			
	2 Eis				0,40	
	2 x Hotel "Rainbow Huts"					24,00
	Brot				0,20	
	1 Farb Diafilm (ohne Entw.)		5,85			
	1 s/w Film		2,05			
	Käse, Brot				0,79	
	Limonade				1,00	
	Museum		0,20			
	Essen				2,44	
	Stiefel besohlen	H 2,75				
	3x Rainbow Huts					24,00
	Sylvester-Suff				2,71	
1.1.1976	Bier				2,14	
	Telexgebühren		12,00			
	DM	**17,14**	**133,55**	**67,52**	**114,21**	**381,80**
	Summe 714,22					

Botswana, 1 Rand = 3,13 DM

Posten				
Bier, Limonade			2,90	
Kanu Miete	4,00			
Bier			2,40	
3x Hotel "Chobe Safari Lodge" VP				48,00
Taxi zur Grenze		2,00		
DM	**12,52**	**6,26**	**16,60**	**150,24**
Summe 185,62				

Rhodesien 1 Rhodesischer Dollar = 4,24 DM

Datum	Posten					
7.1.	Hotel					18,26
	Bahn - Bulavayo			14,30		
	Zigaretten	H 0,35				
	Essen				1,15	
	Krokodil-Farm		2,00			
	Proviant				0,50	
	9 Bier				2,37	
	Frühstück				1,24	
	Gepäckaufbewahrung		0,30			

Datum	Was Hartmut / Axel	Papiere Sonstiges	Auto,Benzin Transport	Ernährung	Über- nachtung
	Bahn - Gaborone		23,40		
	Eisenbahnmuseum	0,20			
	Klebstoff	0,29			
	Mittagessen			2,65	
	Münzsammlung H 0,60				
	Kaffee			0,28	
	DM	**5,09**	**36,42**	**159,85**	**23,49** 77,42
	Summe 302,27				

Südafrika 1 Rand = 2,10 DM

Datum	Was Hartmut / Axel	Papiere Sonstiges	Auto,Benzin Transport	Ernährung	Über- nachtung
	Autobus - Johannisburg		1,40		
9.1	3x Hotel "YMCA"				24,30
	Abendessen			2,40	
	4 Bier			2,00	
	Tänze d. Minenarbeiter	16,00			
	2 Diafilme	7,34			
	Eintritt Aussichtsturm	0,40			
	Museum Witchdoctors	0,40			
	Strijdom Turm	0,40			
	Pizza, Bier			4,40	
	Limonade			0,20	
	Telefon	0,40			
	Bus - Zoo hin und zurück		0,80		
	Zoo	0,80			
	YMCA				6,60
	Billard	0,40			
	Porto	0,45			
	Bus - Pretoria		2,40		
	Zigaretten H 0,30				
	Besuch Ndebeledorf	2,00			
	Zoo	1,00			
	Gondelbahn Zoo	1,00			
	Hotel 2x				24,00
	Bahn - Pietermaritzburg		28,20		
	Einlegesohle H 0,70				
	Museum	0,20			
	Fotohonorare	0,86			
	Proviant			0,98	
	Eintr. Natal Lion Park	3,00			
	Automiete 1 Tag, 335 km		26,88		
	Benzin, 29,2 l		5,70		
	Hotel in Durban				5,56
	Eintr. Aquarium	2,00			
	Mittag			2,08	
	Bier, Schnaps			2,30	
	Hotel				22,00
	12 Apfelsinen			0,60	
	Rum, (750cl)			4,90	
	Wildniswanderung Mkuzi Park	42,00			
	Hütte				2,00
	Hotel Durban				5,25

	Filme	8,34			
	Schlangenpark, Tropenhaus	0,90			
	Entr. Oceanarium	0,90			
	Eintr. Campanile	0,10			
	Entr. Oceanarium	0,90			
	Notizblock, Kugelschreiber	0,19			
	Wurst			0,12	
	Straußenfarm	1,50			
	Songo Grotten	0,80			
	2 Bier			0,80	
	Hotel 2x (Oudtshorn)				24,00
	Bootsfahrt Seehundsinsel	5,00			
	Hotel (Mossel Bay)				20,00
	Billard	0,30			
	Hotel				15,80
1.2.	Bus - Kapstadt		27,60		
	Stadtbus	0,32			
	Abendessen			1,65	
	Eis, Milch			0,70	
	Passagierschiff n. Southhampton		834,00		
	Seilbahn Tafelberg		3,00		
	Sonnencreme	0,79			
	Kap Rundfahrt		6,50		
	2 Steaks a 330g			1,40	
	Pension 5x				45,00
	1 Straußenei H 1,95				
	Schuhe A 3,99				
	Friseur H 2,50				
	Hotel 4x				34,00
	Zeitung	0,10			
	1 Rollmops			0,50	
	1 Haifischgebiss H 7,00				
	Silber-Elefantenhaararmreif H 7,00				
	Abendessen, Bier			6,92	
	Frühstück			1,50	
	Taxi		3, 00		

RMS Edinburgh Castle

10.1.	Bier			2,30	
	2 Brandy			0,58	
	Suff			0,46	
	Bier			1,21	
	Suff			0,26	
	Bier, Brandy			0,96	
	Suff			0,26	
	Suff			0,22	
usw.	Getränke			1,25	
	Suff			0,52	
	Getränke, Spielautomat			0,54	
17.	Eisenbahn Southampton - London		7,70		
	Las Palmas Rundfahrt		2,00		
	Taxi		0,70		
	Zug London - Berlin		62,50		
DM	**H 69,22 A 79,82**	**334,55**	**2.146,73**	**251,83**	**583,19**
	Summe 3467,23				

Datum	Was Hartmut / Axel	Papiere Sonstiges	Auto,Benzin Transport	Ernährung	Über- nachtung

England, 1 Pfund = 5,40

Datum	Was Hartmut / Axel	Papiere Sonstiges	Auto,Benzin Transport	Ernährung	Über- nachtung
23.	Taxi London		0,30		
	Gepäckaufbewahrung	0,40			
	Bank Gebühren	0,25			
	Mittagessen			2,00	
	Abendessen, Bier (Fähre)			3,01	
	DM	**3,51**	**1,62**	**27,05**	
	Summe 30,83				

Deutschland

	Was Hartmut / Axel	Papiere Sonstiges	Auto,Benzin Transport	Ernährung	Über- nachtung
	Getränke (Köln)			3,20	
	Telefon	1,20			
	1 Bier			2,80	
24.2.1976				4,00	

Auto, Benzin, Transport mit Auto			**9.984.-**
ohne Auto			**7.050.-**
Ernährung	mit Auto		**1.657.-**
	ohne Auto		**2.392.-**
Übernachtungen			**3.567.-**
Papiere, Visagebühren, Bank gesamt			**1353.-**
Sonstiges			**8.105.-**
Summe Gesamt	mit Auto	**19.032.-**	
	ohne Auto	**15.714.-**	
Gesamtsumme	**34.746.- DM**	**zwei Personen**	

Eine Roman-Idee

Basis sind die Reisetagebücher aus Afrika.

Der Vater einer der Reisenden beauftragt einen Detektiv, seinen Sohn und dessen Freund nachzureisen und sie ausfindig zu machen.
Also recherchiert der Detektiv auf Grund von Briefen und Postkarten in Deutschland bei Leuten, die die beiden Freunde in Afrika getroffen haben.
Später reist er den Beiden hinterher, um sie zu finden und gleichzeitig dem Vater Informationen über die Reise zu liefern.

Ich hätte gar nicht aufmachen sollen, als es an meiner Wohnungstür klingelte.
Es war überhaupt kein Tag zum Aufstehen.
Ein Blick aus dem Fenster hätte genügen müssen.
Die Berliner Straße, wo ich meine billige Einzimmerwohnung hatte, lag nass und leer vor der Tür. Von der Sonne war nichts zu sehen und es nieselte.
Wahrscheinlich hatte ich von gestern noch zu viel Restalkohol im Kopf, dass ich trotzdem aufstand, meinen Bademantel überhing und zur Tür schlurfte.
Trotzdem sah ich erst einmal durch den Spion in der Tür, und was dort an meiner Klingel lehnte, sah wirklich nicht wie der Gerichtsvollzieher aus.
Ich wollte wieder ins Bett gehen und meinen Rausch ausschlafen, bis ich keine Halluzinationen mehr haben würde, von blonden Engeln, die bei mir Einlass begehren, als sich die Erscheinung nicht etwa in Luft auflöste, sondern wieder entschlossen anfing, auf meiner Klingel herumzudrücken .
Das Schnarren dieser Höllenmaschine klang plötzlich wie liebliche Musik und ich musste den Drang unterdrücken, ins Zimmer zu rennen und mich in meinen einzigen Anzug zu werfen, die Zähne zu putzen und Kerzen anzustecken.
So fuhr ich mir nur mit den Fingern durch die Haare und öffnete vorsichtig die Tür, immer noch erwartend, dass doch der Gerichtsvollzieher oder der Hauswart dort ständen, für die ich seit Wochen nicht erreichbar war.
Es stand wirklich eine blonde Fee vor der Tür und als sie mich anlächelte, fing ich an zu schweben.
„Bin ich hier richtig bei Michael Geier?"
Ich hätte zu diesem Zeitpunkt noch bei jedem Namen mit ja geantwortet, aber immerhin brachte mich die alberne Frage wieder auf die Erde, denn mein Name stand ja groß und deutlich auf einem Zettel an der Tür.
So machte ich aus meinem Gesicht nur ein großes
Fragezeichen.
„Ich würde mich gerne mit Ihnen unterhalten. Aber
vielleicht sollten wir dafür rein gehen."

Also ließ ich sie an mir vorbei und wartete an der Tür darauf, dass sie nach einem Blick in meine Höhle sofort wieder zurückkommen und ebenso plötzlich verschwinden würde, wie sie aufgetaucht war.

Als sie nach Stunden, mir kam es jedenfalls so vor, immer noch nicht geflohen war, schloss ich die Tür und drehte den Riegel um.

Jetzt wollte ich sie auch da behalten.

Sie hatte sich meinen Sessel frei gemacht, indem sie einfach alle Sachen aufs Bett geworfen hatte und saß da, als würde sie hier wohnen und ich wäre der Gast oder irgendein Idiot, der sie in ihrem Reich belästigt.

„Möchten Sie etwas trinken?"

Etwas anderes fiel mir im Moment nicht ein, was ich sagen sollte und außerdem hatte ich auch was nötig, um erstmal aufzuwachen.

„Whisky-Soda, bitte."

„Wenn Sie Brandy trinken, kann ich Ihnen sogar einen Doppelten geben. Whisky habe ich nicht. Oder lieber ein Bier?"

Sie nahm den Brandy, hatte ihn aber offensichtlich nicht so nötig wie ich, denn als ich meinen zweiten trank, nippte sie immer noch am ersten Glas herum, dabei war es an sich schon mein dritter, denn einen hatte ich mir bereits in der Küche beim Füllen der Gläser genehmigt.

Sie hatte sich in der Zwischenzeit im Zimmer umgesehen und obwohl ich nicht den Eindruck hatte, dass ihr etwas entgangen wäre, saß sie immer noch dort.

Sie musste etwas für Unordnung oder Gemütlichkeit übrig haben, oder echte Probleme.

In den Kreisen, wo sie herzukommen schien, hatte sicher alles seinen vom Innenarchitekten bestimmten Platz.

„Sie reisen viel?"

Damit deutete sie auf die Fotos an der Wand und auf allerhand Zeug, dass ich mir aus dem Ausland mitgebracht und im Zimmer verteilt hatte.

Ich fasste das nicht als Frage auf und sie erwartete auch keine Antwort, sondern suchte nur eine Möglichkeit, ein Gespräch anzufangen, um dann auf den Grund ihres Hierseins zu kommen.

Aber ich fand, dass das gar nicht eilte.

Sie hatte etwas meine Größe und eine Figur, die mich nervös machte, soweit man das unter ihrem Mantel erkennen konnte, der nach Raubkatze aussah und sicher früher kein Kaninchen geschmückt hatte.

„Möchten Sie nicht den Mantel auszuziehen?"

Sie glitt aus dem Tiger als wären die Fernsehkameras aller großen Gesellschaften auf sie gerichtet und warf das gute Stück auf mein Bett, als wäre es ein Türvorleger.

Sie hatte wirklich die erwartete Figur, und wusste sie zu tragen.

Ihr blondes Haar war schulterlang, ihre Augen braun und das knielange Lederkleid war auf die Farben abgestimmt. Ihr Gesicht war hübsch aber nicht interessant, und im Moment betrachtete sie mich mit einer Mischung aus Neugierde und Missbilligung.

Sie fing an, mir auf die Nerven zu gehen.

„Wollen Sie sich nicht erst einmal anziehen und rasieren?"

„Sind Sie Avon Beraterin?"

Ich schob meine Sachen zur Seite und legte mich aufs Bett, wobei meine Füße auf ihren Fellmantel zu liegen kamen.

Sie ignorierte das und nippte weiter an dem Brandy.

Ich hatte jetzt aber keine Lust mehr, ihre Schau anzusehen und fragte sie direkt, was sie wolle.

„Sie sind uns empfohlen worden."

Wer mich da nicht leiden konnte.

„Es geht um unseren Sohn. Er treibt sich in Afrika rum und wir würden gerne wissen, wo und wie."

Die Blonde war maximal dreißig Jahre alt.

Ich fragte daher, ob jetzt schon 10-jährige nach Afrika auswandern.

Und außerdem könne sie mir auch mal sagen, wer sie sei.

„Mein Name ist DeWitt".

Sie sagte das in einer Art, als müsse jeder wissen, wer
DeWitt sei.

Da ich gelegentlich die Klatschspalten der Zeitung lese, wusste ich es sogar.

Trotzdem fragte ich sie, wer oder was sei DeWitt.

Ich wollte es aus ihrem eigenen Mund hören, dass sie, ein unbedeutendes Filmsternchen mit Namen Dorothea Breuer, der Künstlername war was französisches, vor zwei Jahren den uralten aber steinreichen DeWitt geangelt hatte.

Mit übernommen hatte sie DeWitt's Sohn aus erster Ehe, der fast so alt war wie sie, um ihm eine liebende Mutter zu werden.

In dem Zusammenhang tauchte sie dann auch gelegentlich in den Klatschspalten auf und auch meine Phantasie rutschte in bestimmte Bahnen ab, als ich sie so neben mir sitzen sah.

Sie schien mein Lächeln für ein schmutziges Grinsen zu halten, denn sie würdigte mich keiner Antwort.

Aber es tat mir gut, sie etwas verwirrt zu sehen.

„Am besten sie unterhalten sich mit meinem Mann weiter. Kommen sie heute Nachmittag um 15.00 Uhr, wenn sie bis dahin aufgestanden sind.

Und ich würde ihnen empfehlen, sich zu rasieren."

„Mögen Sie keine unrasierten Männer? Das kratzt so schön."

„Wirklich?"

Ich rutschte etwas näher zu ihr hin.

Diesmal deutete sie mein Lächeln richtig.

Es hätte mir Spaß gemacht, sie etwas schwach zu sehen. Aber sie fing sich doch noch.

Sie war heute auf Dame programmiert.

Dafür half ich ihr in den Mantel.

Außerdem hatte ich jetzt Hunger.

Sie schwebte aus meiner Wohnung und ein unsichtbares Publikum klatschte Beifall.

Bis drei Uhr hatte ich nicht einmal mehr viel Zeit gehabt.
Es reichte gerade für ein längeres Frühstückmittag und den Besuch bei einem befreundeten Journalisten in der
Redaktion, wo ich das Archivmaterial über die DeWitt's durchblätterte.
Es hat noch nie geschadet, über Leute informiert zu sein, für die man arbeiten soll.
Im Moment war es mir allerdings schleierhaft, wieso man gerade auf mich gekommen war, oder wer mich empfohlen hatte, da es genug große Agenturen in der Stadt gibt, die sogar früh morgens über rasiertes Personal verfügen.
Die Sache schmeckt mir nicht ganz, machte mich aber sehr neugierig.
Außerdem würde der Auftrag mein schwindsüchtiges
Portemonnaie retten.
Die Adresse hatte ich mir aus dem Telefonbuch gesucht und kurz vor Drei bog ich mit meinem Carman Ghia, Baujahr 64, durch die Toreinfahrt, die noch für einen Jumbo-Jet zu groß gewesen wäre.
Nach einer kurzen Fahrt auf der kieselbelegten Auffahrt tauchte DeWitt's Villa hinter den Bäumen auf.
Wären es nicht wirklich hohe Bäume gewesen, hätte man diesen Monsterbau schon von der Straße aus sehen müssen.
Es war ein hässlicher, dreistöckiger grauer Kasten, der an ein Mädchenpensionat erinnerte.
Dieser Eindruck wurde durch die beiden überflüssigen Türmchen an den Seiten verstärkt.
Vor dem Haus stand ein weißer Mercedes, an dem ein Mann von etwa 40 Jahren in grauer Chauffeuruniform rumpolierte und nun mir neugierig entgegenstarrte.
Da der Nieselregen mein Auto nicht sauber bekommen hatte, hielt ich neben der Nobelkutsche.
Der gute Mann schien nicht begreifen zu können, dass solch schmutzige Autos wie das meine, überhaupt zum Straßenverkehr zugelassen werden.
„Einmal waschen und polieren", gab ich ihm den Auftrag und verschwand in Richtung Eingang, bevor ihn endgültig der Schlag traf.
Statt einer Klingel ertönte im Haus ein Gong, nachdem ich einem messingenen Löwenkopf auf die Nase gedrückt hatte, der an der Tür angebracht war.
Es hatte eine ganze Weile gedauert, bis ich den Trick
durchschaute.
Man hatte mich erwartet, denn sofort wurde die Tür geöffnet.
Von Frau DeWitt persönlich.
„Hallo Dorothea."
Sie hatte ihren Namen so lange nicht mehr gehört, dass sie vergaß, mir die Tür vor der Nase zuzuknallen und als sie es dann wollte, hatte ich mich bereits an ihr vorbei geschoben.

Die Halle in der ich stand, war so groß, dass man Ritterturniere darin veranstalten konnte.

„Mein Mann erwartet Sie bereits."

Ich folgte ihr über eine geschwungene Treppe, wobei ich ihren Gang genoss, mehr als die modernen Bilder, mit denen die Wände behängt waren und die mir eh vorkamen, als hingen sie verkehrt herum.

Vor der Tür, hinter der sie ihren Mann wusste, hieß sie mich zu warten.

Sicher wollte sie ihn vorwarnen.

Aber es dauerte gar nicht lange, bis sie wiederkam und mir sagte, dass ich jetzt hineinzugehen habe.

Dabei versuchte sie, mich mit ihrem Blick einzufrieren.

Sie selbst kam nicht mit hinein, sondern warf nur die Tür hinter mir zu.

Das Zimmer passte als Herrenzimmer gut in einen teuren Möbelkatalog. Viel dunkles Holz, viele Bücher an den Wänden und Ledersessel in der Größe von Gästebetten.

Wegen dem diesigen Wetter und den dunklen Farben war es dämmrig im Zimmer.

Trotzdem entdeckte ich DeWitt in einem der Sessel, als er sich bewegte.

Was mir zuerst auffiel, war eine riesige Pfeife, die ihn fast verbarg und mit der er beschäftigt war, um sie wieder in Gang zu bekommen.

Wie ich wusste, war DeWitt über 70 Jahre alt.

Er war äußerst korrekt in einen grauen Zweireiher gekleidet, trug eine silberfarbene Weste und den passenden Binder.

Sein graues Haar passte gut dazu.

Als er aufstand, um ich zu begrüßen, sah ich, dass er ziemlich klein war und sich daher sehr gerade hielt.

Man sah ihm sein Alter nicht an.

„Ich freue mich, dass sie wenigstens pünktlich sind."

Sein Händedruck sollte kräftig sein.

„Nehmen sie sich etwas zu trinken.

Da drüben ist die Bar. Dann setzen sie sich
dorthin."

Dabei piekte er mit dem Finger in die Luft.

Nachdem ich mir einen mehrfachen Brandy eingeschenkt hatte, kam ich auch seinem zweiten Wunsch nach und setzte mich ihm gegenüber.

Er machte den Eindruck, als hätte man eh keine andere Wahl, als das zu tun, was er wollte, um es sich nicht mit ihm zu verderben.

Ich wollte noch nicht.

Seine Pfeife qualmte inzwischen und da ich fand, dass sie stank, steckte ich mir eine Zigarette an.

„Herr Degenhard von der gleichnamigen Agentur hat sie uns empfohlen. Er meinet, wenn sie mal hier oder nüchtern wären, würden sie gute Arbeit leisten."

Daher als wehte der Wind.

Ich hatte einige Mal Fälle für Degenhard erledigt.

„Außerdem sagte er, dass sie ziemlich herumgekommen wären und Geld brauchen."

Wenn ich Degenhard das nächste Mal sehen würde, werde ich ihm erst einmal auf die Nase hauen.

„Ich möchte, dass sie für mich wahrscheinlich längere Zeit nach Afrika fahren. Ich werde sie gut bezahlen. Sie haben doch Zeit?"

Das hört sich doch ganz gut an.

Ich sagte ihm das auch.

Und dann rückte er mit seiner Geschichte heraus.

„Ich bin nicht ganz so gesund, wie ich aussehe. Mein Arzt sagt das jedenfalls. Das Herz.

Ich möchte, dass mein Sohn meine Geschäfte übernimmt.

Aber leider macht er sich nicht viel aus Geld. Lieber reist er in der Gegend rum. Ich bin aber nicht bereit, einem Hippie mein Geschäft zu übergeben. Ich möchte, dass sie ihm hinterher fahren und mir genau berichten, was er treibt.

Damit ich mir ein Bild von ihm machen kann.

Leider hatte ich die ganzen Jahre keine Zeit, um mich richtig um ihn zu kümmern. Mein eigener Sohn ist mir ein Fremder."

„Was ist mit Ihrer Frau?"

Er winkte nur ab.

Während er sich seine Pfeife neu stopfte, holte ich mir einen neuen Brandy.

Die Sache fing an, mich zu interessieren.

„Ich habe mich natürlich über sie erkundigt", fuhr er fort, „und mir wurde gesagt, dass Sie über ein gute Auslandserfahrung verfügen.

Ich möchte also von Ihnen, dass Sie so bald wie möglich die Reiseroute meines Sohnes nachfahren und sich über ihn erkundigen.

Sie werden mir regelmäßig Berichte schicken und ich werde Ihnen das Geld überweisen, das Sie brauchen.

Sie werden in denselben Hotels absteigen, wie mein Sohn. Und der würde nie ins Hilton gehen. Bilden Sie sich also nicht ein, dass es eine Vergnügungsreise auf meine Kosten wird.

Ihr Hauptproblem wird dabei sein, meinen Sohn überhaupt zu finden.

Aber sowas ist ja wohl Ihr Beruf.

Als Anhaltspunkt haben Sie nur einige wenige Postkarten und eine Adressenliste von afrikanischen Journalisten, die mein Sekretär Ihm mitgegeben hatte.

Sollten Sie sich entschließen, den Auftrag anzunehmen, werden Sie alles Weitere mit ihm besprechen können.

Er wird Ihnen helfen, die nötigen Papiere in kürzester Zeit zu besorgen und er ist auch sonst über diese Angelegenheit informiert. Sie können es sich bis morgen überlegen."

Damit war ich entlassen.

Trotzdem trank ich erstmal meinen Brandy in aller Ruhe aus.

„Wann haben Sie das letzte Mal von Ihrem Sohn gehört?"

Er war ungehalten, dass ich immer noch da war.
Immerhin bequemte er sich zu einer Antwort.
„Vor zwei Wochen aus Nairobi. Er lehnte es darin ab, nach Hause zu kommen.
Er sei noch nicht fertig mit seiner Reise."
Die Erinnerung an die Karte machte den Alten wieder wütend, so dass er anfing,
mich anzublöken.
„Ich wünsche regelmäßige Berichte. Ich will alles wissen über den, den..."
Ihm fehlte das Wort.
„Bis morgen."
Damit ließ ich ihn alleine weiter danach suchen.
Eine reizende Familie.
Der einzige sympathische war wohl der Sohn.
Den Weg zur Haustür fand ich alleine, ohne dass mir noch jemand begegnete.
Mein Auto stand noch an der gleichen Stelle, war aber nicht gewaschen worden.
Nur den Mercedes hatte der Putzer etwas zur Seite gefahren. Damit der Dreck
nicht abfärbt.
Beim Anfahren gelang es mir die Reifen durchdrehen zu lassen und den Schlitten
mit Dreck zu bespritzen.

Zu meiner Wohnung gehört ein schöner Balkon, den ich mir mit der
Nachbarwohnung teilen muss.
Er war in der Mitte durch eine Sperrholzwand getrennt, bis ich eines Tages
meine Nachbarin kennenlernte. Da haben wir die Wand mit Scharnieren
versehen, und seitdem benutzen wir sie als Tür, wenn einer den anderen
besuchen will.
Wenn man es nicht weiß, ist der Wand nichts anzusehen und ich habe mich
schon oft durch ihre Wohnung in Sicherheit gebracht, wenn unangenehme
Mitmenschen bei mir klingelten.
Abschließen tun wir unsere Balkontüren nie.
Warum auch.
Wenn ich nicht gestört werden will, ziehe ich die Gardinen zu und Lisa macht es
genauso.
Nur einmal musste ich, als die Gardinen für über eine Woche zu blieben, den
Kerl rausschmeißen, der sich bei ihr einquartiert hatte.
Mit Lisa kann man sich herrlich unterhalten. Sie kann nämlich auch zuhören.
Es war fast sechs Uhr, als ich wieder zu Hause ankam.
Ich wollte mit ihr über das Angebot reden, dass ich bekommen hatte.
Also ging ich gleich zu ihr rüber.
Die Gardinen waren offen, das Zimmer war leer, aber ich hörte sie im
Badezimmer hantieren.

Leise schlich ich mich zur Tür. Lisa war gerade im Begriff, in die Badewanne zu steigen.

Ich finde, man unterhält sich prima in der Wanne.

Schnell ging ich zurück und holte uns zwei Gläser Brandy, zog mich aus und begab mich zur Konferenz.

„Buh."

Sie erschrak nicht einmal.

„Wenn Du mich erschrecken willst, musst Du die Balkontür leiser zumachen", sagte sie und verschwand in einer Schaumblase.

Ich schwamm, sie suchen.

Nach einiger Zeit, der Brandy war leer und das Badewasser kalt, begann ich ihr von DeWitt zu erzählen. Aber sie fand, dass man sowas nur mit vollem Magen entscheiden solle.

Ich betrachtete das als Einladung zum Abendessen.

Damit entstieg sie als schaumgeborene Venus der Badewanne und begann sich abzutrocknen.

Ich gönnte mit das Vergnügen, ihr dabei zuzusehen.

Sie ist 170 groß und hat so perfekt die richtige Figur, dass man überall genau so viel in der Hand hat, wie man will, oder jedenfalls wie ich es will.

Ihr dunkles Haar trägt sie kurz, nur vorne hat sie eine Locke, die sie sich öfter aus dem Gesicht streichen muss. Dazu hat sie große, schwarze Teddybär Augen.

Jetzt lachte sie mich an und zog den Stöpsel aus der Wanne.

Nach einem guten Essen redeten wir den ganzen Rest des Abends über Afrika, DeWitt, seinen Sohn, und dass ich es gar nicht verdient hätte, schon wieder zu verreisen.

Sie wäre jetzt mal dran.

Ich versprach, ihr einen Neger mitzubringen.

Am nächsten Tag fuhr ich wieder zu DeWitt's Villa, wo ich mich am Morgen mit dem Sekretär verabredet hatte.

Diesmal kannte ich den Trick mit der Klingel und drückte dem Löwen gleich freundschaftlich auf die Nase.

Der Sekretär öffnete selbst.

Er musste es sein, denn er sah genau so aus, wie ich ihn mir vorgestellt hatte.

Völlig vertrocknet.

Er führte mich in sein Arbeitszimmer, wo es aussah, wie in einer Kanzlei vor 200 Jahren.

Es passte zu ihm.

Wenigstens bot er mir einen Brandy an, wenn er ihn mir auch deutlich missbilligend zuschob. Vielleicht hatte der Alte ihm gesagt, dass ich dann umgänglicher wäre.

„Sie halten nicht viel von der Entscheidung des Alten, mir die Angelegenheit zu übergeben?" fragte ich ihn.

„Um ehrlich zu sein, nein. Aber wenn Herr DeWitt sich so entschieden hat, wird er seine Gründe haben, welche mir mitzuteilen nicht seine Art ist."

Beinahe hätte er sich die Zunge gebrochen.

Dabei betonte er den Namen DeWitt, um mich auf den Frevel aufmerksam zu machen, vom Alten gesprochen zu haben.

Sicher schloss er ihn jeden Abend ins Nachtgebet mit ein.

„Also kommen wir zur Sache, damit wir es schnell hinter uns haben."

Ich sprach ihm aus der Seele.

„Vor fünf Monaten startete der junge Herr mit einem Freund mit einem VW-Bus zu einer Afrikareise. Leider macht er uns nicht die Freude, regelmäßig Nachricht von sich zu geben.

Somit kennen wir seinen jetzigen Aufenthaltsort nicht mit Sicherheit. Wir haben nur diese wenigen Postkarten."

Damit reichte er mir einige Karten.

„Es wird nun Ihre Aufgabe sein, seinen Reiseweg heraus zu finden und uns darüber zu berichten, was sich dort jeweils ereignet hat.

Um Herrn Mathias zu helfen, gab ich ihm eine Liste afrikanischer Journalisten mit, die in Berlin studiert haben.

Ich versprach mir davon, dass es sich bei Schwierigkeiten an diese Herren wenden könne.

Es ist mir aber nicht bekannt, ob er je die Liste benutzte. Aber sie werden eine Kopie bekommen.

Ferner haben wir das da."

Er gab mit einen Bogen Papier, als wäre das Blatt vergiftet.

Es handelte sich um eine Fotokopie eines Polizeiberichtes aus Ghana, aus dem hervorging, dass man dem Sohn Reiseschecks gestohlen hatte.

„Wir wollten natürlich sofort die Schecks auf der Bank sperren lassen, aber das war bereits aus Ghana geschehen. Ich hoffe nur, dass nichts Ernsthaftes geschehen ist."

Ich versicherte ihm, dass dann kaum noch weitere Post gekommen wäre.

„Der andere junge Herr, mit dem Mathias zusammen weggefahren ist, heißt übrigens Bernd Grünewald.

Mehr weiß ich über ihn nicht, außer dass er mit dem jungen Herrn zusammen zur Schule ging.

Herr Mathias zog mich leider nicht in sein Vertrauen."

Ich verstand das gut, sagte aber nichts.

Der Sekretär erzählte noch einiges, ohne was zu sagen. Schließlich einigten wir uns darauf, mir einen Vorschuss zu geben.

Das Ausstellen des Schecks war eine Zeremonie.

Die Summe schmeckte ihm nicht, aber ich hatte mich auf keine Diskussion eingelassen.

Dann gab ich ihm meinen Reisepass, da er mir versichert hatte, dass es den Beziehungen des Herrn DeWitt möglich wäre, alle Visa innerhalb kürzester Zeit zu besorgen.

Der Rest wäre meine Sache.

Und im Übrigen fürchte er, würden wir uns ja wohl vor der Abfahrt noch einmal sehen müssen.

Und ob ich mir dann vielleicht das Rauchen verkneifen könne.

Er sagte wirklich verkneifen und nicht irgendwas hoch-gestochenes.

Ich war ganz glücklich.

Die nächsten zwei Wochen waren die reinste Hölle.

So viel hatte ich zu tun.

Nur der Anblick des dicken Geldbündels von DeWitt, das ich mir mehrmals am Tag ansah und die Hoffnung auf besseres Wetter in Afrika, brachten mich morgens aus dem Bett.

Hier regnete oder nieselte es ununterbrochen.

Lisa war fast ganz zu mir gezogen, da sie das Reisefieber gepackt hatte. Dass sie selber gar nicht fahren würde war ihr egal.

Eine Reise vorbereiten und in der Phantasie unterwegs zu sein, macht sowieso mehr Spaß als richtig zu fahren und dann Durchfall zu haben, war ihre Parole.

Als Erstes hatte ich mir eine gute Afrikakarte gekauft und an die Wand geklebt.

Hier trug ich alle Punkte ein, an denen Mathias DeWitt mit Sicherheit gewesen war und auch die, wo er wahrscheinlich gewesen war.

Es war trotzdem äußerst dürftig, was ich an Anhaltspunkten hatte.

Als Wichtigstes markierte Lisa alle jene Stellen auf der Karte, die ich mir unbedingt ansehen müsse, wenn ich schon mal in der Nähe wäre, und von denen ich ihr zu erzählen hätte.

Ich würde die Reiseroute, die ich verfolgen muss, schon zurechtbiegen können.

Ich war ganz ihrer Meinung.

Da Mathias mit einem gebrauchten VW-Bus losgefahren war, besorgte ich mir ein Verzeichnis aller VW Werkstätten in Afrika. Ich war sicher, dass er die eine oder andere brauchen würde.

Nicht nur weil mir der Sekretär des Alten gesagt hatte, dass der junge Herr keine Ahnung von Autos habe sondern weil ich vor längerer Zeit mal einen alten Bus durch Asien geritten und dabei 4 Motoren verbraucht hatte.

Für Lisa und mich war inzwischen der Sohn von DeWitt nur noch Mathias, da wir ein nahezu persönliches Verhältnis zu ihm gewonnen hatten.

Uns gefiel die Art, wie er einerseits das Geld des Alten ignorierte und andererseits genau so viel abzweigte, wie er für seine Art des Lebens brauchte.

Leider machte er es einem nur schwer, seinen Spuren zu folgen.

Daher fuhr ich eines Morgens zu der Adresse von Bernd Grünewald in der Hoffnung, dort mehr über die geplante Reiseroute zu erfahren.

Ich hatte Glück.

Bernd Grünewald wohnte zur Untermiete in einer alten Grunewaldvilla, deren Besitzerin einige Zimmer vermietete und sich auf diese Weise Ersatzkinder hielt, die zwar billig wohnten aber sich dafür mit Sicherheit bemuttern lassen und vor allen Dingen die Lebensgeschichte der Alten mehrmals am Tag anhören mussten. Als ich jedenfalls ging, hatte ich sie auch schon zweimal gehört.

Aber dafür hatte das auch den Vorteil, dass sie gut über ihre Mieter informiert war und mir einiges erzählen konnte.

Es war 16 Uhr, als ich an der Gartenpforte ankam, worauf sich ein Miniaturhund gebärdete, als hätte er schon die ganze Zeit auf mich gewartet, um mich endlich zu zerreißen.

Da keine Klingel vorhanden war, machte ich die Tür auf und ging zum Hauseingang.

Das Raubtier war zwar bemüht, einen genügenden Sicherheitsabstand zwischen uns einzuhalten, gebärdete ich aber wie verrückt und bellte mir sicher alle Gemeinheiten zu, deren ein Hund dieser Größe fähig war.

Nach einiger Zeit öffnete sich die Tür und die Seele des Hauses unterzog mich einem genaueren Studium, bevor sie fragte, was sie für mich tun könne. Kaufen würde sie aber nichts.

Sie sah aus wie siebzig, machte sich zurecht auf dreißig und war, wie ich später erfuhr, sechzig.

Ich ließ ihr genügend Zeit mich zu mustern, bevor ich ihr meine Geschichte erzählte.

Ich ging als Journalist, der eine Story über reiselustige junge Menschen schreiben wolle, und der durch Zufall auf Herrn Grünewald gestoßen sei.

Meine Frage, ob sie etwas dagegen hätte, wenn ich sie auch in der Zeitung erwähnen würde, ließ sie zu Wachs in meinen Händen werden und löste einen nicht versiegenden Redestrom aus.

„Aber kommen sie doch herein, legen sie den Mantel ab, möchten sie ein Likörchen, entschuldigen sie, dass es hier nicht aufgeräumt ist, nein, nicht dorthin, setzen Sie sich lieber in diesen Sessel, er ist bequemer.............“

Sie hörte gar nicht mehr auf.

Der Likör war süß und grün und schmeckte abscheulich, aber dafür kochte sie einen guten Kaffee und der Marmorkuchen war auch lecker, obwohl sie sich dauernd entschuldigte, dass er diesmal misslungen wäre.

Dabei fütterte sie ihren widerlichen Kläffer ununterbrochen mit dem guten Kuchen. Sie hatte die Töle neben sich auf dem Sofa platziert, von wo aus er mich immer noch misstrauisch beäugte und gelegentlich anknurrte.

Ich gewann seine Zuneigung auch nicht einmal dadurch, dass ich ihn, als Frauchen in die Küche ging, mit Kuchen fütterte, den ich vorher mit Likör getränkt hatte.

Im Gegenteil, er kotzte den ganzen Kuchen wieder auf den Teppich.

Bei der guten Frau löste das totale Panik aus, als sie wieder ins Zimmer kam. Er hätte das noch nie gemacht, sie verstehe das gar nicht, es sei ihr ja so peinlich.

Zur Strafe machte sie - DU, Du, - zu dem Hund und brachte ihn in einen anderen Raum.

Aber auch ich ging nicht ungeschoren aus, denn da mein Likörglas jetzt leer war, bekam ich einen neuen eingeschenkt.

„Prösterchen" sagte sie und kippte ihr Glas in sich hinein.

Ich nippte nur an dem Gift, da ich um den Teppich fürchtete.

Und dann fing sie mit ihrer Lebensgeschichte von vorne an. Von ihrer Verwandtschaft, ihren armen Mann, Friede seiner Asche, wie schwer es heutzutage eine arme Witwe habe und zu Kaisers Zeiten sei sowieso alles besser gewesen.

Ich nehme an, sie sprach von Barbarossa.

Nur durch das Vermieten von Zimmern könne sie sich gerade so über Wasser halten. Außerdem habe sie gerne junge Leute um sich. Nur so langhaarige möge sie nicht. An so etwas würde sie nie ein Zimmer vermieten. Und Herr Grünewald sei ja auch sehr ordentlich gewesen.

Endlich waren wir beim Thema.

Es kostete mich viel Mühe sie dort zu halten.

„Wissen Sie, ich verstehe ja die jungen Leute manchmal nicht. So weit zu reisen. Dabei hatte er es hier so gut."

Ich sparte mir eine Bemerkung.

„Und dann ausgerechnet Afrika!"

Aber ich habe Herrn Bernd gerade geschrieben, dass er zurückkommen soll. In Afrika soll ja jetzt Krieg sein.

Mein Gott was da alles passieren kann.

Dabei hat er gerade sein Studium beendet. Und statt er erst mal arbeitet, nein, da leiht er sich das Geld von diesem anderen jungen Mann und verreist für ein Jahr. Aber ich habe ihm sein Zimmer frei gehalten, damit er wenigstens ein Dach über dem Kopf hat, wenn er zurückkommt. Wenn Sie es sich mal ansehen wollen?"

Und ob ich wollte.

Über das Zimmer war ich erstaunt.

Es waren keine Schutzdeckchen auf den Möbeln und kein Plüsch lag herum.

„Wissen Sie, mir gefällt das Zimmer ja nicht so, aber Herr Bernd hatte darauf bestanden, es sich nach seinem Geschmack einzurichten. Wie die jungen Leute so sind."

Im Stillen gratulierte ich ihm zu diesem Entschluss, versicherte aber, dass ich die gediegene und anheimelnde Atmosphäre ihres Wohnzimmers vorziehen würde.

„Ich habe doch gleich auf den ersten Blick gesehen, dass sie ein Mann mit Geschmack sind!"

Zur Belohnung versprach sie mir noch ein Likörchen wenn wir wieder im Salon wären.

Warum kann ich manchmal bloß nicht den Mund halten?

Trotzdem ließ sie mich keine Sekunde aus den Augen, als ich mich umsah.

An der Wand hing eine Weltkarte, auf der schon einige Reisen eingezeichnet waren. Bernd Grünewald war also kein Stubenhocker.

Als Interessantestes war aber eine Afrikareise gestrichelt eingetragen. Ich schrieb mir die Route auf.

Im Bücherschrank fand ich viel Reiselektüre und autotechnische Bücher.

Also hatten die Beiden doch nicht den Wahnsinn begangen auf gut Glück loszufahren, sondern einer hatte wenigstens Ahnung vom Autoreparieren.

Es hätte mich auch sehr überrascht, nachdem doch sonst alles genauestens vorbereitet wurde.

Die Wirtin erzählte mir, dass die Vorbereitungszeit fast ein Jahr gedauert hätte. Sie hätten das Auto umgebaut, so dass man richtig darin wohnen könne. Mit Küche, einem zweiflammigem Kocher und einer Lampe, alles mit Benzin betrieben.

Was es nicht alles gäbe.

Inzwischen saßen wir wieder im Guten Zimmer und ich hatte begonnen ihre Begonie zu vernichten, die neben meinem Sessel stand, indem ich meinen Likör in den Topf entleerte.

"Ganz schlimm wurde es die letzten Monate. Die Beiden hatten kaum noch Zeit für mich."

Dabei wischte sie eine symbolische Träne mit einem oft benutzten Spitzentüchlein aus dem linken Auge.

„Sie mussten so viel Vi..Vi.."

„Visa" half ich ihr."

Ja genau. Visums mussten sie beantragen. Aber manche konnten sie gar nicht beantragen, weil die nicht so lange gültig sind, bis sie erst dahin kommen würden."

„Haben die Zwei vielleicht einen Zeitplan aufgestellt, wann sie wo erreichbar wären?"

„Ja, ja, ja, ja, ja, ja ja,"

Sie hörte nicht mehr auf -Ja- zu sagen, bis sie einen Zettel aus einem Vertiko gekramt hatte.

Nachdem ich ihr geschworen hatte, ihr den Zettel sofort zurück zugeben, reichte sie ihn mir andächtig.

Es war eine Liste einiger afrikanischer Großstädte und die Daten, an denen sie wahrscheinlich dort sein würden.

„Ich weiß gar nicht, wer dieser Poste Restante ist, aber Herr Bernd sagte, dort würde ihn die Post erreichen, falls etwas wäre. Hört sich so italienisch an. Finden Sie nicht?"

Um ihr nicht recht zu geben, denn das hätte unweigerlich wieder zu einem Likör geführt, sagte ich ihr, dass dies lediglich in Deutsch Postlagern hieße.

„Ach, sehn sie, mir kam das doch gleich so komisch vor."

Wenigstens bekam ich endlich ein klareres Bild von der Strecke, die ich zu fahren haben würde.

„Ich weiß nicht, ob sie das interessiert, aber vor einem Monat kam Post an aus München für Herrn Bernd. Ich habe den Brief aufgemacht, es hätte ja etwas wichtiges sein können, was ich ihm hätte schreiben müssen.

Sie denken doch nicht, das ich neugierig bin??????""
Jedenfalls war der Brief von jemandem, der offensichtlich zusammen mit den Beiden in der Wüste war.
„Es waren zwei Fotos dabei.
Schrecklich der viele Sand. Geschoben haben sie die Autos. Zustände müssen dort sein.
Warten Sie, ich zeige Sie Ihnen."
Es waren zwei schwarz/weiß Fotos, die zeigten, wie mehrere junge Leute einen VW-Bus durch eine Sanddüne schoben.
Im Hintergrund waren noch drei Busse zu sehen, die darauf warteten, auch über das Hindernis gebracht zu werden.
Das nächste Foto zeigte Mathias DeWitt, den ich schon von anderen Fotos kannte und einen jungen Mann mit Schnauzbart.
Da er ein Militärhemd wie Mathias trug, hielt ich ihn für Bernd.
Das Getue der Wirtin gab mir Recht.
Trotz langem Gerede und obwohl ich mehrere Meineide schwor, gab sie aber das Foto nicht heraus.
Zum Glück hatte ich aber schon ein brauchbares Bild von Bernd Grünewald in seinem Zimmer mitgehen lassen.
Da die beiden Fotos nicht gerade die Lust bei mit auslösten, auch durch die Sahara zu fahren, beschloss ich als erstes die Adresse in München aufzusuchen.
Dort würde man mir genug erzählen können für einen ersten Bericht an den alten DeWitt.
Das Gespräch mit der Wirtin erbrachte nichts mehr und so entfloh ich ihrem Gezeter und ihrem Likör, was sich einfacher anhört als es war.

Zwei Tage später war ich in München.
Ein alter Freund holte mich am Flughafen ab.
Ich hatte ihn am Abend vorher angerufen, da ich nicht sicher gewesen war, ob er nicht gerade wieder im Knast sitzen würde.
Ich hatte Glück, er hatte Bewährung und konnte mich also abholen.
Wir freuten uns riesig, uns mal wieder zu sehen und von dem folgenden Abend habe ich nur noch eine bruchstückhafte Erinnerung.
Ich weiß nur noch, dass ich am nächsten Morgen mit einem Kopf aufwachte, der so breit war, dass ich seitlich durch die Tür zum Bad gehen musste, weil ich sonst nicht durchgekommen wäre.
In der Badewanne lag Jo und schlief in voller Bekleidung.
Da es schon Nachmittag war, fand ich es sei Zeit zum Aufstehen.
Erst trank ich einen Eimer Wasser und stellte anschließend die kalte Dusche an.
Trotzdem dauerte es eine ganze Weile bis Jo fluchend und tropfend aus dem Bad kam.
Noch länger dauerte es, bis wir uns endlich wieder in Ordnung gebracht hatten und beim Frühstück, es war inzwischen 16 Uhr, versuchten, die letzte Nacht zu rekonstruieren.

Wir bekamen die Ereignisse auch einigermaßen hin, nur für einen seidenen Schlüpfer, den ich in meiner Jackett-Tasche war, hatten wir keine Erklärung.
Es muss ein gelungener Abend gewesen sein.
Trotzdem lieh ich mir um 18 Uhr den Wagen von meinem Freund und fuhr zu der Verabredung mit den beiden Saharavögeln, wo ich mich schon von Berlin aus angemeldet hatte.
Die Fahrt durch die Innenstadt war mühsam, vor allem, da ich mich auch ein paar Mal verfuhr wegen der Einbahnstraßen.
Aber wer München kennt, hätte wohl auch nichts anderes angenommen.
Die Wohnung lag in Engelschalking und ich war um 19.30 Uhr endlich dort.
Ich wurde schon erwartet, da man mich an der Tür mit den Worten: „Da bist Du ja, der Glühwein wird schon kalt", empfing.
An sich wollte ich nie mehr Alkohol trinken, aber was soll man machen.
Ich fühlte mich gleich heimisch.
Es war eine schöne Wohnung, der man ansah, das die Besitzer viel herumkamen, denn sie war mit Möbeln und Gegenständen aus aller Welt ausgestattet, und sie war so groß, dass ihr Schäferhund dort alleine genug Auslauf hatte.
Ben war ein herrliches Tier, welches aufs Wort gehorchte und trotzdem gutmütig war.
„Wir nehmen Ben auf alle Reisen mit. Manchmal gibt es Schwierigkeiten wegen irgendwelcher Quarantänebestimmungen, aber meistens klappt es auch so. Am Schwierigsten ist es bei den ehemaligen englischen Kolonien. Aber die Mühe lohnt sich. Man fühlt sich sicherer mit solch einem Hund. Lasse was am Auto kaputtgehen."
„Wir fahren immer nur zu zweit, „ sagte Jürgen, " und dann kann es also passieren, dass ich in die nächste Stadt fahren muss um Teile fürs Auto zu holen. Vielleicht brauche ich zwei Tage bis in die Stadt oder ich muss auf die Teile warten und so lange müsste Renate im Bus bleiben, denn das Fahrzeug alleine stehen zu lassen ist unmöglich. Da findest du nichts mehr übrig von dem Bus nach einem Tag. Andererseits kann sie aber auch nicht alleine am Bus bleiben, sonst findest du von ihr auch nichts mehr. Wenn aber der Hund dabei ist, geht das schon eher. Die Bimbos haben eine Heidenangst vor Hunden. Die klettern schon bei einem Dackel auf die Bäume."
„Wer klettert auf die Bäume?"
„Bimbos! Das ist eine Bezeichnung für die Schwarzen, die man in Afrika dauernd hört. Na und die sind nur ihre Straßenköter gewöhnt. Wenn man sich nach einem Stein bückt, klemmen die verhungerten Viecher schon den Schwanz zwischen die Beine. Aber wehe ein Hund hat mal keine Angst sondern bellt die Bimbos an oder droht, dann siehst Du aber welche rennen.
Ich würde auch keinem raten, mit einem Stein nach Ben zu werfen. Er würde denjenigen zum Frühstück fressen."
„Apropos fressen", sagte Renate und brachte ein Tablett mit belegten Brötchen ins Zimmer.
Mir gefiel die unkomplizierte Art, wie ich hier bewirtet wurde.

Ich äußerte mich entsprechend und fragte, ob man diese Art in Afrika lernt." In Afrika bestimmt nicht, " wurde ich belehrt, „ dort gibt es kaum Gastfreundschaft. Das ist überhaupt auch einer der deutlichsten Unterschiede zwischen Afrika und Asien. Wobei ich mit Afrika immer Schwarzafrika meine. In Asien wird man dauernd eingeladen. Es ist uns in Jordanien passiert, dass wir mit dem Bus am Straßenrand geparkt und dort übernachtet haben. Am nächsten Morgen brachte uns jemand, der gemerkt hatte, dass wir dort schliefen, Frühstück ans Auto. Einfach so!

Sicher ist das eine Frage der Mentalität und auch der geschichtlichen Entwicklung in diesen Ländern. Und natürlich auch der Religion."

Ich dachte immer, dass Gastfreundschaft in allen einfachen Völkern verbreitet wäre und erst mit der Technisierung und Auflösung der Familien verkümmerte. „In Afrika spiet auch noch das Misstrauen der einfachen Leute gegenüber den Weißen mit. An sich schon verständlich aus deren Sicht."

„ Trotzdem hatte ich nicht den Eindruck, dass es dann aber wenigstens Gastfreundschaft unter den Schwarzen selber gibt."

„Wahrscheinlich setzt das Entstehen derartiger Sitten eine gewisse Entwicklung oder Kultur voraus. Einer Intelligenz.

Und die Schwarzen waren in der Geschichte ja meistens die Dummen. Außerdem war auch die Notwendigkeit von Gastfreundschaft nicht so gegeben, da die Natur die Leute mit dem Lebensnotwendigen versorgte."

Ein blitzschneller Überraschungsvorstoß brachte mich in den Besitz des letzten Schinkenbrötchens.

„Wie bekommt Ben eigentlich das Reisen?"

„Wenn wir losfahren ist er die ersten Tage immer fürchterlich aufgeregt. Wenn wir anhalten und aussteigen, wagt er sich nicht vom Auto weg. Er hat Angst alleine zurückzubleiben. Aber nach ein paar Tagen gibt sich das."

„ Dann benimmt er sich wieder wie zu Hause, und das Auto ist für ihn ja auch dann zu Hause; wie für uns, „ sagte Renate und machte ein Gesicht, als wolle sie gleich wieder losfahren.

„ Im Senegal haben wir ein Pärchen aus Stuttgart getroffen, die mit einem Mercedes-Kleintransporter unterwegs waren. Die wollten nach Togo. Aber sind dann wegen ihres Schäferhundes umgekehrt. Dem ist die Hitze nicht bekommen. Das arme Vieh hat gehechelt. Wir nehmen an, er war einfach noch zu jung. Gerade ein Jahr alt, oder so. „

„ Es war damals gar nicht so einfach mit dem Auto aus dem Senegal wegzukommen. Jedenfalls nicht, wenn man nicht durch die Sahara wollte. Es blieb also nur das Schiff ab Dakar. Und da musste man erst eins finden. „

" Als wir Mathias und Bernd, wegen denen du ja eigentlich gekommen bist, im Südsenegal wiedergetroffen hatten, hatten die beiden das Pärchen auch noch in Dakar angetroffen. Die hingen dort immer noch rum."

„ Ach, ihr seid nicht die ganze Zeit mit Grünewald und DeWitt zusammen gewesen?"

Das war neu für mich.

Ich hoffe, die Lücke, die sich abzeichnete würde nicht zu groß sein.
Das würde meine Phantasie für den Bericht an den alten DeWitt vielleicht überfordern.
„ Nein, wir haben uns in Aaiun in Spanisch Sahara von den beiden trennen müssen. Deren Auto war kaputt gegangen und wir hatten nicht die Zeit zu warten."
„ Wir hatten alle nur sechs Wochen Urlaub und das reichte so gerade."
„Am besten ihr erzählt von Anfang an, wie ihr euch alle getroffen habt und wie ihr zusammen gefahren sei.
Aber erst lasse doch bitte noch mal die Luft aus meinem Glas."
Renate füllte unsere Gläser, Jürgen stopfte seine Pfeife ich schob mir einen Hocker unter die Füße. Selbst Ben legte sich bequem zurecht, um nichts von der Geschichte zu versäumen und um sich von Frauchen kraulen zu lassen.
Es war eine Stimmung, wie wenn Großmütter Märchen vorlesen.
„ An sich wollten wir wieder nur zu zweit fahren, aber dann entschlossen sich noch ein befreundetes Paar aus Hamburg mitzukommen.
Wir fuhren also zu viert mit zwei VW-Bussen. Beides ziemlich neue Modelle.
Wir beeilten uns am Anfang, weil wir Spanien und Marokko schon kannten, und uns lieber in der Sahara und im Senegal, wo wir etwas Badepause machen wollten, Zeit lassen wollten.
Wir waren also schon bald in Tan Tan in Südmarokko. Bis hierher reichte die Asphaltstraße laut Reiseführer. Aber zum Glück ging sie inzwischen schon 100 km weiter. Bloß dann hörte alles auf. Die Piste begann. Abwechselnd Geröll und Flugsand.
Aber wir waren inzwischen mehr geworden.
An der letzten Baustelle hatten wir noch drei VW-Busse getroffen. Bernd und Mathias mit ihrem gut ausgerüsteten Bus und zwei Wagen aus Bayern. Von irgendwelchen Dörfern.
In dem einen Bus waren zwei junge Männer, im anderen zwei Pärchen.
Es war eine große Diskussion im Gange.
Wie wir herausbekamen waren deine beiden Berliner auch erst jetzt dazugekommen, und versuchten die sechs anderen zu beruhigen. Die glaubten nämlich nicht mehr genug Benzin bis Spanisch Sahara zu haben und jetzt besser umkehren zu müssen, oder sich von der Baustelle Diesel zu holen.
Benzin gab es dort nicht. Zwei wollten mit einem Benzin-Dieselgemisch weiterfahren. Ich behielt meine Meinung für mich, dass man sich sowas auch besser vorher überlegt und dann boten wir ihnen zusammen mit Mathias und Bernd an, falls das Benzin nicht reiche, unseres zur Verfügung zu stellen.
Wenn sich schon der wahnsinnige Zufall ergibt, dass man sich ausgerechnet hier trifft, so sollte man das ausnutzen und im Konvoi fahren.
Und so machten wir das auch.
Zum Glück,
Die Strecke war übel.

Aber zu zwölft konnte man die Busse schon schieben. Außerdem hatten wir alle Sandleitern mit.

Teilweise haben wir uns aus den Blechen erst eine Fahrspur gelegt und sind dann darauf über den schlimmsten Sand gekommen. Trotzdem haben wir oft genug fest gesteckt.

Wir hatten unsere Sandleitern erst in Inezgane gekauft. Das ist kurz hinter Agadir. Das war vielleicht ein Kampf bis wir die hatten.

Wer dort welche besaß, brauchte sie selber. Und ohne welche zu fahren wäre dumm gewesen.

Einer von den anderen Busen hatte noch Maschendraht mit, weil die mal gelesen hatten, dass das auch hilft. Alles Quatsch. Der verbiegt sich sofort wenn man rauffährt und verheddert sich mit der Achse.

Aber wie gesagt, wir hatten ja unsere Bleche doch noch bekommen. Auf einem Schrottplatz.

Ich glaube, es war der Zehnte auf dem wir in Marokko waren.

Ich weiß nicht, ob du diese Bleche kennst? Auf Militärflughäfen sieht man sie manchmal. Es sind fast fingerdicke gelochte Falzbleche. Scheiß schwer, aber praktisch.

Na und außerdem musst du natürlich Luft aus den Reifen lassen, wenn du durch Sand fährst. Wir sind manchmal bis auf 0,5 atü runtergegangen. Meine Mercedesreifen, die ich am Bus hatte waren Klasse, da die ja auch sonst schon breiter sind.

Aber mein Gott haben wir geflucht auf dieser Strecke.

Dauernd kam wieder ein Geröllstreifen........ Luft rauf auf die Reifen, Luft runter, Luft rauf, Luft runter------.

Du machst ein Gesicht als müsstest du gleich dorthin fahren?"

„Nein, aber mein Glühwein ist alle!"

„Am schwersten hatte es immer der erste Wagen.

Mit Schwung rein in den Sand. Am besten im zweiten Gang. Und dann Gummi so lange es geht. Schalten ist Scheiße.

Man verliert dabei Kraft.

Zwei von den Bussen hatten noch Verteilerfinger mit einer Fliehkraftsicherung, damit man den Motor nicht überdreht. Haben wir ausgebaut. Lieber den Motor mal hochjubeln als schon nach zwei Metern im Sand stecken, weil die Sicherung den Zündstrom unterbricht.

Wenn erst ein Bus durch die Düne ist, dann kann er schon von der anderen Seite den Zweiten ziehen.

Es war schon mühselig.

Aber am Abend waren wir in Tarfaya.

Das letzte Nest. Ein Brunnen, ein paar Hütten. Aber auch die marokkanische Grenzstation. Es war zwar noch weit bis zur Grenze, aber die Posten waren schon hier.

Wir gaben unsere Pässe ab.

Morgen wird alles erledigt, hieß es.

Der Haken war nur, dass die spanische Grenze nur bis mittags offen war. Und das auch nur zweimal die Woche.

Es wäre also nicht zu schaffen gewesen, da wir die Pässe nicht vor 10 Uhr gehabt hätten und ja auch noch einige Kilometer Wüste vor uns hatten.

Also bequatschten wir den Grenzer. Alle gleichzeitig und dann nacheinander. Endlich kapitulierte er und versprach alles noch heute zu erledigen. Um 23 Uhr hatten wir die Pässe wieder.

Da waren wir aber schon alle besoffen.

Wir hatten unseren ersten Wüstentag gefeiert, den Zufall, dass wir uns getroffen hatten und dass wir auch gut miteinander auskamen. Und überhaupt-

Ein paar Araber, die gehofft hatten, dass Allah gerade woanders sei, hatten mitgetrunken und lagen nun malerisch um die Busse herum und schliefen Ihren Rausch aus.

„ Das war aber auch eine brutale Mischung, die wir durcheinander getrunken hatten. Berliner Bier mit Brandy, Münchner Bier mit Obstler.“

„ Vergiss den marokkanischen Rotwein nicht.“

„ Trotzdem hatten wir den Wecker auf 5 Uhr gestellt. Wir wollten beim ersten Licht losfahren, wenn es noch nicht so heiß wäre. Außerdem wussten wir ja auch nicht, wie die Piste bis zur Grenze sein würde“

„ Hast Du mal die Wüste erlebt, wenn die Sonne aufgeht?

Es wird schnell hell, dauert aber dann einige Zeit bis sie als glühender Ball über den Horizont klettert und dann ihre Konturen verliert und nur noch als gelber gleißender Fleck alles Leben versengt.

Der Morgen ist die Zeit, wo du drei verschiedene Wüsten fühlst.

Das unsichtbare rege Leben der Nacht, die abwartende Spannung des Hellwerdens, die letzten schnellen Atemzüge der Natur, bevor sie in den Schlaf des Wüstentages fällt.

Der letzte Käfer gräbt sich hastig ein.“

„ An diesem Morgen macht uns die Piste weniger zu schaffen als unser Kater vom Abend, dem auch noch die Sonne aufs Fell schien.

Da die Piste nicht so schlecht war, fuhren wir ziemlich auseinander gezogen und plötzlich fehlte der Bus von den Hamburgern.

Wir warteten eine Weile, bevor wir zurückfuhren.

Wir fanden die beiden bald.

Mit ihrem Motor stimmte was nicht. Er lief nicht mehr.

Sie hatten kurz angehalten und jetzt stand der Bus und wollte nicht mehr. Der Motor ließ sich nicht mehr durchdrehen, die Räder waren bei eingelegtem Gang blockiert.

Es sah böse nach einem Kolbenfresser aus.

Sollten wir jetzt anfangen den Motor auszubauen?

Wir hatten alle keine Lust, da wir zwischen zwei Grenzposten im Niemandsland waren. „

„Unsere Autobastler hatten eine geniale Idee, bei der wir anderen anfingen zu überlegen, wie wir die Mannschaft und das Gepäck von zwei kaputten Bussen auf die anderen Wagen verteilen könnten."
„So ein Quatsch. Ist ja alles gut gegangen."
„Wir hatten nämlich den kaputten Bus an meinen gehängt.
Mit allem was wir an Stahlseilen dabei hatten.
Na und dann habe ich ihn angeschleppt.
Bei etwa 70 km/h legte Bernd, der den hinteren Bus fuhr, den zweiten Gang rein.
Die Räder blockierten voll, zwei Seile fetzten weg und der Wagen schleuderte wie verrückt.
Aber dann krachte es und der Motor drehte sich wieder.
Mit der Maschine sind wir wieder bis nach Haus gekommen.
Nur beim ersten Ölwechsel in Aaiun kamen einige Späne mit raus."
„Wir schafften es sogar noch rechtzeitig bis zur Grenze von Spanisch Sahara.
Ab dort gab es wieder Asphaltstraßen. Man wusste schon gar nicht mehr was das ist."
Dafür gab es eine Kontrolle nach der anderen bis wir in Aaiun waren. Eine Straßensperre, Maschinengewehre daneben und einige verwildert aussehende Legionäre, die die Pässe sehen wollten."
„ Bestes Infanterie von Welt, wurde uns gesagt.
Dabei sahen die aus, als wüssten sie nicht, wie rum man den Pass halten soll...“
„ In Aaiun wollten wir uns auch nicht lange aufhalten.
Die Stadt hat außer einem Schwimmbad nichts zu bieten.
Wir tankten also unsere Busse voll und füllten die Kanister. Immerhin lagen 700 km ohne Versorgungsmöglichkeiten vor uns."
„Man muss in der Wüste selbst für einen VW-Bus mit einem Verbrauch von 20 Litern Benzin rechnen."
„ Eine ganze Menge Wasser musste natürlich auch gebunkert werden. Aber das war gar nicht so einfach. Das Nutzwasser dort kann man nicht trinken.
Letzten Endes mussten wir Trinkwasser im Geschäft kaufen. 6 Pfennig pro Liter."
„ Mit ein paar eisgekühlten Bier ertränkten wir dann endgültig den Kater von Abend und fuhren vor die Stadt, wo wir übernachten wollten.
Wir checkten die Bussen nochmal durch. Luftfilter reinigen und so weiter. Na du weißt schon.
Bernd und Mathias machten das auch.
Tja und dann etwas Probefahren.
Aber hol`s doch der Teufel: bei ihnen trennte die Kupplung nicht mehr.
Wir legten uns dann alle unter das Auto und einigten uns schließlich darauf, dass das Ausrücklager kaputt sei."
"Mir war so richtig klar, dass sie viel Glück hatten, dass ihnen das dort passiert war und nicht mitten im Sand, irgendwo.
„ Deshalb habt Ihr euch dann dort von Ihnen getrennt?"
„ Genau."

„ Wir haben den Wagen an nächsten Morgen in eine kleine Werkstatt geschleppt. Wir hatten einfach nicht die Zeit auf die Reparatur zu warten, der Motor musste raus und wer wusste schon, wie lange das alles dauern würde, mal abgesehen von Ersatzteil-problemen.

Die Beiden hatten ja unbegrenzt Zeit.

Wiedergetroffen haben wir sie dann in der Casamance im Süden von Senegal.“

„ Hattet ihr euch dort verabredet?“

„ Nein, das war reiner Zufall. Andererseits gibt es aber auch nicht sonderlich viele Stellen, wo man im Senegal hinfahren muss, und für einen Badeurlaub ist Cap Skirring ideal.

Kilometer langer Strand mit Palmen und nur einigen Fischern.

Nur der Club Méditeranée hat an einem Strandende ein großes Feriendorf. Es war aber keine Saison.

Außerdem standen wir mit unseren Bussen weit weg.

Paradies pur, sage ich dir. Baden, Nichtstun.

Ben hielt alle Diebe und Händler von uns fern.

Wenn wir etwas brauchten, gingen oder fuhren wir ins nächste Dorf.

Genaugenommen zwei Hütten, deren Bewohner in der Saison vom Schnickschnack-Verkauf im Club Med. lebten.

Allerdings gab es auch eine Kneipe.

Idyllisch könnte man fast sagen.

Jedenfalls mit Hütte, überdachten Tischen und Holztresen.

Und was glaubst du, wem sie gehörte?

Einem Österreicher. Weiß der Henker, wie der dort hängen geblieben ist.

Früher war er jedenfalls Söldner, erzählte er uns.“

„ Ich bin mir nicht sicher, ob der Typ nicht zu beneiden ist. Überleg dir mal. Fast immer schönes Wetter. In der Saison ein gutes Geschäft und weiße Weiber, außerhalb der Saison Ruhe und schwarze Weiber.

Sein einziges Problem ist vielleicht der Nachschub von Bier in diesem abgelegenen Winkel.“

„ Das würde mir als Problem auch völlig ausreichen“, womit Renate den Nagel auf den Kopf getroffen hatte.

„ Bernd und Mathias hatten sogar noch Pech, sie stießen nämlich einen Tag zu spät zu unserem Lager.

Wir hatten am Vortage ein kleines Schwein gekauft und abends über dem offenen Feuer gebraten. Mir läuft jetzt noch das Wasser im Munde zusammen.“

„ Das schon, aber ich darf gar nicht daran denken, wie ihr das niedliche Vieh ermordet und ihm das Fell abgezogen habt.“ schränkte Renate ein.

„ Das war eine ganz schöne Schwerarbeit, ihm das Fell abzuziehen. Sonst brüht man ein Schwein ja erst ab, damit es besser geht. Frage nur, womit und in welchem Topf.

Jedenfalls haben wir es einfach mit den Hinterbeinen an einen Baum gehängt und es dann ausgezogen.“

" Ben wäre fast verrückt geworden, sage ich dir. Wir mussten ihn an einem Baum festbinden."

„ Unsere beiden Frauen haben sich verdrückt. Nur zum Essen waren sie logischerweise wieder voll da."

„ Wieso waren es nur noch zwei Frauen? Habt ihr die anderen verkauft?"

„ Richtig, das hatte ich noch nicht erzählt. Einer der Bayern-Busse musste schon von Dakar aus zurückfahren. Die hatten noch weniger Zeit als wir. Das war der Bus mit den zwei Pärchen."

„ Wir haben uns aber inzwischen hier in München schon wieder getroffen. Sie trafen Bernd und Mathias auf ihrer Rückfahrt in Atar. Die beiden waren gerade verhaftet worden."

Im Geist formulierte ich schon den Bericht an den alten DeWitt, dass sein Sohn verhaftet worden war.

Ich sah richtig, wie der alte Sekretär zu Staub zerfiel und DeWitt explodierte.

„ Jetzt frag aber bloß nicht, weshalb und warum. Wir haben ja erst hier davon erfahren."

Mir blieb die Wüste wohl nicht erspart, wenn ich Näheres erfahren wollte.

Also fragte ich, wer mir mehr erzählen könne.

„ In Choum kann man dir sicher alles erzählen. Du musst nur hinkommen. Choum ist nämlich ein französischer Bahnposten mitten in der mauretanischen Sahara, an der Minenbahn von Fort Derick zur Küste, wo die Erze verschifft werden."

" Wieviel Franzosen leben denn dort?"

Jürgen wusste es nicht, denn sie waren nur in der Nähe des Postens vorbeigefahren, da sie nicht einmal geahnt hatten, dass dort Weiße leben könnten.

„Meint ihr, dass die dort auch etwas über die Zeit von den Beiden in Spanisch Sahara wissen, dass man sich darüber unterhalten hat?"

„ Ich fürchte, da musst du nach Grand Canaria fliegen. Dort hat ein Typ eine Bar, der mit ihnen in Aaiun befreundet war. Sie hatten davon erzählt, dass er wieder dahin zurück wolle. Die Bar muss direkt am Hafen sein. Wie hieß sie doch gleich?"

„El Aaiun, wie sonst. Der Typ heißt übrigens Joseph. Der kann dir bestimmt weiterhelfen."

Also galt es nur noch einen Luxusflug von Las Palmas über Aaiun mit Zwischenlandung in Choum zu bekommen. Und natürlich mit direktem Anschluss zu meinem nächsten Ziel, wo immer das sein sollte.

Bloß wo blieb dann der Spaß?

„ Wie lange wart ihr denn noch zusammen?" wollte ich weiter wissen.

„ Wir sind am nächsten Tag, nachdem die Beiden angekommen waren, weitergefahren. Wir wollten noch zum Niokolo Koba Nationalpark.

Wir waren zwar vorher schon im Casamance Nationalpark gewesen. Aber das war ein Schuss in den Ofen.

Wir gingen sogar zu Fuß durch den Park. Er ist nicht sehr groß. Trotzdem haben wir außer ein paar Affen keine Tiere gesehen. Bloß die sieht man woanders auch, ohne Eintritt zu zahlen."

„ Sauteuer war das, selbst ohne Auto." Renate war immer noch entrüstet.

„ Wahrscheinlich waren da schon Tiere, aber man sah sie eben nicht. Der Park ist sehr waldig. Also hörst du dauernd Äste knacken oder andere Geräusche. Das war es dann."

„ Ich nehme an, man wird von tausend Augen beobachtet, während man selber nichts sieht."

„ Im Niokolo Koba Park haben wir uns verabredet.

Bernd und Mathias kamen zwei Tage später nach.

Wir verbrachte zwei Tage zusammen, bevor wir zurück mussten. In der Zeit haben wir nach langem Warten einen Elefanten gesehen und ein paar Antilopen. Lag wohl an der Trockenzeit, dass mit den wenigen Tieren.

Im Park gab es ein Safarihotel. Und du musst die mal vorstellen, die wollten doch glatt 330 Franc Eintritt für die Benutzung ihres verdreckten Minischwimmbeckens haben, als rund 3.50 DM. Schlimm ist nur, dass es Leute gibt, die das bezahlen.

Ein einfaches Brot kostete dort auch das Doppelte wie außerhalb. Und das bei 3000 Franc Eintrittsgeld für den Park."

Renate war immer noch sauer.

„ Fürs Duschen wollten die 100 Franc."

" Trotzdem, wenn man aus dem Dreckloch Mauretanien rauskommt, erscheint dir der Senegal wie das Paradies.

An der Grenze keine Probleme, freundliche Menschen....

Habe ich dir eigentlich von dem Vorfall in Mauretanien an der Wasserstelle erzählt?

In der Nähe von Atar wollten wir unsere Wasservorräte auffüllen, da dort ein Brunnen war.

Er war ziemlich tief und die dort anwesenden Schwarzen wollten uns ein Tau vermieten, an welches wir einen Eimer hätten binden können, um ans Wasser zu gelangen.

Natürlich zu einem Preis, der dem gesamten Bruttosozialprodukt von Mauretanien entsprochen hätte.

Wir nahmen also logischerweise unsere eigenen Seile.

Als wir aber den vollen Wassereimer hochgezogen hatten, spuckten uns diese Dreckschweine ins Wasser.

Es hätte ja nicht mehr viel gefehlt und dort wäre der dritte Weltkrieg ausgebrochen. Ich hätte es ja darauf ankommen lassen, aber die anderen von uns hatten Angst."

„Was auch die vernünftigere Einstellung war!"

„Trotzdem finde ich das Ganze in einem Wüstenland unvorstellbar."

„Wie war der Senegal denn sonst? Ich meine, wenn man mal den Unterschied zu Mauretanien vernachlässigt."

Meine Vorstellung hatte eigentlich ganz gut ausgesehen, und jetzt war ich doch neugierig.

Aber Jürgen beruhigte mich.

"Du musst einfach die Haupttouristengebiete meiden. Jedenfalls die wo Neckermann oder die ganze Muschpoke hinfährt.

Wir waren zum Beispiel in einem Fischerdorf in der Nähe von Dakar. Etwa 65 km entfernt. Cayar hieß das Dorf. Echt lauschig. Zur Fischfangsaison sind dort hunderte von Fischern. Strohhütten und Unmengen von Pirogen am Strand.

Wenn die Fischer mit ihren Booten zurückkommen, etwa gegen 11 Uhr, dann ist am Ufer toll was los. Die Händler aus der Umgebung streiten sich um den Fang, die Frauen und Kinder nehmen die Fische aus und es wird gehandelt das die Fetzen fliegen.

Das ganze ergibt ein Bild von solcher Lebendigkeit und Farbe, wie man es sich nur kaum vorstellen kann."

Renate hatte an etwas anderem ihre Freude gehabt.

„Man kann herrlich fotografieren. Die Leute sind nicht fotoscheu. Am meisten Spaß haben mir die Kinder gemacht.

Nun gut, man wird auch mit dem üblichen Ruf: Cadeau, cadeau, begrüßt. Aber daran habe ich mich schon gewöhnt.

Außerdem gleichen die Fotomotive alles aus.

Sobald die Kinder einen Weißen, was gleichbedeutend mit einem dummen Touristen ist, sehen, rennen sie weg und binden sich ihre jüngeren Geschwister oder irgend einen Balg auf den Rücken. Und du kannst sagen was du willst, es ist einfach süß, wenn die kleinen Mädchen mit einem Baby auf dem Rücken herumlaufen."

„Ach wie süß", tönte es aus der Küche, wo Jürgen neuen Glühwein mixte.

Renate ließ sich nicht stören.

„Manche von den kleinen Dingern sind fast unter dem Gewicht zusammengebrochen."

Jürgen war inzwischen mit einem flüssigen Totschläger gekommen.

„Vergiss nicht zu erzählen, was passiert ist, als die ach so süßen Kinder nicht mit deinem Cadeau zufrieden waren.

Die Kleider wollten sie dir zerreißen und zerkratzt haben sie dich auch.

Trotzdem fand ich, dass die Fotos gelohnt haben.

Gebe ich ja zu. Aber du hast ganz schön geflucht. Ich fand ja die Fischer interessanter.

Zwei riesige Welse habe ich gekauft für einen Spottpreis.

Die haben gut geschmeckt, als wir sie später über dem offenen Feuer gebraten hatten."

„Du denkst auch nur ans Essen usw..."

„Was willst du eigentlich, die kleinen Mädchen waren überhaupt nicht mein Jahrgang!"

In der Art ging es weiter. Die beiden flachsten herum, ich erzählte von meinen Reisen, sie erzählten von ihren Reisen, den Glühwein musste noch einige Male aufgesetzt werden, sie erzählten vom Fischerfriedhof bei Dakar, von der Muschelinsel Fadiouth, wo man mit einer Piroge hinfahren musste und sich dann die Vorrats-behälter ansehen konnte, die auf Pfählen standen wegen der Ratten und dem Wasser, und die bei Regen einen Strohhut aufgesetzt bekamen, und sie erzählten von Dakar, wo sie ein paar Kinder weggejagt hatten, die aufs Auto aufpassen wollten, und die dann aus Rache in alle Türschlösser des Busses Holzspäne steckten.

Jürgen musste alle Schlösser ausbauen und in Ordnung bringen, bevor sie weiterfahren konnten.

„Jürgen hatte echte Mordbedürfnisse, „ bemerkte Renate.

Ich hatte volles Verständnis für ihn.

Gegen 3 Uhr morgens kroch ich zum Auto, aber das geht keinen was an.

In Gedanken war ich schon unterwegs durch bodenlosen Sand, im Kampf mit übereifrigen Zöllnern, Cadeau geilen Bimbokindern.

Abende wie dieser gleichen alles aus.

Wir waren Freunde geworden.

Jo lag schon wieder in der Badewanne und schlief.

Ich stellte das kalte Wasser nicht an. Ich legte mich auf den Teppich und schlief auch.

Berlin empfing mich wieder mit Nieselregen und Kälte.

Es wurde höchste Zeit, dass ich in wärmere Regionen kam.

Ein Taxi brachte mich nach Hause.

Es sah alles noch so aus wie immer, bis auf einen riesigen Berg von Afrikabüchern auf meinem Tisch, einem halb gepackten Koffer in einer Ecke, aus dem frisch gewaschene Hemden heraussahen. Meine Reisestiefel waren geputzt.

Hier war jemand sehr fleißig gewesen.

Und derjenige, oder besser diejenige lag jetzt im Bett und schlief. Nur ein dunkler Haarschopf war zu sehen und ein wunderschönes Bein ragte unter der Decke hervor.

Ich fragte mich, warum ich eigentlich weg wollte.

Warum eigentlich? Verdammt noch mal.

Am nächsten Tag fuhr ich wieder zu DeWitt.

Auch hier hatte sich nichts verändert, selbst der Chauffeur putzte wieder überflüssigerweise an dem Mercedes herum. Vielleicht wurde es einfach Zeit, dass sich für mich wieder mal etwas ändern würde.

Heute öffnete mir der Sekretär selbst die Tür.

Wir mochten uns immer noch nicht.

Das hatte den Vorteil, dass sich unsere Geschäfte schnell abwickelten. Viel Neues hatte er mir ohnehin nicht zu sagen. Er hatte für mich ein Konto bei einer

Bank eingerichtet, worauf man mir das benötigte Geld einzahlen würde, welches ich anzufordern belieben würde. So ähnlich drückte er sich wenigstens aus. Nach genauer Prüfung, versteht sich.

Meinem Vorschlag das Konto besser bei der Barclays Bank einzurichten, da die in Afrika gut vertreten wäre, brachte er kein Verständnis entgegen.

„Das Bankhaus, mit dem wir arbeiten besteht seit mehreren hundert Jahren und genießt unser Vertrauen. Ich sehe keinen Grund, nur wegen Ihnen unsere Bankverbindung zu ändern."

„Sie kannten wohl noch den Gründer?"

Es dauerte etwas, bis er schaltete, und auch dann zuckte es nur etwas um seine Mundwinkel, als wäre er sich nicht im Klaren, ob er weinen oder toben solle.

Er beschränkte sich letztlich darauf, etwas rot anzulaufen und noch steifer zu werden.

Meinen Pass mit den notwendigen Visa würde er mir in zwei Wochen zuschicken. Damit war ich entlassen. Bei ihm jedenfalls.

Mein Rapport bei DeWitt war aber noch fällig.

Auf Knopfdruck erschein ein dienstbarer Geist, um mich zum Alten zu führen. Da der Geist aber zu meiner Überraschung die Gestalt eines wohlgebauten Zimmermädchens hatte, nahm ich an, dass die Mumie den falschen Knopf gedrückt hatte oder noch nicht wahrgenommen hatte, was da Hübsches zu erscheinen pflegte.

Ihn erregte der Anblick einer dicken verstaubten Akte bestimmt mehr.

„Bitte folgen sie mir, „ flötete es, und ich rannte fast.

Wir starten unsere Wanderung durch lange Gänge, riesige, überflüssige Räume und auch die Bilder auf der Treppe gefielen mir immer noch nicht.

Da aber das Zimmermädchen, Lorien hieß sie, die ganze Zeit über plapperte und auch nichts dagegen hatte, das ich ihre wohlgerundete Kehrseite tätschelte, kam mir die Zeit doch recht kurz vor, bis wir die Tür zu den heiligen Hallen erreichten, hinter der DeWitt mit seiner Pfeife kämpfte und über seinen verlorenen Sohn sinnierte, den er jetzt durch mich kennenlernen wollte.

Nun gut, es war sein Geld und ich würde ihm schon Geschichten liefern.

Die erste in wenigen Minuten.

Ich hoffte, ihn gefiel mein Stil.

Wieder einmal wartete ich vor der Tür.

Nach kurzer Zeit kam Lorien und sagte mir, dass ich eintreten dürfe. Sie schenkte mir ein aufmunterndes Lächeln, ich tätschelte ihren Popo und wollte mir nur noch ein Küsschen stibitzen, wegen der Aufmunterung, aber, nun ja, beinahe wäre der große Chef ungeduldig geworden.

Selbst seine Pfeife brannte schon, als ich den Raum betrat und ihn in einem der riesigen Sessel suchte.

Die Zeremonien kannte ich schon. Aber sie waren gar nicht so übel. Erst einen Brandy eingießen und sich dann in den angewiesenen Sessel setzten.

DeWitt war heute recht umgänglich. Er konnte sogar zuhören. Sein Sohn schien seine schwache Stelle zu sein. Aus welchem Grund auch immer. Ich fand es allerdings etwas spät für ihn diese Erkenntnis.

Ich berichtete ihm, was ich bis jetzt in Erfahrung gebracht hatte, immer bemüht, ihm meine weiteren Pläne notwendig erscheinen zu lassen. Es war gar nicht so schwer.

Allerdings machte ich beinahe einen Fehler, als ich ihn irgendwann nach dem Befinden seiner Frau befragte.

Die schöne Dorothea stand in meiner Phantasie immer noch gelegentlich vor meiner Tür und klingelte.

Irgendwann würde ich noch den Gerichtsvollzieher reinlassen, weil ich vergessen hätte, durch den Spion zu sehen.

Bei der Erwähnung ihres Namens huschte eine unendliche Traurigkeit über DeWitts Gesicht, die er aber schnell überspielte. Wahrscheinlich wusste das arme Schwein nicht, in welchen Armen sie gerade lag.

Also ließ ich das Thema und erläuterte meine weiteren Pläne.

Ich hatte das sichere Gefühl, dass der alte graue Mann mit lebte, wenn ich von Wüsten, Gefahren erzählte.

Die einzigen Gefahren, die er gekannt haben mochte, lauerten an der Börse, und ich stellte mir vor, wie es sein müsse, mit siebzig festzustellen, was man alles versäumt habe.

Aber es war zu spät für ihn und so blieb er bei seiner Rolle des eiskalten Geschäftsmannes, der seinen Sohn als Nachfolger haben wollte ohne das Risiko einzugehen es dem falschen Mann zu übergeben. Scheiß Situation.

Für Ihn, nicht für mich.

Ich profitierte davon.

Langsam senkte sich die DC 12 der spanischen Fluggesellschaft. Fasten your seatbelt, No smoking leuchtete schon seit einiger Weile, wir müssten bald in Las Palmas sein.

Mein Sitznachbar schnarchte immer noch, aber es störte mich nicht mehr so wie am Anfang des Fluges, als die letzten drei Wochen in Berlin noch einmal an mir vorbei gezogen waren.

Der vertrocknete Sekretär, der mir mit sichtlichem Bedauern meinen Pass überreichte, die mir noch fehlenden Impfungen und der Protest des Arztes, als er sie mir so kurz hintereinander geben sollte, das blaue Auge Degenhards weil er mich als heruntergekommen bezeichnet hatte und das anschließende Versöhnungsbier, weil dadurch ein interessanter Auftrag herausgesprungen war, und nicht zu vergessen Lisa.

Ich brauchte nur die Augen zu schließen und schon sah ich ihre schwarzen Augen vor mir, die so schön waren wenn sie lachten und die zuletzt so traurig geschaut hatten.

Das Aufheulen der Düsentriebwerke, als sie mit Gegenschub das Flugzeug zum Stehen brachten, schreckte mich wieder hoch.

Wir waren inzwischen gelandet.

In einem Haufen ununterbrochen redender Touristen, der Reiseleiter mit Fähnchen voraneg, schaffte ich die Einreisformalitäten einigermaßen schnell.

Am Ausgang des Flughafens stürzten sich vier Taxifahrer auf mich und versuchten mich gleichzeitig in vier verschiedene Autos zu setzen.

Ich überließ endlich demjenigen den Sieg, der beteuerte die Bar von Josef zu kennen. Er kenne alle Bars in Las Palmas und außerdem schöne Mädchen. Wenn ich wollte, wüsste er auch wo man billige aber wunderschöne Andenken kaufen könnte.

Da es noch früh am Nachmittag war, ließ ich mich aber etwas durch die Stadt fahren, um mir einen Eindruck zu verschaffen. Mein Fahrer plapperte in einem fort, aber immerhin lerne ich, dass der Name Kanarische Inseln nichts mit Kanarienvögeln zu tun hat, sondern aus dem Lateinischen kommt von canaris, was so viel wie Hund heißt.

An einem Platz hatte man daher auch Hunden Standbilder aufgebaut.

Nach einer Stunde Herumfahrerei, über den Preis hatte ich mich vorher nach zähem feilschen mit Antonio geeinigt, gefiel mir Las Palmas immer noch nicht.

Die Stadt war Touristenversaut. Hotelbunker, Souvenirläden.

Im Wasser des Hafens konnte man Ölsardinen züchten.

Mit Fusseln am Mund, enttäuscht, dass er mich nirgends reinlocken konnte, setzte mich Antonio endlich am Hafen in einer kleinen Nebenstraße vor der Bar „El Aaiun" ab.

Mit meinem Seesack auf der Schulter und voller Erwartung klimperte ich durch die Perlenschnüre, die anstelle einer Türe den Raum zu Straße hin abschlossen.

Die Bar war nicht groß, eine Theke erstreckte sich längs der einen Wand und insgesamt zählte ich neun kleine Tische, die aber alle noch unbesetzt waren.

Nur am Tresen lehnten zwei Mann und dösten vor sich hin.

Ein Ventilator drehte müde seine Kreise an der Decke, ein Negermädchen von vielleicht zehn Jahren räkelte sich auf einem Barhocker und betrachtete mich jetzt mit unverhohlener Neugier.

Ich suchte mir einen Tisch in einer Ecke aus, von dem aus ich den ganzen Raum überblicken konnte.

Die kleine Schwarze kletterte von ihrem Barhocker und kam an meinen Tisch.

Sie sah mich mit dem - Was darf es denn sein - Blick an und ich erinnerte mich, dass Jürgen in München erzählt hatte, das Josef mit einer kleinen Adoptivtochter zusammenlebte, die perfekt deutsch spräche. Also probierte ich mein Glück „Bring mir bitte ein großes Bier."

Sie stutzte, denn dies war hier eine Bar in die sich Touristen nicht zu verirren pflegten.

Trotzdem antwortete sie in akzentfreiem Deutsch, dass es nur Flaschenbier gäbe.

Ich war wirklich überrascht und stellte mir vor, wie es wäre, wenn man sich in ihrer Gegenwart über sie in Deutsch unterhalten würde, da der Gedanke an diesem Ort eine Schwarze zu treffen, die einen versteht, doch recht fern liegt. Es könnte peinlich werden.

Als sie mir ein Bier an den Tisch brachte sagte sie bitteschön, ich hoffe es schmeckt und freute sich über mein ihr zum Gefallen aufgesetztes erstauntes Gesicht.

Dafür machte sie aber dann Kulleraugen, als ich sie fragte ob Josef da wäre. Eins zu Eins.

„Kennen Sie meinen Vater?"

„Ich habe von ihm gehört und würde gerne mit ihm reden:" „Kommen Sie aus Deutschland?"

Ich hätte nicht ja sagen sollen, denn nun fragte sie mir Löcher in den Bauch. Sie wollte auch mal gerne dorthin.

Ich spendierte ihr eine Limonade und schwatzte mit ihr, bis Josef kam.

Er kam aus einer Tür hinter der Bar, aber es war nicht der Josef, den ich mir vorgestellt hatte.

Er sah eher aus wie ein Landarzt. Nicht sehr groß, etwas dick, und erinnerte mich an einen Löwen mit seiner weißen Haarmähne, die ihm das Aussehen eines Künstlers oder eben, na ja eines Landarztes gab.

Meine kleine Freundin rief ihm etwas auf Spanisch zu, woraufhin er zu uns an den Tisch kam.

„Meine Tochter sagt, sie kennen mich? Ich kann mich aber nicht erinnern."
Ich bat ihn, sich zu setzen.

Er war sehr freundlich aber zurückhaltend oder vorsichtig.

Ich erzählte ihm meine Geschichte, sogar so, wie sie wirklich war. Es war die richtige Taktik. Er taute zusehends auf.

Wir unterhielten uns prächtig, und zum Schluss lud mich Josef ein, bei ihm zu übernachten.

Die Bar war inzwischen voll geworden, alle Tische waren besetzt und ein Kellner, der sich eingefunden hatte, wieselte, nun ja besser schlurfte, durch die Gegend und bediente die Gäste, die sich aus Hafenarbeitern, kleinen Geschäftsleuten aber keinem Aleman zusammensetzte.

Josef war gebürtiger Tscheche, hatte alle Kriege seiner Zeit mitgemacht als Legionär, war bei Rommel in Nordafrika, bei der französischen Legion und zuletzt bei der spanischen Legion, um die spanische Staatsbürgerschaft zu erhalten.

Als diese Zeit vorbei war, machte er diese Bar in Las Palmas auf.

Irgendwann wurde ihm das zu ruhig und er übergab die Bar einem Freund, denn es zog ihn wieder in die Wüste, von deren Schönheit er schwärmen und von deren Gefahren er erzählen konnte.

Er ging nach Spanisch Sahara.

Dort lernte er dann auch Mathias und Bernd kennen.

Aaiun, die Hauptstadt von Spanisch Sahara, ist in erster Linie eine große Garnison mitten in der Wüste. Drei Asphaltstraßen, die mühevoll Sand frei gehalten werden, verlassen den Ort.

Eine zur marokkanischen Grenze, eine zur mauretanischen Grenze und die dritte zur Küste zum Hafen, wo die Frachter wegen des flachen Wassers mit Amphibienlastwagen entladen werden. Aaiun selbst hat auch nur eine Hauptstraße, mit der Tankstelle, dem Hotel und dem Schwimmbad und einigen Kneipen.

„Ich bevorzugte eine Kneipe, wo ich immer hinging, wenn ich in Aaiun war", erzählte Josef, „ und eines Tages sehe ich eben dort zwei Europäer sitzen, die mich interessierten, da ich schon auf der Straße ihren abenteuerlich ausgestatteten Bus gesehen hatte.

Am Bus war ein Schild in mehreren Sprachen angebracht worauf die zwei nach Konvoi Partnern für die Sahara-Durchquerung suchten.

Ich fand auch das ganz vernünftig.

Also stellte ich mich in der Bar in ihre Nähe, um zu sehen, welcher Nationalität sie angehören mochten.

Wie erfreut war ich, als die Beiden deutsch sprachen.

Ich setzte mich dann zu ihnen und wir kamen ins Gespräch, wobei sie auch ganz erfreut waren, jemanden gefunden zu haben, der sie verstand. Irgendwann lud ich sie dann auch zu mir in meine Bar ein."

„Deine Bar war nicht in Aaiun?"

„Nein, ich hatte eine Bar 20 km außerhalb der Stadt am Fort Schakal. Somit waren meine Gäste auch nur Legionäre aus eben diesem Fort.

Aber ich konnte gut davon leben, denn das waren alles gute Hartsäufer. Oder ich konnte jedenfalls gut davon leben bis zu der Zeit, kurz bevor ich Mathias und Bernd kennen lernte. Da hatte das Fort nämlich einen neuen Kommandanten bekommen, mit dem ich mich nicht verstand. Irgendwie konnten wir nicht miteinander.

Es war auch kein Legionär, sondern ein verstaubter Schreibtisch-idiot. Jedenfalls verbot er seinen Leuten in meine Bar zu gehen. Damit konnte ich zu machen. Es nützte auch nicht, dass manche Legionäre heimlich kamen, denn das ging nur so lange, bis er Wachen vor meine Bar aufstellte.

Ich war also richtig froh, als eines Abends die beiden bei mir auftauchten.

Es stank mich sowieso an, mich allein zu besaufen.

Außer mir waren nur noch meine Tochter und eine verschlampte Spanierin dort, die teils als Legionsnutte und teils als Kellnerin gearbeitet hatte.

Jedenfalls kamen die beiden, und es wurde ein schöner Abend. Ich machte Palatschinken, den wir mit Cognac flambierten, dazu soffen wir Gin.

Der Sprit sollte ja alle werden, da ich in den nächsten Tagen sowieso meine Lager abbrechen wollte.

Aber wir machten an diesem Abend einen Plan, wie ich vielleicht doch nicht schließen musste, sondern eher eine Meuterei im Fort ausbrechen würde.

Am Vortag hatte sich ein weiterer VW-Bus in Aaiun eingefunden, mit einem Typ aus Baden-Baden und zwei Französinnen.

An sich war die Grenze an diesem Tag geschlossen, aber die beiden Mädchen hatten es dann doch geschafft, die marokkanischen Grenzer herumzubekommen.

Es schien überhaupt ihre große Stärke gewesen zu sein, Leute, oder wohl eher Männer, herumzubekommen. Der Typ, mit dem sie unterwegs waren, wollte ursprünglich nur Urlaub in Marokko machen, bevor er die zwei Anhalterinnen mitnahm. Leider wollten diese aber nach Togo.

Offensichtlich war es nicht so schwer den Typen zu überzeugen, dass er auch dorthin wollte. Vielleicht hatte er gerade einen Triebstau.

Immerhin hatten sie es aber bis Aaiun geschafft, mit einem überhaupt nicht ausgerüsteten Bus. Nicht einmal einen Reservekanister hatten sie dabei.

Ich nehme an, dass das auf dem ersten Teilstück bis hierher den Vorteil brachte, dass der Wagen sehr leicht war sich nicht so schnell fest grub.

Bloß nach dem, was er erzählt hatte, wollte er auch weiter fahren.

Er hatte keine Ahnung von der Strecke die vor ihm lag.

Also wieder ein sicherer Anwärter dafür, in der Wüste zu verschwinden und nicht wiedergesehen zu werden.

Heute sucht weder Spanien und erst recht nicht Mauretanien nach verschwundenen Fahrzeugen.

Zum Glück fehlten den Naivlingen aber noch die Visa für Mauretanien, so dass sie erst noch nach Las Palmas fliegen wollten, in der Hoffnung, sie dort zu bekommen.

Jedenfalls hingen sie erst einmal fest.

Mathias und Bernd hatten auch keine Lust mit denen im Konvoi zu fahren, da dann alle Arbeit an ihnen hängen geblieben wäre.

Es nützen nicht einmal die vielversprechenden Blicke der Mädchen.

Aber wir hatten eine Idee für den nächsten Abend.

Ich hatte ja inzwischen Wachen vor meiner Bar stehen, so dass sie also schon mitbekommen mussten, was bei mir passierte.

Es war geplant, dass Mathias und Bernd die beiden Französinnen mitbringen sollten, ein bisschen zurechtgemacht natürlich.

Wir malten uns das ungeheuer aus, so dass nach der zweiten Flasche Gin bereits in unserer Phantasie ein Aufruhr in Fort Schakal ausbrechen musste, da alle Legionäre die neue, extra eingeflogene Tanztruppe aus Frankreich sehen wollte.

Meine Bar wäre gerettet gewesen oder auch nicht.

Aber was hatte ich schon zu verlieren.

Leider hatten die Französinnen am nächsten Abend doch Angst. Sie dachten, sie würden an einen Soldatenpuff verkauft. „

"Was ist denn letzten Endes aus den Dreien geworden?"

Josef wusste es nicht.

Mathias und Bernd waren am übernächsten Tag weitergefahren und der andere Bus hätte noch eine Weile in Aaiun herumgestanden und war dann irgendwann weg.

Entweder zum Hafen oder zurück. Josef war das egal gewesen.

Er mochte zwar auch das Risiko und die Gefahr, er hatte aber nichts für Dummheit übrig.

Wir hatten erzählt und erzählt.

Inzwischen war es merklich leerer geworden und wir merklich voller.
Der Kellner schleppte unermüdlich Gin und Cola heran und brachte auch
dauernd kleine Würstchen, Muscheln, kleine Krebse und alles Mögliche mit, was
auf dem Tresen unter Glasdeckeln herumstand und nur noch mehr Durst machte,
wenn auch die Standfestigkeit erhöhte.
„Wie oft habt ihr denn noch in deiner Bar gefeiert?"
„Der Abend, an dem die Französinnen gekniffen hatten, war der letzte gewesen.
Wir machten uns Koteletts überm Holzkohlefeuer und vernichteten alle
angebrochenen Flaschen.
Den Rest und meine wenige Habe verstauten wir in unseren zwei Wagen. „
Josef fing an zu lachen.
„Komisch wurde es noch als meine Hausperle die schlampige Esmeralda, ihren
Lohn bis Ende des Monats haben wollte, wenn ich mich jetzt hier aus dem Staub
machen würde.
Ich habe sie ausgelacht und ihr vorgerechnet, dass wenn ich all das was sie mir
geklaut hätte zusammenzählen würde, sie mir noch Geld geben musste.
Sie tobte natürlich und ....hahaha zuletzt, hahaha sagte sie doch, ich sie bestimmt
Hitler !!!! hahaha. Ihr wäre das ja gleichgültig, aber wenn aller Leute davon
reden würden, musste das schon was schlimmes sein."
Wir lachten fürchterlich ab und tranken erst mal - Licht und Schatten -, Josefs
Spezialität- halb Brandy und halb Anisschnaps. Zum Katzen abtreiben.
Später versprach mir Josef, sich zu erkundigen, wie ich am besten nach Choum
kommen könne.
Manchmal erzählte er, flögen kleine Maschinen der französischen
Bergwerksgesellschaft in Mauretanien von Las Palmas nach Zouerate und von
dort wäre es dann nicht so schwer weiter zu kommen. Vielleicht mit der Erzbahn.
Irgendwann konnte dann selbst Josef nichts mehr trinken ohne dass er
übergelaufen wäre.
Es war Zeit sich hinzulegen.
Josef bemühte sich Haltung zu bewahren, da, wie er meinte, ein Mitglied der
Ehrenlegion, nie zeigte, wie besoffen es ist.
Als er mir aber helfen wollte, meine Luftmatratze aufzublasen, wechselte er doch
öfter die Gesichtsfarbe und musste dann gänzlich aufhören, um die Matratze
nicht mit seinem Mageninhalt zu füllen.
Allerdings dürfte die Luft, die er hineingepustet hatte, auch hochexplosiv
gewesen sein.

Am nächsten Tag ging alles etwas schnell und überstürzt.
Josef war schon am frühen Morgen zum Flughafen gefahren um sich wegen des
Fluges nach Zoerate zu erkundigen.
Ich saß gerade beim Frühstück und wollte am Vormittag versuchen, doch noch
die Schönheit von Las Palmas zu entdecken, als Josef in die Bar geschossen kam,
im Schlepptau einen Mann mittleren Alters, den er mir als Monsieur Pierre
vorstellte.

„Ich habe Monsieur Pierre gerade getroffen. Er ist Ingenieur und fliegt in einer Stunde zurück nach Zouerate. Er nimmt Dich mit. Sogar kostenlos. Er ist mir nämlich noch einen kleinen Gefallen schuldig."
Damit stellte er mich auch vor und wir durften uns die Hände schütteln. Leider kamen wir nicht um einen Freundschaftsschluck herum.
Josef hatte schon wieder Durst.
Ich fand es zwar schade, gleich weiter zu müssen, aber die Gelegenheit war zu günstig, und so saß ich nach herzlichem Abschied von Josef und seiner kleinen Tochter eine Stunde später in einem kleinen viersitzigen Flugzeug.
Bald wechselte unter uns das blaue Meer mit dem gelben Meer der Sahara, die sich nicht weniger unendlich von einem Horizont zum anderen erstreckte.
Während des Fluges gab mir Pierre gute Tipps.
Zum Beispiel riet er mir im europäischen Club zu fragen, ob man Mathias und Bernd gesehen habe.
„Wer durch die Sahara gefahren ist, lässt bestimmt nicht die Gelegenheit aus, in einen Swimmingpool zu springen. Zum Club gehörte nämlich einer. Man kann dort ausgezeichnet essen. Nicht billig, da alles eingeflogen oder mit der Bahn von der Küste mitgebracht werden muss, aber wie gesagt, beste französische Küche."
„Sind Sie oft dort?"
„Ziemlich. Was soll man auch sonst in Zouerate machen.
Aber Sie werden es ja selber merken."
Zouerate war genau das, was ich mir unter einer Minensiedlung in der Sahara vorgestellt hatte.
Schon aus der Luft war der Unterschied zwischen dem Wohnbereich der Weißen und der Schwarzen zu unterscheiden.
An sich bestand das Kaff aus einer Ansammlung verkommener Hütten ohne Straßen, ohne Alles.
Aber die Minengesellschaft hatte für ihre Leute einen extra Bezirk geschaffen. Erstens wohl, um die Weißen überhaupt halten zu können und auch um ihre Überlegenheit zu zeigen und um sich zu distanzieren zu können.
Selbst die Straßen waren asphaltiert.
Und wie schon erwähnt, der Europäer Club.
Natürlich konnte man hier den Einheimischen den Zutritt nicht verwehren. Man war ja in einem unabhängigen Staat. Aber der alte Trick zog noch immer. Das heißt, man setzte alle Preise so hoch an, dass es ich kein Schwarzer leisten konnte dort zu verkehren. Finanzrassismus?
Mit dem Bankkonto von DeWitt im Rücken, erlaubte ich es mir im Club zu essen und ein Zimmer zu nehmen.
Dafür erinnerten sich die Besitzer sogar noch an meine beiden Freunde. Sie waren total verstaubt und verdreckt angekommen.
Als sie im Club essen wollten, mussten sich erst der Wirt und seine Alte beraten, ob die zwei auch bezahlen könnten, so wie sie aussähen. Man entschloss sich aber dann doch, sie zu bedienen. Geld ist Geld.

Immerhin kostet ein Menü umgerechnet DM 35,--. Beste französische Küche, zugegeben.

Ich war mir aber nicht sicher, ob Mathias und Bernd nicht doch umgefallen waren, als sie den Preis erfuhren.

Der Wirt bestätigte mir meinen Verdacht.

Das Schwein hatte offensichtlich noch sein Vergnügen daran gehabt, die Rechnung zu übergeben.

„Als ich ihnen die Rechnung gab, zuckten sie nicht einmal zusammen. Sie hatten sich in der Gewalt. Aber man merkte doch, dass sie schlucken mussten."

Ich Schloss den Wirt in mein Herz. Beinahe hätte ich ihm eine reingehauen.

Ich hoffte, dass die beiden ihr Lehrgeld richtig angelegt hatten und in Zukunft immer erst nach den Preisen fragen würden, bevor sie bestellten.

Viel mehr erfuhr ich aber nicht.

Am nächsten Tag machten die zwei Pause am Swimmingpool und fuhren erst am übernächsten Tag weiter.

Ich beschloss es ihnen gleich zu tun.

Ich ließ mir die Sonne auf den Pelz brennen, mit aller Vorsicht natürlich.

Außerdem machte ich einen Spaziergang durch den einheimischen Teil, der, na ja von mir aus, der Stadt.

Es lohnte sich.

Ich traf auf der Polizeistation einen Offizier, der die Beiden bei ihrer Ankunft kontrolliert hatte.

Er erzählte mir, dass sie von der Spanisch Sahara Grenze bis hierher einen Bürger mitgenommen hätten.

Logisch, dass ich diesen besuchte.

Ich hatte sogar Glück und erwische ihn.

Allerdings war er gar nicht glücklich, an diese Fahrt erinnert zu werden. Viel schieben, viel graben.

Später erzählte man mir in Choum, dass er ein Freund des Grenzers gewesen sei, und insoweit die Beiden keine Chance hatten, als den Effendi mitzunehmen.

Andererseits ständen sie sonst heute noch an der Grenze und würden auf ihre Abfertigung warten.

Aber dafür kannte er die Strecke, so dass sie ihren Kompass nicht brauchten.

Außerdem wäre er ein guter Gräber gewesen. Und bescheiden. Nur eine Büchse Ölsardinen und eine Tasse Tee hätte er am Abend angenommen. Man hatte nämlich die Strecke bis Zouerate nicht an einem Tag geschafft.

Es war also wohl nicht so schlimm mit dem Passagier gewesen. Nur während der Fahrt habe er dauernd komische Sachen gesungen und alle Stunde gebetet.

Na ja die Hitze.

Ich jedenfalls verließ Zouerate am übernächsten Tag.

usw.

277

Hartmut Roderfeld wurde 1949 in Erfurt geboren und wuchs in Berlin auf, wo er Werbung studierte.

Seit 1980 lebt er in Hamburg.

Er arbeitete u.a. für CBS-News und realisierte Kinder-Hörspiele, bei denen er auch Regie führte.

Für den Deutschen Entwicklungsdienst war er in Deutschland unterwegs, um auf Messen und Ausstellungen Entwicklungshelfer anzuwerben und arbeitete als Pressereferent bei der Hamburg Messe und Congress GmbH.

Er war Geschäftsführer einer Werbeagentur für technische Geräte und Systeme, aber immer wieder machte er einen Schnitt und zog los.

Er durchquerte Afrika und mehrmals die Sahara, fuhr zwei Jahre durch Nord- und Mittelamerika (siehe nächste Seite).

Außerdem bereiste er unter anderem Asien, Australien und Bolivien.

Als seine schönste „Arbeit" bezeichnet er die Zeit, als er seine Tochter groß zog.

Zuletzt arbeitete er als Journalist.

Lesetipp:

Das Bäckerauto

40.000 Meilen von Alaska bis Guatemala mit einem selbst ausgebauten Bäckerei-Lieferwagen

Aktuelle Reiseführer gibt es zu Hauf und morgen sind sie überholt und nicht mehr aktuell. Aber dieses Buch ist eben kein Reiseführer, sondern macht neugierig auf diese Länder, die unglaubliche Natur und die Menschen dort, damals wie heute.
Es macht einfach Spaß, es zu lesen.
Interessant sind auch die rund 13 Seiten Kostenbuch, auf denen man nachsehen kann, was diese Fahrt an Ausgaben und Einnahmen bedeutete- richtig spannend, wenn man die heutigen Preise gegenrechnet. Fotos runden das Buch ab.

ISBN 9783744802765, 300 Seiten , 12.99 € in Buchgeschäften und unter anderem bei Thalia.de , Amazon, eBook.de, bücher.de, Buch24.de sowie international bei BookFinder.com.
Außerdem als E-Book unter ISBN 9783744859059 für 6.99 €

Hartmut und Barbara haben ihre Wohnung in Hamburg aufgegeben, die guten Arbeitsstellen gekündigt, sind mit einem Frachtschiff nach USA geschippert, haben einen alten Bäckerwagen gekauft, ihn selbst zum Wohnmobil ausgebaut und sind dann zwei Jahre über 40.000 Meilen von Alaska bis Guatemala und Belize gefahren - davon erzählt dieses Buch.
Das war 1988/89, zu einer Zeit, als man seine Briefe noch „postlagernd" abholte, Handys unbekannt waren und es kein weltweites Internet gab.
Man postete nicht jedem wo man gerade war, sondern schrieb noch Tagebuch in einem kleinen Heft. Über seine Kosten führte man per Hand Buch, um die Übersicht nicht zu verlieren und Reiseführer und Informationen waren aus Papier.
Menschen lerne man persönlich kennen, indem man sie besuchte (Servas) und zur nächsten Werkstatt musste man sich durchfragen.
Dies war eine ganz private und persönliche Reise ohne „Publikum".
Erst jetzt, wo Hartmut genug Zeit hat, schreibt er dieses Buch und, wie er sagt, alles ist wieder so präsent, als wäre es gestern gewesen.
Es soll Mut machen, seine Träume zu verwirklichen.
Reisen sind Erfahrungen, die einem keiner mehr wegnehmen kann.

.